社会福祉学の〈科学〉性

ソーシャルワーカーは専門職か？

三島 亜紀子
Mishima Akiko

勁草書房

はじめに

ソーシャルワーカーの専門職化への期待

現在、日本においてソーシャルワーカーは一つの専門職と目されている。「社会福祉士」という国家資格はその根拠の一つであり、国家試験が毎年施行されている。この国家試験を受験するには、大学・短期大学・専修学校において、指定された科目を修めなければならない。日本全国の大学院や大学、専門学校などには福祉の名のつく学部や学科が乱立し、書店には福祉関係の教科書や専門書が溢れている。

こうしたなか「社会福祉学」[1]という学問は、ソーシャルワーカーという専門職を養成するための基礎として位置づけられている。少なくとも「社会福祉士及び介護福祉士法」の成立以後、確かに社会福祉士を目指す者たちは社会福祉学を学んできたし、学を取りまく法制度やサービス体系は存在してきた。また急速な少子高齢化が進行するなか、ケアを担う人材の確保と同時に高水準の専門家を育成する必要性が叫ばれている。こうした文脈で専門家の養成が言及されるときも、未来の専門家たちが学ぶべきとされているのは、社会福祉学である。

しかしながら、しばしば社会福祉学という学問の「研究蓄積の弱さ」が指摘されるのも事実である。「社会福祉学など学問ではない」「社会福祉学など科学的ではない」と。同時に、社会福祉学という学問が支えるとされるソーシャルワーカーの専門性も低いと評価されることが多い。たとえば医師に比べて専門性が乏しいと指摘されたりする。

思えば一〇〇余年もの間、福祉に携わる職業を専門職にする試みが続けられてきた。それにもかかわらず、この体たらくである。この間、学問的研究が疎かにされた訳ではない。社会福祉の研究者たちは、さまざまな福祉問題について、さまざまな視点から研究をおこなってきた。逆に学問的な研究が多岐にわたったからこそ、「弱さ」が指摘されるのかもしれない。これまでの研究蓄積を網羅した教科書をただ漫然と編集し、国家資格や教育制度を整備するだけで、専門家として地位が獲得できるとは限らない。現在の良いとはいえない社会福祉士の労働環境や労働条件は、このことを証明しているのだろう。

では、なぜこうした事態に陥っているのだろうか？　本書はソーシャルワーカーの専門職化へ向けた取り組みと、その実践を支える理論研究の変遷をたどることで、現在ソーシャルワーカーが置かれている状況を明らかにしようとするものである。

どのようにすれば、専門性は高まるか？

ソーシャルワーカーが専門職を目指しはじめたのは、一九世紀末頃であった。このとき「科学的な慈善」が目標とされ、ボランティア等がおこなうものと見なされていた職業の社会的地位を確保することが目指された。この動向は、高等教育を受けた女性が増えるなか、就職先を開拓する必要が生まれたこととも連動している。

長年、宗教に支えられた慈善活動をおこなう人員と見なされてきた人々を専門家にする試みは、簡単なものではなかった。どのようにすれば、専門性は高まるのか。ソーシャルワーカーたちがまず着手したのは、すでに専門家としての地位が確立している職業を分析し、それを専門職のモデルにすることであった。そこで照準が合わせられたのは、医師である。

医師が専門家のモデルとされると、絶えざる実験・研究によって学問は進歩するといった思考が社会福祉領域においても再現され、実践の理論化や「科学」化がソーシャルワーカーの専門性を根拠づけると考えられるようになった。現在まで様々な文脈で福祉実践の理論化や「科学」化が試みられてきたが、基本的に社会福祉学は近代的な知の様式に従順であったといえる。学問の確立が専門職化をもたらすというこの図式は、他領域の専門家集団にも共有されるものであった。

医師を専門家のモデルとした社会福祉の研究者たちは、医師を横目で見ながら学会を結成し、学術雑誌を発刊、これを中心に理論や技術の精緻化を試み、論を戦わせてきた。こうした研究や論争を経て創案されるのが「ソーシャルワーク理論」[2]である。学問としての形式を獲得するために、この領域は生まれた当初から他の学問領域から理論を援用してきた。最初に導入されたのは、心理学と社会学の理論や専門用語である。特にジークムント・フロイトやオットー・ランクらの精神分析学の理論が影響力をもった。その後、優生学からマルクス主義、機能主義、一般システム理論、実存主義、生態学など、多岐にわたる理論に影響を受けたソーシャルワーク理論が展開されていった。そして一九九〇年代半ば以降、注目されるキーワードはポストモダンやエビデンスである。ときに社会福祉学の研究者たちはこうした自らの歴史を振り返り、社会福祉学は他領域の学問を「移植」したものにすぎないと卑下してみせる。そしてその上で「社会福祉学独自の視点」をどうにか編み出そうとしてきた。

社会福祉の学問の確立に向けたこうした努力に対し、いち早く否定的な声をあげたのは福祉の実践家たち一部であった。現場にいる実践家たちはいう。学問は日常の業務には関係ない。実践において役立つことは少ない。大学での専門教育を終え、資格を手にした若者よりも、現場経験の長い無資格者のほうが現場では有能である、など。そこでは、ソーシャルワーカーの専門性を裏付けるはずの研究の蓄積は、容赦なく放棄される。

同時に、アカデミックな場においても、社会福祉学は市民権を得ることができなかった。既存の学問理論を集成すると新しい学問が確立するという保証はどこにもなく、既存の学問からは冷たい視線を投げかけられる。諸学問からの無頓着な理論の流入で成り立つ社会福祉学とは、結局二番煎じにすぎず、学問や科学と呼ぶに値しないと見なされた。もろく、傷つきやすい《ヴァルナラブル》社会福祉学。このことは、社会福祉学が誕生した頃から常に口にされてきたものである。

こうした危うい部分を残したまま、日本では急速な少子高齢化のなか、社会福祉学は福祉の人材を育成する役割が課せられている。「社会福祉士及び介護福祉士法」の成立は介護保険の制度化にとって前提条件であったともいわれているが、この危うさが放置されたまま超高齢社会の設計図が描かれ、福祉サービスの質の向上や量の確保が目論みられているといえる。しかしながら、少子高齢社会という差し迫った事態がソーシャルワーカーの専門性に対する懸念を保留にしたとしても、社会福祉学の脆弱性という根本的問題は残されたままである。

反省的学問理論とは何か?

よりよいソーシャルワーク理論を追い求め社会福祉実践の「科学」化を進めることによってソーシャルワーカーは専門家になるといった考え方は、この学問の草創期から約半世紀もの間、専門職化を語るうえで前提とされていた。しかしながらこれに対し、突然異議が唱えられた。一九六〇年代からの反専門職の思想である。専門家として、あるいは学問として社会的に承認されないまま、ソーシャルワーカーそして社会福祉学は批判されることとなった。そこでは社会福祉学の「科学」性を高める客観主義的な学問のあり方が、パターナリズムの温床となると指摘された。マルクス主義者たちは資本主義体制を基盤に福祉国家が成立している点を非難したが、その彼らさえ否定しなかった、知そのものが標的とされたのである。これまで骨身を削って重ねてきた「科学」化への努力が無意味とされただけでなく、「科学」化によってソーシャルワーカーの専門性が高まるという考え方こそが危険であると指摘された。

こうした研究活動の閉塞状況のなかで生じた新しいソーシャルワーク理論を、ひとまず「反省的学問理論」(3)と呼びたい。社会福祉学の場合、「エンパワーメント」「ストレングス(強さ)視点」「ナラティブ(物語)理論」などがこれに該当する。いわゆる社会福祉の「ポストモダニズム」と総称される理論や視座である。本書の第一の問題関心は、この反省的学問理論にある。

たとえば、ここで反省的学問理論の一つとするエンパワーメントを例にあげよう。エンパワーメントの社会福祉実践は、従来の専門家と「クライエント」の間にあった関係とは異なり、対等な関係のなかでおこなわれるとされる。ソーシャルワーカーはこのとき、クライエントを診断したうえで処遇方法を検討するような旧来の「医学モデル」を捨てなくてはならない。ソーシャルワーカーは「利用者《ユーザー》(旧クライエント)」が本来もっている「強さ」を引き出し、彼/彼女ら自身が主体的に問題解決に取り組むことができるように、協働作業をおこなう存在となった。

本書で社会福祉学における反省的学問理論を検討するとき、実践を支える他領域の学問にも共通する問題構造が明らかになると考えている。たとえば他の学問領域における「反省的」な観点として、「リハビリテーション医学」における「全人的復権」(4)、心理学における「ナラティブ・セラピー」、教育学における「児童中心主義的教育」などがあげられるだろう。

反省的学問理論は、本来おのれに向けられていた批判的言説を内面化することによって正当性を保つ学問理論である。この奇妙な学問理論は、批判を真摯に受け止め、自虐的なまでに内省しているようにみえる。またそれは自戒的緊張を保ちつつ、より「おだやか」にことを進めるために、ある時期以降、急速に普及していったと指摘することもできる。

この社会福祉学における反省的学問理論の興隆とともにあったのが、ミシェル・フーコーという思想家であった。エンパワーメントやストレングス視点、ナラティブ理論といった社会福祉領域の反省的学問理論を唱える論者たちは、こぞって理論的基盤をフーコーに求めた。フーコーが考察の対象とした社会福祉学を含む学問にとって、彼の思想は本来、脅威である。しかしながら、一九九〇年代の英米の社会福祉学領域において、反省的学問理論を唱える多くの者は先を競うようにしてフーコーを論拠としていった。日本では直接ポストモダンやフーコーが言及されることは比較的少なかったが、一九九〇年代半ばから二〇〇〇年代にかけて反省的学問理論は大きな関心を集めた。

この反省的学問理論は基本的に、伝統的なソーシャルワーク理論にはなかった援助観をもち、利用者にとっても良いサービスを実現するものであると筆者は考えている。しかしながら、反省的学問理論の社会的機能については、注意深く考察する必要もあるだろう。反省的学問理論の出現は、「コペルニクス的転換」としてセンセーショナルに語られさえしたが、実のところ何が変わったのだろうか。

リスクとエビデンスと専門家の所在

学問の存在意義を問い直したフーコーの論をソーシャルワークの実践に「移植」することは、一見、利用者―ソーシャルワーカー間の権力のあり方が変容したように思える。何らかの変化があったことは間違いないだろうが、簡単にこれをソーシャルワーク理論の性質の「転換」と形容することはできない。というのも第一に、ソーシャルワーカーは反省的学問理論に拠っているとしても、ある状況下にあっては従来通りの非対称の型に収まる傾向があるからだ。そして第二に、社会福祉領域においてエビデンスへの関心の高まりが反省的学問理論と共存しているという実情がある。

第一の傾向は、たとえば児童虐待をめぐる問題に出会うとき、顕著に現れる(5)。エンパワーメントや利用者のナラティブを重視するソーシャルワーカーといえども、子どもを虐待する親に対しては毅然とふるまわなくてはならないとされる。たとえば利用者の「物語」における「しつけ」が、現行の児童虐待の定義に該当する懸念があるからである。このような場面においては、子どもの安全や権利が尊重されるべきであり、虐待者の物語を尊重する態度は慎むべきであるとされる。このとき、反省的学問理論はいったん凍結される。

第二に、最近高い関心を集めるエビデンス・ベイスト・ソーシャルワークが反省的学問理論と共存している点について。このエビデンス・ベイスト・ソーシャルワークでは、「新た」なかたちでソーシャルワーク実践の「科学」化が目指されている。二一世紀におけるエビデンス重視の潮流は、反省的学問理論と対立すると見なす者もいる。エビデンスに準拠することを「科学」的とみなすことや、「良い」「効果のある」などの実践の基準を設定する傾向にあることがその理由である。しかし一方で、この潮流において反省的学問理論が名指しで否定されることはない。これは一体どういうことなのだろうか?

権限をもちながら反省的学問理論に依拠する実践をおこなう専門家。虐待などのリスクがある場合、ソーシャルワーカーに権限を引き続き保持させることは至極当然のことであるものの、それは一見、両面価値を帯びているようにも映る。そして実際のところ、福祉の利用者に何をもたらしたのだろうか? たとえば障害者や高齢者にとって反省的学問理論やエビデンス・ベイスト・ソーシャルワークとは何なのだろうか。確かに、ここ一〇年来の障害者や高齢者をはじめとした弱者に対する施策の理念はよく練られたものであった。しかしながら、実際のサービスはその理念に届かないものであったり、相反するものであったりというのが実感ではなかっただろうか。本書では、こうした課題を視野に入れつつ、現在の福祉の専門家のあり方を明らかにし、緊縮に向かう政治的状況下においてもつべき現状認識とは何かを示したい。

全体の簡潔な見取り図を示しておこう。

第一章では、社会福祉領域を超えて広い範囲で影響を与えたアブラハム・フレックスナーの論を取り上げる。彼の専門職論は半世紀もの間、ソーシャルワーカーの専門職化を語る際に土台とされた。まず、有名な一九一五年の全国慈善矯正事業会議における講演の趣旨をまとめ、次に、講演に先行した医学領域における調査報告書を検討する。後者の報告書を検討することは、短い一九一五年講演におけるフレックスナーの意図を考察するうえで有効である。そしてフレックスナーの見地には進化主義的な色彩があったことに着目しつつ、ソーシャルワーカーたちが描いた初期の専門職像の特質に言及する。

フレックスナーが指し示した専門家へと歩を進めるべく、社会福祉実践の「科学」化が試みられた。具体的には、他の学問領域から諸理論が社会福祉学領域に援用されたのであるが、第二章では、どのように外来の理論が社会福祉学に活用されていったのか、またその際にどのような考察、議論がなされたのか、日本の文献を中心に検討する。現在までさまざまなソーシャルワーク理論が存在してきたが、ここでは主に心理学理論とマルクス理論に加え、システム理論を取り上げる。

続いて第三章では、社会福祉サービスを受ける側に注目する。フレックスナーの専門家像にソーシャルワーカーを合致させるべく「科学」化や理論化が試みられるなかで、福祉サービスの対象となった「クライエント」は、「科学」的解明がなされるべき存在として位置づけられるようになった。なかでも本章では、障害者と子どもという社会的弱者が学問の対象とされていった経緯を追う。

こうしたソーシャルワーカーの専門職化、あるいは社会福祉実践の「科学」化に対し、突然異議が差しはさまれるようになる。反専門職主義や脱施設化運動の高まりである。いわば「科学」的解明がなされるべきとされた「クライエント」の逆襲といっていいのかも知れない。このとき批判を受けたソーシャルワーク理論は、従来とは異なるアプローチへの移行を余儀なくされた。第四章では、反専門職主義や脱施設化運動と、その影響を受けて再調整がなされたソーシャルワーク理論について検証する。

社会福祉学という場は、専門職化＝「科学」化が目指されるとともに生まれたさまざまなソーシャルワーク理論と、反専門職主義などの影響を受け再調整されたソーシャルワーク理論が混在することとなった。しかしながら、複数のソーシャルワーク理論が並立するなか、優劣がつけられてきたのも事実である。第五章では、優位にあるソーシャルワーク理論がどのように選ばれてきたかについて、イギリスの児童福祉、とりわけ児童虐待をめぐる政策の変遷に沿って考察する。

終章では、反専門職主義や脱施設化運動を経験し、「ポストモダン」思想の洗礼を受けたソーシャルワーク理論に焦点をあてる。本書で反省的学問理論と称する一連の理論や視座の検証となるが、それにやや遅れて登場したエビデンス・ベイスト・ソーシャルワークも同時に考察の対象とする。既述のように、反省的学問理論とエビデンス・ベイスト・ソーシャルワークが並置される状況に不自然さを感じるからである。こうした検証を通じ、現在におけるソーシャルワーカーの専門家としての立ち位置を明らかにしたい。

（1）「社会福祉学」「社会福祉」の定義をめぐって数々の議論がある。その対象とは何か、どういった手法を用いるのか、何を基礎知識とするのか、など。ここでは、それらすべての知的作業を念頭にこの語を用いる。体系化がなされたかどうかよりも、体系化を志向したかどうかを重視するものである。「学問としては未熟」「新興の学問」という内外からの指摘を受けながら「社会福祉学」は一〇〇年以上存続してきた。そして皮肉にも社会福祉領域におけるポストモダニスト（終章参照）によっても、一つの知と位置づけられている。

（2）この語の意味については第二章で述べるが、日本ではこれまで「ソーシャルワーク理論」という語はあまり使われてこなかった。「理論」といえば、人名を冠した「○×理論」というかたちで用いられることが多かった。人名を掲げた理論の場合、その人物が参考にする学問理論が複数にわたる場合が多い。このため本書ではこの慣例に従わない。
（3） この造語を用いるか否かで散々迷ったが、これを描き出すことが本書の主題の一つであり、紙数を減じるためにもあえて用いることとした。各学問領域にこの概念に合致するものはあるが、渉猟しえたかぎりでは、それらに共通する特性を包括する言葉はみつからなかった。「ポストモダン理論」としなかったのは、それが専門家の営為のなかに組み込まれるとき、一般的な「ポストモダン」の定義とはずれてくると考えるためである。
（4） 「リハビリテーション医学」という分野では従来、文字どおり医学モデルに基づく施療がおこなわれていたが、ある時期から反専門職主義的な思考の洗礼を受けはじめる。ある時期からは「全人的復権」（上田［1983］）が第一義となり、利用者の自主性や尊厳、そして選択権と自己決定権を尊重するといった標語が、まず前面に掲げられている。
（5） 他領域における同様のアポリアとして、以下が考えられるだろう。

教育学における「児童中心主義教育」とは、近代的なプロジェクトとしての教育学への反省をもとに再生された教育法とされる。一九六〇年代の児童解放運動の潮流がもたらした児童中心主義的教育では、自発性や能動性が重視され、詰め込み教育や、暗記の強制、体罰などが回避された（松下［1997］）。その思想的背景には「脱学校化」を唱えたイヴァン・イリイチや、学校を「イデオロギー装置」と位置づけたルイ・アルチュセールらの存在がうかがえる。

ところが、こうした教育の領域における反省的学問理論に対して、単に社会統制を目指す教育の機能をより効果的に果たすための手段にすぎないという批判が寄せられた。つまり「楽しい学校」や「ゆとりの時間」にも作為が込められていると解釈されたのである。そして児童中心主義教育を進める者と、作為を読み取る者のどちらが正しいかという問題は解決されないまま放置された。

この問題は、子どもの権利という軸によってより複雑になる。たとえば近代に入って家族と学校に囲い込まれることによって「子ども」という観念が発明されたとするフィリップ・アリエスの歴史認識は、彼が自認するようにイリイチのいう「脱学校化」論を重視し、教育における反省的学問理論の推進者を魅了してきた。そしてそれは同時に、オートノミーとしての子どもの権利を擁護する者によっても多用されている（Archard［1993］）。ところが、それを楽観的と断じる人々が存在する。彼らは、アリエス・テーゼなどで論拠づけた子どもの自律性や自由を口にすることは、結局「介入の一手段」となっていると主張した。

また心理学の分野においても、「社会構成主義」を実践するものとされた「ナラティブ・セラピー」（McNamee and Gergen［1992＝1997］）が出現した。彼らは自らをポストモダンの流れのなかに厳密に位置づけ、デリダやフランクフルト学派のネオ・マルクス主義、フーコーなどの影響を受けていると表明する。そこでは「科学者としての治療者」という「伝統的な見方」は棄却され、個々人の「ナラティブ（物語）」を許容することが重視される。

しかしながら「ナラティブ・セラピー」にしても、セラピストが臨床場面で「治療」に用いるため、結局「科学」の一形態にすぎないというような指摘はまぬがれない。マイケル・ホワイトが指摘するように、セラピーをする側の「セラピー文化」は、「知識のヒエラルキーに関連する政治学とマージナリゼイションの政治学を免除されていない」（White［1998＝2000：253］）と。彼はここで、「セラピー文化」は「文化一般の外側に位置する特権など持っていない」ことや「ドミナントな文化の構造やイデオロギーを免除されてはいない」こと、「ジェンダー、人種、社会階級、年齢、エスニシティー、異性愛主義という政治学を免除されてはいない」ことも同時に認識しようと呼びかける。つまり彼は、専門家とクライエントの間にある溝を埋めようとしつつも埋まらないことがある可能性を自覚している。

目次

第一章　専門職化への起動[1]

第一節　全国慈善矯正事業会議におけるフレックスナー講演

否定されたソーシャルワークの専門性

一九一五年、ボルチモアで開かれた第四二回全国慈善矯正事業会議（National Conference of Charities and Correction）において、アブラハム・フレックスナー[2]は「ソーシャルワークは専門職か？」（Flexner［1915：576-590］）と題した講演をおこなった。彼はこの長いとはいえない講演一つによって、その名が社会福祉学領域に広く知れわたっている人物である。

そこで彼は医師を完成された専門職のモデルとし、専門職が成立するための「六つの属性」を明示した（奥田［1992：67］）。それは次のように要約できる（Syers［1995：2585］）。

① （知は体系的で）学習されうる性質
② 実践性
③ 自己組織化へ向かう傾向

④　利他主義的であること
⑤　責任を課された個人であること
⑥　教育的手段をこうじることよって伝達可能な技術があること

講演の記録があいまいなことから、「基礎となる科学的研究（基礎科学）のあること」(3)が七つめの属性としてあげられたり、右の①から⑥のいずれかの代わりに六つの属性の一つに数えられたりすることもある。

フレックスナーの主張にインパクトがあったのは、なによりも、「現段階でソーシャルワークは専門職に該当しない」（Flexner［1915：588］）と結論づけられたからだ。当時、ソーシャルワーカーを養成する学校は既に設立されており、「専門的」な教育がそこで施されつつあるという認識が共有されていた。したがってフレックスナーの発言は、社会福祉の従事者を専門職化させようと試みる人々にとって衝撃的なものであったであろう（小松［1993：28-29］）。

しかしながら、フレックスナーがソーシャルワーカーの専門職化のために成すべきこと（六基準のクリア）を明らかにしたことには意義がある。このとき、専門職化を進めるためには、この属性を満たすよう努めれば良いといった暗黙のルールが社会福祉学という場を支配していくようになったからである。以降、アーネスト・グリーンウッドやジェフリー・ミラーソンなどをはじめとする多くの研究者がソーシャルワーカーの専門職性について研究している。彼らはこぞって、医師をはじめとする専門職にすでに備わっている属性とは何かを考え、ソーシャルワーカーが専門家となるためには、一つ一つその条件を満たしていくべきと指摘した。こうした彼らの議論はフレックスナーの影響を受けたもので、「フレックスナー神話」（Austin［1983］）の世界のなかでくりひろげられた議論であったといえよう。

専門家がどのような特性をもつかを明確にし、それに合致させようとする手法は、「属性アプローチ（trait approach）」（Abbott & Meerabeau［1998：3］）と呼ばれ、社会福祉領域にとどまらず、他の「発展途上」の職業集団にとっても総じて魅力的なものであった。それは、専門職が発展する過程をいくつかの段階で捉える「専門職化のプロセス」論（たとえば、Wilensky［1964：137-158］など）と並んで、専門職論の主流といえる。アレクサンダー・カー＝ソンダースによる、専門職を発展段階的にとらえた専門職論（Carr-Saunders & Wilson［1933］）も同様に、専門家が力を手にしはじめた当時を代表するとらえ方であった。

ところでグリーンウッドは一九五七年に「専門職の属性」を発表し、独自に五つの属性を掲げた後で［4］「ソーシャルワーカーはすでに専門職である」と結論づけたが（Greenwood［1957：44-55］）、彼には確信があった。というのも、これらの属性を手に入れつつあるという当時の人々の認識があったからだ。たとえば、一九五五年に七つのソーシャルワーカー団体が統括され［5］、全国ソーシャルワーカー協会（NASW：National Association of Social Workers）が創立された。この動きは、フレックスナーの掲げた属性の③「自己組織化へ向かう傾向」が達成されたものと理解できる。またこのグリーンウッドの論文は、合併して間もない全国ソーシャルワーカー協会の学術誌『ソーシャルワーク（*Journal of Social Work*）』に発表されている。この時期は、体系化された一つの「知」をつくりあげているという充実感が、少なくとも社会福祉の研究者たちの間で共有されはじめた頃でもあった。つまり一九五七年時点において、フレックスナーの要求した専門性を支える「科学」化が順調に推進されているという共通認識が存在していたのである。

一九六七年に東京都社会福祉審議会が東京都知事に対して提出した答申「東京都における社会福祉制度のあり方に関する中間報告」のなかでは、ミラーソンの概念が用いられた（秋山智久［2005：232］）。そしてミラーソンが専門家の条件として「テスト合格」という項目をあげたことが注目された［6］。彼の基本的な姿勢はフレックスナーやグリーンウッドと同様、属性アプローチをとっている。その他多くの研究者も専門職の属性について言及した。奥田いさよがまとめた比較一覧表を参照したい（奥田［1992：70］）。

デービッド・M・オースチンは、社会福祉領域に蔓延する「フレックスナーの悪霊を、追い払うべき時が来た」（Austin［1983：375］）と主張した。彼は、フレックスナーのいう属性に惑わされることなく、多様な形態の職務があることを、社会福祉の専門職の特性の一つとして肯定していくべきだと述べる［7］。

表１－１　専門職業の属性――研究者別比較一覧表

属性＼研究者	カー－サウンダース（1928）	リーバーマン（1956）	グリーンウッド（1957）	エツィオーニ（1964）	ミラーソン（1964）	ルーボブ（1965）	バーバー（1965）	スローカム（1966）	ムスグレープ（1972）
理論／知識			体系的理論	職務遂行上活用できる知識体系	理論に関する知識に基づいた技能の保有			理論的知識的基礎	知識
技術	特別な技能の習得と訓練	知的技術			訓練と教育を必要とする技能	独自固有の技術体系			
教育		長期間の専門的訓練		専門職養成のための教育課程での訓練			一般化・体系化された教育		
専門職団体	専門職集団	包括的な自治組織		構成員の大多数が専門職団体に加入	専門職の組織化		専門家の自発的結社	専門職団体	専門職組織
倫理綱領	倫理綱領	倫理綱領	倫理綱領	倫理綱領	道義的行為に関する綱領堅持		倫理綱領	専門職的価値と行動規範	専門職的行為の倫理綱領
公益		実践者の経済的利益よりも役務の強調			サービスが公衆のためのものであること		公益を志向すること	コミュニティ・サービスへの献身	
公的資格／権限	専門職として地位獲得にむけての最低の資格条件の確立		職業における権限付託の根拠		専門職たる資質を，試験に合格することで証明すること				
社会的承認			地域社会の承認						パブリックによる承認
自律性		職業集団の広範囲の自律性						専門職の自律性	実践の自由
その他	•最低報酬額の設定	•固有・明確 •必須の社会的役務 •個人的責任の受容	•文化			•集団としての同一性や価値を共有する下位文化やコミュニティの確立	•業績評価の象徴としての報酬	•依頼人関係 •経歴	•入職統制 •役務条件

資料出所

(1)　勝野尚行『教育専門職の理論』法律文化社，1976.

(2)　Carr－Saunders, A. M., *Professions : Their Organization and Place in Society*, Clarendon Press, 1928.

(3)　Greenwood, E., Attributes of a Profession, *Social Work*, Vol. 2, No. 3, 1957.

(4)　Morales, A. & Sheafor, B. W., *Social Work : A Profession of Many Faces*, 4th ed., Allyn and Bacon, Inc., 1986.

(5)　Millerson, G., *The Qualifying Associations : A Study in Professionalization*, Routledge & Kegan Paul, 1964.

(6)　Lubove, R., *The Professional Altruist : The Emergence of Social Work as a Career*, Harvard Univ. Press, 1968.

(7)　Feldsten, D., 'Do We Need Professions in our Society? : Professionalization versus Consumerism', In Tripodi, T. et al. ed., *Social Workers at Work*, 2nd ed., F. E. Peacock Inc., 1984.

(8)　Jackson, J. A., et al., ed., *Professions and Professionalization*, Cambridge Univ. Press, 1970.

(9)　Vollmer, H. M. & Mills, D. L., *Professionalization*, Prentice－Hall, Inc., 1966.

社会福祉学の領域における「フレックスナー神話」は根強く、フレックスナー講演の後に積極的になされた専門職団体の整備や、学会の開催、学術専門雑誌の発行、そして教育のあり方についての改革に大きな影響を与えている。しかしながら、この一九一五年のフレックスナー講演がすべての源泉だとは考えるのは危険である。この「神話」を再考するためにも、まず、当時の背景について検討したい。

フレックスナー講演の前後

フレックスナーの発言が、無情にも当時の社会福祉教育を否定し、衝撃を与えたと目されるせいか、それ以前の社会福祉教育が評価されることは少ない。逆に、それ以前の学問や教育を未発達段階と位置づけ、その未熟さを強調することによって、「進化するソーシャルワーカー」「発展する社会福祉教育」の像を描くことに貢献していると思えるほどである。しかし、ソーシャルワーカーは近代化とともに生まれたといわれるように、フレックスナー講演がおこなわれた時にはすでに数十年もの歴史があった。

ソーシャルワークの歴史のはじまりがどの時点に求められるかについては、議論の分かれる問いであるが、一八六九年にイギリスで設立された慈善組織協会（Charity Organization Society: COS）における友愛訪問員の救済活動がそれにあげられることは多い。この活動はアメリカに伝えられ、一八七七年にはニューヨーク慈善組織協会が設立された。そして深刻な不況などを背景に、一八八〇年代に大きな変化が起こった。友愛訪問員は有給のワーカーへと代わっていったのである。当時、この活動を支えたのは、新しく開設された女子大学の卒業生であった。彼女たちの多くは中流ないし上流階級に属し、それまでの伝統的な女性像に収まることを拒否して、新しい女性のあり方を模索していた。しかしながら、大学を卒業した女性が既存の専門家（医者・弁護士・聖職者・企業の管理職など）として受け入れられる機会はほとんどなかった。そうした状況のなか、社会福祉の機関が大卒の女性に就職の機会を提供しはじめたのである（Austin［1983：358］）。

こうした背景のなかで繰り広げられた初期の専門職論には、必然的にジェンダーにかんする言及がみうけられる。

アンソニー・A・プラットは、一九世紀のアメリカの「児童救済運動」は「母性の美徳（maternal justice）」（Platt［1969＝1989：71-96］）のもとに展開されたと指摘する。女性は「男性に比べて倫理的で、上品であって、子どもの純真さを守るにふさわしく」（Platt［1969＝1989：74］）いとされ、「母性」を活かして社会に貢献することが推奨された。彼は「ソーシャル・ワーカーという新しい役割」を「古くからの一部擬制的な役割――家庭の守り手――の要素と、新しい役割――社会奉仕家――の要素とを結び付けた」（Platt［1969＝1989：94］）ものと特徴づけた。既存の価値を脅かさないよう注意が払われ、ソーシャルワークの業務が「大規模な家事」と位置づけられたため、フェミニストと女性の社会進出に反対する反フェミニストは、奇妙な符合をみせたのであった（Platt［1969＝1989：72-75］）[8]。ソーシャルワーカーという新しい職業は、「近代家族の肖像の範囲内での職場進出であるだけでなく、むしろそれを強化するような」（小玉［1996：195］）特質をもっていた。専門職化への欲求も、教養ある白人の中産階級の女性がこの職に就くことを正当化するために必要であったとさえ指摘される。

こうしてソーシャルワーカーを育成するための訓練は、一八九〇年代にはじまった[9]。ソーシャルワーカーの養成校設立の必要を訴える声が高まるなか、ボルチモア慈善組織協会の事務局長を務めたメアリー・リッチモンドは重要な役割を担った[10]。リッチモンドは一八九七年全国慈善矯正事業会議の講演で、慈善組織協会内でおこなわれていた見習い研修制度は経験的な教育に偏っており、専門分化を余儀なくされているとして批判した。そして「応用博愛事業学校の必要性」（Richmond［1897＝1974］）を説いたのである。リッチモンドが応用博愛事業学校の設立を説くのは、基礎科学を共有する医師という専門職に追随して、ソーシャルワーカー独自の「共通の基礎」が確立されることを「信じている」からである（Richmond［1897＝1974：7］）。一八九八年には、ソーシャルワーカー養成のための博愛事業夏期学校（Summer School of Philanthropy）が開校した。同校はニューヨーク慈善組織協会が主催したもので、同協会の常任理事であったエドワード・T・ディヴァインの貢献があった。このとき、ジェーン・アダムスも講師として招かれている。一九〇四年には一年の就学期間があるニューヨーク博愛事業学校（New York School of Philanthropy）が開校され、一九一二年には二年のコースが加えられた。これに刺激を受けてアメリカ各地で同様の学校が設立されている。

またフレックスナーは学問的な形式にのっとったジャーナルや学会のあり方にもこだわったが、ソーシャルワーカーたちはすでに専門誌も刊行していた。このように一九一五年以前にも、リッチモンドをはじめとする多くの提言を受けて、ソーシャルワーカーの専門性を支えると考えられた体制が整えられつつあったことがわかる。しかしながらフレックスナーは、こうした蓄積を「屁理屈」と断じ、専門職と自認するソーシャルワーカーは「自信過剰」で「うぬぼれ」ていると結論づけた（Flexner［1915：588］）。ソーシャルワーカーは専門職ではないとしたフレックスナーの講演は、こうした時期であったからこそ意味があったように思える。(11)

ここで、当時の社会福祉教育の方法には「二つのアプローチ」（Austin［1983：358-359］）があり、両者は対立していたことに注目したい。第一のアプローチは、社会改良に端を発し、社会理論に基礎をおく学術的なカリキュラムを要請する立場である。この立場にある人物として、初代常任学校長のサミュエル・M・リンドセイがあげられる。(12)彼はコロンビア大学の経済学の教授であったが、一九一一年にニューヨーク博愛事業学校へ赴任した。このアプローチでは、ソーシャルワーカーは基礎知識として社会政策に精通するべきものとされる。リッチモンドの用語に従うと、個々のケースを重視する「小売り」（Richmond［1905＝1930：214-221］）的ソーシャルワークよりも、総合的な「卸し売り」的ソーシャルワークを推奨する立場といえよう。この卸し売り的ソーシャルワークの代表的な人物の一人として、ハルハウスでのセツルメント活動を通じて社会改良運動をおこなったジェーン・アダムスがあげられる。

第二のアプローチは、「社会調査をおこなう者」である前に「ケースワーカー」であるべきとする立場で、実践経験が重視される。第一のアプローチの「卸し売り」に対して、「小売り」的ソーシャルワークとされる。この立場にある代表的人物としては、リッチモンドがあげられる。(13)彼女はフィラデルフィア慈善組織協会の事務局長にあった一九〇五年に、『慈善と公共（*Charities and the Commons*）』(14)の編集委員となった。そしてこの雑誌を舞台に、ケース記録を教材に使った実践的な教育方法を強調する議論が展開された。これは、第一のアプローチと対照的な存在となっていった。(15)

リッチモンドは一貫して「アカデミックなものよりも実際的なもの」が重要であると主張した。彼女はコロンビア大学関係者が主導した伝統的でアカデミックなカリキュラムと対立し、シカゴ・スクール・オブ・シビックス・アンド・フィランソロピーをシカゴ大学の一部に合併するというエディス・アボットの計画に抵抗した。学術的な教育を否定したとはいえ、科学を指向したり、学問としての体系化をすすめたりすることに消極的であったのではない。リッチモンドは教室における講義とともに現場の経験を重視していくべきと述べた（Richmond［1897＝1974］）。これは、臨床の場を持ち、施療体験や観察を教育に役立てる近代医学の教育体制の影響があるともいえる。「医者こそ私たちが心からそうなりたいと願っているもの」（Richmond［1897＝1974：5］）であり、一九一〇年「フレックスナー報告」の影響を強く受けた考え方でもある（Richmond［1911＝1930］）。フレックスナーによる一九一〇年の報告書は、医学教育にかんする調査結果をまとめたもので、次節で検討したい。

全国慈善矯正事業会議でフレックスナーが講演した一九一五年頃は、リッチモンドを筆頭とする「小売り」的ソーシャルワークが力をもちはじめた時期であった。それは、ニューヨーク博愛事業学校で採用された教員を見ても明らかだろう。たとえばアカデミックな教育を試みたリンドセイは、一九一一年にニューヨーク博愛事業学校で勤務しはじめるも、翌一九一二年にはコロンビア大学に戻っている。そして、リンドセイが去ったその席には、実践経験のある常勤の教員が雇われることになった。また同年、ニューヨーク博愛事業学校に二年間のコースが設けられたが、この時、二年次は実践教育に割かれ、リッチモンドの支持する臨床重視の教育が実現しつつあった。

一九一五年フレックスナー講演は、「フレックスナー『症候群』と酷評されるぐらい、脅迫的に、『技術』への傾斜が強められるように」（小松［1979：44］）なった。また『社会診断』（Richmond［1917b］）の出版も契機となり、「小売り」的ソーシャルワークが主流となっていった。

それは両者の発行した専門雑誌の普及の程度によっても類推することができるだろう。第一のアプローチに属する雑誌『社会サービス・レビュー（*Social Service Review*）』と、第二のアプローチに属するアメリカ・ファミリー・ソーシャルワーク（America Family Social Work、旧・アメリカ慈善組織協会）の発刊した雑誌『家族（The Family）』(16)では、後者のほうが圧倒的に広く読まれた。前者が公的扶助を含む社会福祉政策、行政、社会保障などに関する記載が多いのに対して、後者にはソーシャルワークの技術や方法論に関わる論文が多く載せられた。一九三〇年代から一九四〇年代にかけて、当時の社会福祉分野における指導的な人物のほとんどが『家族』に論文を掲載していた（窪田［1988：66］）ことからも、第二のアプローチが優勢であったことがうかがえる。

その後、社会福祉学領域では「技術への傾斜」が時代の趨勢となり、一九二〇年代には精神医学にソーシャルワーク理論の論拠が求められるようになっていく。リッチモンドは社会的環境の調整がソーシャルワーカーの最も重要な役割とも主張していたため、フレックスナーの主張に依拠した専門職化を遂行していくうちに、傍流へと追いやられることとなった。いわゆる「精神医学的氾濫（psychiatric deluge）」（Woodroofe［1962＝1977：127-156］）とも揶揄される時代において、リッチモンドは同じ「小売り」的ソーシャルワークにあっても、もはや疎まれる存在となる。一九三〇年代にはいると、次第にフロイト派心理学が実践の理論的支柱となり、後にフロイトの精神分析を用いる「診断学派」と、オットー・ランクのパーソナリティー論を用いる「機能学派」との二大学派に分裂するに至った。こうした傾向のインセンティヴとなったのは、フレックスナーの講演に代表される、科学的な知の体系が専門性を裏付けるという思考の存在であった。

日本に現存するフレックスナー

ソーシャルワーカーの専門職化を目指す者たちは、医師を完成された専門家として位置づけ、その属性を抽出し、そのモデルへと近づけようとした。こうしたいわゆる「属性モデル」は、社会学領域では一九六〇年代頃から、ある職業の動態を説明するには限界があると指摘されるようになっていた。ここで仔細に述べる紙幅はないが、たとえば、属性アプローチは専門家の有するイデオロギーの再生産を促進するにすぎないとするものや、機能主義的分析に深く根差している、という批判がある（Hungman［1998：180］）。属性モデルの一つのバージョンであるフレックスナーの主張も、こうした流れのなかで批判にさらされた。

図1-1　社会福祉士の職業倫理と専門性

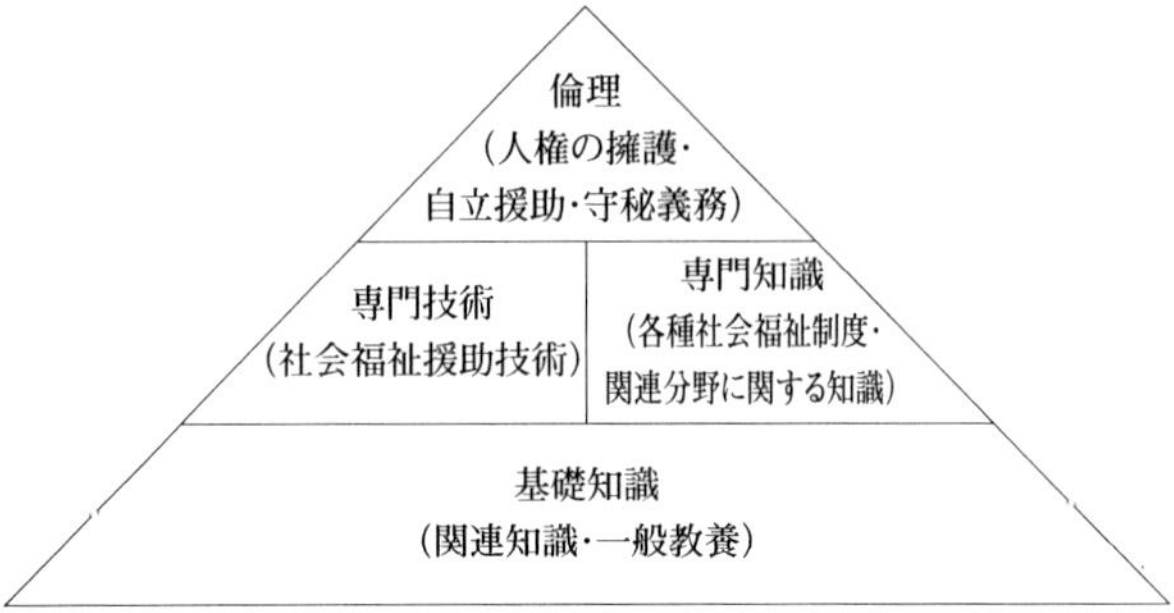

ところが日本では、一九八〇年代後半にソーシャルワーカーの国家資格に関する法律が立法化されるという経緯があり、専門性の根拠が必要とされた。その背景には、超高齢社会の到来や、家族の介護能力の低下から人的資源の開発が急がれ、サービスの多元化を見越した福祉従事者の質の確保が急務とされたという状況が存在する。そこで専門性を裏書きするための策として、無邪気に「科学」のみを追求しえた古き良き時代の「社会福祉学」を柱に据えることとなったのである。戦略的に取り込まれたその「学問」は、もちろん、フレックスナー的な思考の彩色が施されていた。

こうした現状は隠されているわけでもない。一九八七年の「社会福祉士及び介護福祉士法」の成立は、社会福祉士の専門性は保留にされたまま、時の厚生大臣、斎藤十朗の「政治的決断」（座談会［1989：21］）に拠るところが大きかったと公に語られている。

とはいえ、社会福祉士及び介護福祉士法の制定の際、その専門性がまったく不問であったわけではない。内閣法制局において社会福祉士の専門性に関して検討された際、厚生省社会局庶務課より日本社会事業大学社会事業研究所に調査協力依頼があって作成された「社会福祉士の職業倫理と専門性」（京極［1987：140］）の図は、現在でも影響力を持つ。これは主として古瀬徹と京極高宣の二名で作成されたもので、図1－1のような構成となっている。

図をピラミッド状にすることによって、各要素間における序列のようなものが表現されているが、これも結局、属性アプローチの一バージョンに過ぎない。それは、フレックスナーを媒介に社会福祉領域に導入された、属性主義的な専門職論の平面上における議論だといえる。この図は、現在でも社会福祉士あるいは介護福祉士の専門性を説明するものとして、社会福祉士を養成するための教科書をはじめ、各所で引用されているものである。ここに、今なお色濃く残るフレックスナーの影響をみることができよう。そして同時に、日本の社会福祉領域とは属性アプローチへの批判に無関心を装うことのできる場だということができる。

次節では、現代的な社会福祉専門職の鋳型となった医学領域におけるフレックスナーの言明について考察し、彼自身の思想を重層的に捉える作業を試みたい。

第二節　フレックスナー講演に先行するフレックスナー報告

医学教育改革

フレックスナーの言明は、半世紀以上あるいは現在に至るまでソーシャルワーカーのトラウマとして機能しつづけてきたといえるが、当の本人が社会福祉に特別の関心があったとはあまり考えられない。『回顧録（*I Remember*）』（Flexner［1940］）という自叙伝には一九一五年の会議について何も言及されておらず、ほとんどが医療分野の教育改革に関する言動について記されている（Austin［1983：364］）。全国慈善矯正事業会議に出席したことについて「覚えて」さえいないのかも知れない。

フレックスナーという人物は、社会福祉学領域の内外において、医学教育の改革者として名をはせている。彼の医学領域における業績は、法学や精神医学、薬理学、教育学などといった広範囲の学問領域から注目を集めた(17)。またフレックスナーは、プリンストン高等研究所（The Institute for Advanced Study）の設立に尽力し、アインシュタインをはじめとする多くの著名な科学者を招聘したという功績ももつ。一九世紀、学術の中心地はドイツであったが、二〇世紀に入ると徐々にアメリカに移行していった。フレックスナーはこうした変化を促した重要なキーパーソンと目されている。

しかしながら、これまで社会福祉研究者の間では医学の領域からソーシャルワークの専門性を否定した人物としてのみ捉えられてきた。彼自身が医者であったという誤解さえはびこっている(18)。またどれだけアメリカの医学教育に大きな影響を与えたか考察されることはなかった。こうした誤解や無関心は単に、「フレックスナーの神話」に浸った社会福祉の研究者の心性から生じるのかもしれない。とはいえ、一九六〇年代からのソーシャルワーク批判（第四章参照）というのも、フレックスナーに影響を受けた発想に対する批判であったと考えることもできる。しかし現実には、ソーシャルワーク批判が高まった時期を経た後にも、専門職を語る際にはフレックスナーが引用される。こうした矛盾を避けるためにも、医学領域におけるフレックスナーの功績を再考する必要があるだろう。

一九一〇年フレックスナー報告

アメリカ医師会（AMA　American Medical Association）は、カーネギー財団教育促進委員会（Carnegie Foundation for the Advancement of Teaching）の寄付を受けることに成功し、一九〇九年、フレックスナーはアメリカとカナダにあるすべての医学校を調査するため訪問を開始した。この調査結果は翌年、『アメリカとカナダにおける医学教育』（Flexner［1910］）と題され出版された。いわゆる「フレックスナー報告」である。

彼はその訪問に際し、以下の項目の評価をおこなっていった。

① 学校名、創立年、学校の系列など
② 入学資格
③ 生徒数
④ 教員数
⑤ 維持費の財源

⑥　研究設備
⑦　臨床設備

このうち後二者（⑥、⑦）には、フレックスナーの知見に基づくコメントが添えられており、よりよい設備を確保する学校に対しては一〇行程度の長さとなっている。

ロバート・P・ハドソンは、この報告書がもたらした影響について、次の点を掲げている。

①　水準のまばらな医学校を等質化し、医学校の全体数と、脆弱な教育しか受けない医師の数を減らしたこと。
②　医科大学予科教育の必要性を説いたこと。
③　研究機能を担わせ、医学校への常勤体制を導入したことにより、医学校教員の「専門職化」を促したこと。
④　科学的基礎の上に医学校のカリキュラムを組んだこと。
⑤　臨床教育のために病院施設が必要となり、病院を学校のなかに取り込んでいったこと（Hudson［1992：7-13］）。

まず、水準のまばらな医学校を等質化し、医学校の全体数と、充分な教育が施されない医師の供給を減らしたことがあげられる。「報告」以降、医師集団の団結力がいっそう強まり、それまで浸透しなかった医師免許制度は、一気に普及していった。アメリカ医師会は、教育改革をおこなうことを主目的として一八四六年に設立されたのだが、その成果はまったく振るわなかった。これは、私立の医学校を経営する医師が同会の多数を占め、改革をおこなう上で不釣り合いに大きな発言権が与えられていたことに一因を求めることができる。アメリカ医師会の改革案は小規模の医学校を結果的に排除することになるため、それらの学校に関係する医師にとっては不利益なものであった。そこで弱小の医学校関係者たちはアメリカ医師会の進める教育改革の対抗勢力を形成していた。その後、半世紀以上にわたってこの改革は着手されなかったが、一九〇四年にアメリカ医師会内部に医学教育審議会（CME：Council on Medical

Education）が設立され、定期的に医学校を視察・評価するようになってからは急速な展開をみせた。

二つめに、医科大学予科課程（premedical curriculum）が必然となった。生物学、化学、物理学などの基礎知識を医学校進学時にすでに身につけるように要求されたのである。その要求は高校や大学の一般教養では充たせるものではなく、高いレヴェルに設定されていた。フレックスナーによると、医師の役割が個々の患者の治療のみではなく社会全体の衛生問題の解決まで拡大したため、この新しい医師に対する要求が生まれてきたという。つまり、医師はその新しい役割を担うために、より広い科学的知識を身につけなければならないという理由付けがなされていた。しかしながら、このフレックスナーの主張はその後、しばらくはあまり徹底されることはなかったという。

三つめに、医学校に研究機能を担わせ、常勤体制を導入したことにより、医学校教員の「専門職化」が促されたことがあげられる。教育者である医師は一方で研究活動をおこなわなければならず、そこで得られた知見を実践に、そして教育に役立てていくことが期待されるようになった。フレックスナーは、治療の実践と研究活動は「精神・方法・目的において同一のもの」（Flexner［1910：56］）とみなした。フレックスナーはここで、「医師＝研究者」と設定したのだ[19]。つまり、医学研究者とは実践の場においても、研究所内においても、「科学者」なのであり、患者の診断時のクリニカル・エンカウンター（clinical encounter：治療上の出会い）は科学的研究における一つの手順とみなされる。この点に、現在批判が集中するのだろう。というのは、こうした文脈において患者と医師の関係は一方的な権力構造のもとにおかれ、人間的なコミュニケーションが剥奪される傾向にあるからである。

ジョンズ・ホプキンス大学やハーヴァード大学など、近代医学教育の先駆をなした医学部のカリキュラムは四年にわたるものであった。最初の二年間は解剖学・生理学・病理学などの研究科目に割かれ、後半の二年間は内科・外科・産科などの臨床科目に費やされる。そして、臨床科目をカリキュラムに組み込むために、医学校は病院施設を確保しなくてはならなくなった。また臨床教育がおこなわれる際には、ライセンスをもつ経験豊かな医師の指導が必要となり、常勤のスタッフを配備しなくてはならなくなった[20]。

四つめに、科学的基礎の上に医学校のカリキュラムを組むことが推奨され、普及していった。そして最後に、臨床教育のための病院施設が必要となり、病院を学校のなかに取り込んでいったことが指摘された。バーバラ・バーザンスキーはフレックスナー報告の背景として、治療の場が家庭から病院へ移行しつつあったことを指摘しているが(Barzansky［1992：191］)[21]、医学教育もこうした変化への対応が迫られていたといえる。この変化は病人を病院へと囲い込むことになり、大規模な資本や運営体制の強化が必要とされるようになった。

「触媒」としてのフレックスナー

リッチモンドは一八九七年の全国慈善矯正事業会議において、「応用博愛事業学校の必要性」と題した講演をおこなった。この講演は、ニューヨーク博愛事業学校設立の直接的なきっかけとなったとされているが、ソーシャルワーカーの専門職化に向け、医学の形態を模範とするよう主張された。

> 私たちは、往時において理髪師たちが採血をしたり、抜歯をおこなったとか、司祭が依然として私たちの主治医でもあるとか、あるいは薬剤徒弟人たちに病気の診断をするという微妙な仕事を委ねたといったような、慈善事業の進歩の上では初歩的な段階以上には進んでいないと言うべきであろう。(略)おそらく医業はその知識と原理の遺産の大部分を、その大学制度に、自由豁達な専門職の一員たるには臨床医であるのみならず教育者であるべきだ、という伝統が確立されている大学に、負うているると言えるのではないだろうか(Richmond［1897＝1974：5-6］)。

ここには、医師の位置は歴史のなかでようやく獲得されたものであり、福祉の専門職は医師が歩んできた「進化」の過程の「初歩的な段階」にあるという認識がうかがえる。つまり、フレックスナーの講演は当時の認識から隔絶したものではなく、何ら新しいものではなかったといえるだろう。それにもかかわらず、フレックスナーは全国慈善矯正事業会議に招聘された。

医学の領域においても、フレックスナーの役割は「触媒」(Barzansky［1992：189］)と表されるように、その主張の内容は当時の一部の者が共有していた常識を超えず、目新しさはうかがえない。さらにフレックスナーは医師ではなく、医学校の全国調査に関与する以前はケンタッキー州の一高校教師にすぎなかった[22]（Flexner［1904：368-377］）。彼の学校の評判がよく二〇年近く教育に従事したとはいえ、ドイツ留学を機に、医学の専門職制をめぐるパワーゲームの渦中へ、医療の科学化の旗手として登場したのは異例であったといえよう。

フレックスナー報告では、先に述べたような望ましい医学教育のあり方が提示されたが、これは医師の地位向上を推進する医学教育審議会の戦略の延長線上にあったといえよう。医学校の減少が一九〇六年をピークにすでに展開されていたことも、それを裏付けている。一九〇六年とは、医学校にグレードをつける調査を医学教育審議会がおこなった年であった。しかしながら、この調査結果は、アメリカ医師会以外で公表されることはなかった。なぜなら、医師同士のもめごとを公にすることは、アメリカ医師会自らの専門職的倫理に違反するとみなされたからである（Starr［1982：118］）。だからこそ、財団という外部団体が招かれ、医学には素人のフレックスナーという若き教育研究者が調査に起用されたのであった。

ところで、医学教育審議会はアメリカ医師会の内部組織であるが、主要大学の医学教授五人が中心メンバーというエリート集団であったといわれている。フレックスナーはこうした医学教育審議会のいわば代弁者であったにもかかわらず、その影響は大きかった。バーザンスキーによると、フレックスナーの存在意義は評価を下し、それを公表したというところにある（Barzansky［1992：190］）。フレックスナーは一九一〇年の報告のなかで、当時運営されていた全国の医学校を、学校名を明らかにして厳密に評価していった。それは時には無遠慮ともいえる歯切れのよい評価であった。たとえば、当時の近代医学のトップと考えられた、ドイツ流の医学教育体制をいち早く導入したジョンズ・ホプキンス大学などの評価は非常に高い。逆に、学校の規模が小さかったり、設備が貧弱であったりしたばあいには、酷評を下した。

そこで、結果的に「淘汰」される学校がでてくる。このことは、「黒人や大多数の女性や貧しい白人男性の前にドアはぴしゃりと閉ざされてしまった」（Ehrenreich ＆ English［1973＝1996：47］）といった批判を招いた。では、具体的にフレックスナー報告に記載されている黒人専用の医学校の評価をみてみよう（Flexner［1910：303-304］）。

（3）ノックスビル医学校。黒人向。一九〇〇年設立。無所属の機関
入学資格：無きに等しい
学生数：二三
教員数：一一、うち九人が教授
維持費のための財源：授業料、千二百ドルにのぼる（推定）。
研究設備：なし。学校内のあるフロアーは葬儀屋の設備で占められている。
臨床設備：なし。ある学生が述べたところによると、一〇月一日から一月二八日までに二度、「幾人かの学生がノックスビル大学病院に連れられていった」そうである。調剤室はない。
この学校のパンフレットははじめから終わりまで虚偽の記述で塗り固められている。

こうした無慈悲な評価がなされた学校の多くは、寄付金や補助金を得ることができなくなり破綻に追い込まれた。上記のノックスビル医学校も例外ではなく、フレックスナー報告が出版された年に、資金難で閉校されるにいたった。そして一〇校あった黒人向けの医学校のうち、八校は「淘汰」される結果となっている（Savitt［1992：65］）。フレックスナー報告以後、「医師は白人の、男性の、中産階級の職業にな」ったとして、特に権利運動が盛んになった時期から、批判を集めることになる。

カールトン・チャップマンはフレックスナー報告がもたらした変化の一つに、医学校の運営資金のあり方をあげている（Chapman［1974：111］）。一連の医学教育改革により、研究所の設立や常勤教員の雇用、臨床教育のための病院との連携などが推奨され、医学校の運営に莫大な費用を要するようになった。そこで、学費の値上げを余儀なくされたが、それだけでは賄いきれず、公的機関による補助金や、民間からの寄付金が欠かせなくなる。

「報告」以降、フレックスナーがモデル校として示したジョンズ・ホプキンス大学などの水準にまで教育改革をした学校には、寄付金が集まることとなった。この新たな収入を確保するために、各学校が先を争って教育改革をおこなっていった。これら補助金や寄付金はその後、学校運営費の大きなウェイトを占めるようになり、結果的にこうした資金の流れが医学教育の発展、ひいては医学の「進化」を導くものとなった。逆に、教育改革をおこなえず、設備の整わない医学校の多くは、衰退し廃校となった（Achterberg［1990＝1994：281］）。

医学が「進化」するためには、「淘汰」される学校が出るのも必然であるという思考が流布していたともいえる。こうした思考の基礎となるのは、社会ダーウィニズムであったと考えられる。それゆえ多少手荒な報告こそが寄付活動をおこなう際の客観的な判断材料として有用とされ、医学の進歩のためには欠かせないと目されたのではないだろうか。

第三節　「進化」する専門職

「進化」への展望とソーシャルワーカー

フレックスナーは、「進化」を遂げる医療専門職を最前線で目の当たりにしてきた人物であったといえる。彼自身、各学校が生き残るための条件を明確に記し、また学校名をあげて評価をおこなったことで、その「淘汰」の営みの片棒を担いだ。そうした人物が一九一五年の講演の結びに、次のような含蓄のある言及をしている。

不愉快ではあろうが、ソーシャルワークが専門職でないということを自覚するようになれば、おそらくソーシャルワークは進歩するであろう（Flexner［1915：590］）。

ここでフレックスナーは、ソーシャルワークの専門職性をただ否定するに終わったのではなく、ソーシャルワークと

図1-2 フレックスナー講演（1915年）における専門職の「進化」の概念図

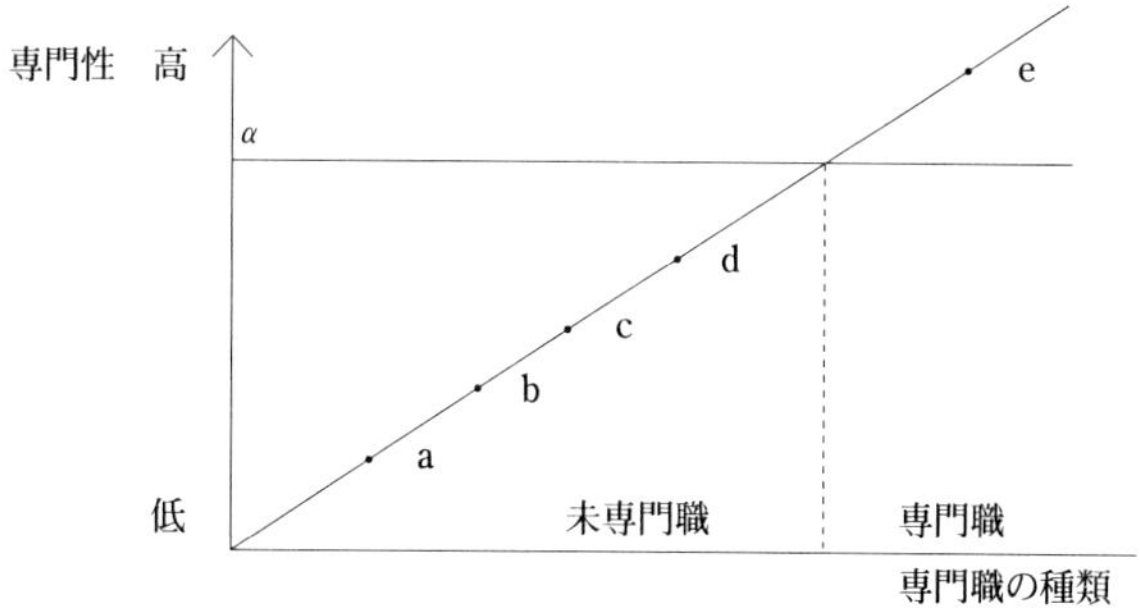

いう営みを「進化」するものとして位置づけている。そこには、医師などその他の専門職も、絶えざる研究活動により発展するといった動態としての専門職観が前提としてあった。つまり、ソーシャルワーカーが専門家まで「進化」する可能性も言葉の裏に潜ませていたのである。彼はさまざまな（専門）職業との対比をおこない、斜め上がりの進化の線上にソーシャルワーカーを位置づけた。

簡粗であるが、講演のなかで明らかにされた「進化」の概念図を描いてみた（図1－2）。aに配管工、bに銀行家、cに薬剤師、dに正規看護師または保健師が想定されている。そして「承認された専門職」としてeには「法律家、医師、宗教家」があげられた。

また「専門職としての規準線」は、αに設定されているが、これはフレックスナーが一九一五年の講演で明らかにした専門職の「六つの属性」が充たされた状態である。ここでは、αの線を踏み越える職業こそが専門職として認定されるのである。ソーシャルワーカーという職業が斜め上がりの線のどの部分に位置づけられたかに関しては、フレックスナーは明言を避けており、「ソーシャルワークは教育とほぼ同じ水準にある」（Flexner［1915：587］）とされ、社会福祉の技術は発展していくものと確認された。そこで、いつかはソーシャルワーカーの職業もαの線を踏み越えるという、明るい未来が約束された。彼がどこまで本気でその可能性を支持したかは不明であるが、否定はしていない。リッチモンドも一九一七年の全米ソーシャルワーク会議において、フレックスナーが一九一五年の講演においてソーシャルワークの技術が発展していくものとして位置づけたことに希望を託している（Richmond［1917a＝1930：399］）。

なお、この進化のイメージにしても、フレックスナーのオリジナルではなかったことは、リッチモンドの文献からみても明らかである。彼女は一八九七年に、医師という専門家をすでにその専門性が保障されたものとして、「医者こそ私たちが心からそうなりたいと願」っているものであると彼女はいう。そしてその後で、「慈善事業の進歩の上では初歩的な段階以上には進んでいないというべき」（Richmond［1897＝1974：6］）としており、フレックスナーが代弁者的な存在であったことはここでも露呈される。

リッチモンドにとって、教育・研究機関の創設や研究活動を進めることは、専門職化をおしすすめる過程にほかならない。彼女は、一八八九年からボルチモア慈善組織協会やフィラデルフィア慈善組織協会で多忙な組織活動をしていたが、一九〇九年に退いている。ニューヨークにあるラッセル・セイジ財団慈善組織部の部長として迎えられることとなったからだ。この異動によって、リッチモンドは研究、指導および出版活動に専念することが可能になった（小松［1993：47］、木原［1998：172］）。こうした研究活動とそれを支える研究機関や大学の存在は、福祉の領域においても学問の存続の糧となり、「科学」化の基盤となる。

フレックスナーが「科学」化に向けた地ならしをしたといわれる。しかし「博愛の科学化」や「科学的慈善」という言葉は、セツルメント創始者の一人、アーノルド・トインビーも掲げていた。さらに溯ると、一九世紀初頭に隣友運動をおこなったトーマス・チャルマースは「科学的救済法」を提唱しているし、アメリカ慈善組織協会の初期リーダーの一人、ジョゼフィン・ロウウェルも、ソーシャルワークを「科学」と称し（井垣［1994：60］）ている。一九〇二年の全国慈善矯正事業会議においても、ティモシー・ニコルソンによって「科学の時代」の到来が宣言されている（井垣［1993：84］）。(23) したがって、フレックスナーは社会福祉学の領域においても「偉大な触媒」に過ぎなかったといえるが、近代的な位相に社会福祉を移行させるにあたっては、重要なキーパーソンであったといえる。

カーネギーの『富の福音』

医学校に関する調査結果をまとめたフレックスナー報告（一九一〇年）の出版は、カーネギー財団からの寄付金によって実現した。カーネギー財団とはいうまでもなく、一九世紀末および二〇世紀初頭に「世界の鉄鋼王」として名をはせたアンドリュー・カーネギーが創立した財団である。彼は貧しいスコットランド移民から、大富豪へとのぼりつめた成功者として有名である。また「慈善家」としての一面は世に名高い。たとえばカーネギーは、三〇〇の図書館や四一〇〇の教会のオルガン、カーネギーホールなどを寄付した。

ところで、カーネギーは社会進化論に傾倒していたことでも知られている。[24] 社会進化論者であるハーバート・スペンサーも、カーネギーを親友の一人に数えたという。そのカーネギーは「乞食を作ってきた罪を免れる百万長者は少ない、実に少ない」（Carnegie［1889＝1975：264］）と、前近代的な貧者に対する施しを否定する。彼は「百万長者の義務は、施与するに値すると明らかに得心がゆかない者には、けっして与えないこと」（Carnegie［1889＝1975：263］）として、「無差別施与」を否定する。これはカーネギーが「富の偏在は『種の発展』のために不可欠な要素とみなす」（Brown［1979：30］）、社会ダーウィニズム的な思想に信服していたことの表れである。

社会ダーウィニズムの信徒でありながら、慈善家として多額の寄付をおこなう。それは一見、矛盾しているように思える。しかしながら、次のようなカーネギーの主張をかんがみると、それに一貫性があることがわかる。

カーネギー財団がアメリカ医師会の医学教育審議会へ寄付をはじめたのは、一九〇八年からであったが、それに先立つ一八八九年に、カーネギーが新しい時代にふさわしい富者の寄付のあり方について述べた文章が公表された。この「富の福音（The Gospel of Wealth）」[25] と題されたエッセイは、雑誌『ノース・アメリカン・レヴュー（*North American Review*）』に掲載され、評判となった。そのタイトルからも、宗教色の強さが伺えるが、特に最後の部分は顕著である。

金持ちは天国に入りがたし、といわれた時代があった（Carnegie［1889＝1975：277］）。

この過去形に注目したい。カーネギーはそんな時代は過ぎ、今や「最高最良の形態」で貧者に施しをする「金持ち」

には「天国の門が閉ざされることはない」と締めくくっている。この「最高最良の形態」とは、国民あるいは人類の「純然たる進歩」が見込める、（個々の貧者への施しではなく）「公共の福祉」（Carnegie［1889＝1975：277］）のためになされる寄付のことを指す。

カーネギーは同エッセイのなかで、大学・図書館・公園・ホール・屋内プール・教会とならんで、病院・医科大学・研究所・予防に関連した施設への寄付を推奨した。彼は個人への施しを拒否し、「公共の福祉」ひいては社会の進歩のための医療関連機関への寄付こそが「最高最良の形態」とした。

厖大な財産が有効に利用されうる、きわめて重要な分野がもう一つある――病院、医科大学、研究所、その他病気の治療、特に人間の不幸の治癒よりは、むしろその予防に関連した施設の創設あるいは拡張である（Carnegie［1889＝1975：270］）。

当時、社会進化論[26]というユートピア的な未来観がアメリカ中を覆っていた。こういった土壌のなかで貨幣が流通し、ソーシャルワーカーの専門職化が企図されていったことを認識しなければならない。

（1）　本章は、三島［2001］を大幅に加筆修正したものである。
（2）　アブラハム・フレックスナー（一八六六―一九五九年）は、ユダヤ系移民の両親を持ち、九人兄弟の六番目の子どもとして生まれた。実家は商業を営むが、非常に貧しく、一番上の兄の経済的援助によって、ジョンズ・ホプキンス大学で古典および語学の学士号を取得することができた。卒業後、故郷のケンタッキー州ルイビルにもどり、二〇年に亘り教師生活を送る。一九〇五年にはハーヴァード大学で心理学と哲学を学び、翌年、修士号を得た。その後、ベルリン大学およびハイデルベルク大学へ留学し、一九〇八年に帰国する。翌年からカーネギー財団の医学教育に関する調査に関与し、そこから彼の輝かしい人生は始まる。フレックスナーの生涯に関しては、Flexner［1960］、渡辺かよ子［1988］などを参照。
（3）　基礎科学が重要視されたのも、近代医学において「基礎医学」が重視されたことによる。「基礎医学」とは、「医学の研究・教育・実践上の専門分科のうち、直接患者の診療に携わらないものの総称。現代の日本では通例、正常の人体の構造および機能を研究・教授する学問（解剖学・生理学・生化学）、臨床の基礎的事項を研究・教授する学問（病理学・薬理学・微生物学・免疫学）および社会医学（法医学・衛生学・公衆衛生学）を含む」（『広辞苑』）である。専門職となるには、その実践を支える、こうした学問的基盤が必要とされるようになった。

（4）グリーンウッドは、①体系的な理論、②専門職的権威、③社会的承認、④倫理綱領、⑤専門職的副次文化（サブカルチャー）という五つの属性を示している。

（5）全米ソーシャルワーカー協会職業安定所（一九一七年創立、後に全米ソーシャルワーカー協会）、アメリカ病院ソーシャルワーカー協会（一九一八年、後にアメリカ・メディカル・ソーシャルワーカー協会）、全米訪問教師協会（一九一九年、後に全米スクール・ソーシャルワーカー協会）、アメリカ精神医学ソーシャルワーカー協会（一九二六年）、アメリカ・グループワーク研究協会ソーシャルワーカー（一九三六年、後にアメリカ・グループワーカー協会）、アメリカ・コミュニティーオーガニゼーション研究協会、ソーシャルワーク調査グループ（一九四九年）の計七団体が合併された。

（6）ミラーソンが掲げる専門職の属性とは、①公衆の福祉という目的、②理論と技術、③教育と訓練、④テストによる能力証明、⑤専門職団体の組織化、⑥倫理綱領の六項目である（秋山智久［1988：87］）。「六つの属性」のなかに含まれていないという理由だけで、フレックスナーが「テストによる能力証明」を支持しないと結論づけるのは短絡的である。なぜなら彼の医学における「専門職」観は、何らかの資格試験制度を前提としているからである。

（7）岡田藤太郎は一九七二年に「ソーシャルワークの専門性の特性を、一口で言って拡散性とあらわしてみたらどうかと思う」として、五つの拡散性（①ソーシャルワークの適用される対象領域の拡散性、②その適用の多様性、③その技術の非純粋性、④その基礎とする学問の多様性、⑤専門職業性）を提示し、それを積極的な方向で認識するよう主張している（岡田［1977：158-164］）。

（8）一八九二年の全国慈善矯正事業会議では、「慈善事業における女性」が議題になった。「精神異常と慈善に関するマサチューセッツ州委員会」のメンバーであったアン・B・リチャードソンの姿勢からもこのことが読み取れる。彼女は「出席委員の懸念を配慮して、職業婦人は決して『家庭の守り手』としての義務をおろそかにすることはないだろうと請け合っている。彼女は、女性たちは『男性や彼らのいわゆる良妻の権利や特権を奪おう』などと主張しているのではない、と言う。リチャードソン婦人は、自分と婦選運動の『恐るべき教義』との関わり合いを否定し、公的な立場への女性の進出を正当化するものとして、政治的権利からする立場と、社会奉仕からする立場を区別した」（Platt［1969＝1989：78］）のであった。

（9）それ以前にも、経済学と社会学を学ぶ多くの大学生が、社会福祉施設に送り込まれていた。今岡健一郎は「何らかの形の社会事業教育が、しかも大学の社会学部もしくは経済学部でも行われていたことを物語っている」（今岡［1978：25］）としている。

（10）リッチモンドに先駆けて、専門教育の必要性を訴える声はアメリカ各地であがっていた。一八九三年、アンナ・L・ドーズは「貧困問題に関する社会経済理論の基礎と、慈善事業入門、実習を含んだ、非教派的教育課程が造られるべきことを主張」（窪田［1988：53］）した。同年、バッファロー慈善組織協会のナサニエル・S・ローズノーも、友愛訪問員の訓練過程の新設をニューヨーク協会宛に依頼している（窪田［1988：53］）。とはいえ、リッチモンドの「主張がニューヨーク博愛事業学校の開設を促進する決定的な刺激となった」（田代編訳［1974：3］）といわれている。

（11）リッチモンドの「ソーシャルワークの発展」（Richmond［1923＝1930：589］）概念図をみると、その歴史は一八八〇年からはじまっている。

（12）彼の立場は、サイモン・パッテン（ウォートン大学の経済学教授。ディヴァインやリンドセイの指導者）やエディス・アボット（シカゴ・スクール・オブ・シビックス・アンド・フィランソロピーの教員、一九二四年から一九四二年までシカゴ・スクール・オブ・ソーシャル・サービス・アドミニストレーションの学長）らと共通する。

（13）リッチモンドは「改革の小売り的方法」（Richmond［1905＝1930］）のなかで、小売り的方法と卸し売り的方法の両方で「完全」なものになると述べたものの、彼女にとっては小売り的方法（ケースワーク）こそが卸し売り的方法（社会改革）の原動力であった。

（14）『慈善（*Charities*）』と『公共（*The Commons*）』が合併し『慈善と公共』となった。編集長はディヴァイン。一九〇九年には『調査（*The Survey*）』と改題された。

（15）リッチモンドとアダムスのコントラストについては、木原［1998］。

（16）一九二〇年に発刊された創刊号には、リッチモンドの巻頭論文が掲載された。後に『ソーシャル・ケースワーク』に改題される。

（17）たとえば、ジョン・J・コストニスは法学に与えたフレックスナーの影響について検証している（Costonis［1993］）。

（18）フレックスナーが医師と勘違いされたのは、医師として病理学において功績を残した、ロックフェラー医学研究所の所長として名高いサイモン・フレックスナーと混同されたものと考えられる。彼はA・フレックスナーの兄であるが、弟が医学教育に関与し始めてからは、しばしば共同で仕事をおこなった。しかしながら、この間違いを一笑に付すことはできない。なぜなら、医学領域におけるフレックスナー報告も、この勘違いから生まれたという逸話が残っているからである。A・フレックスナーはドイツ留学から帰ると、『アメリカの大学』（Flexner［1908］）を著した。これがカーネギー財団教育促進委員会の専務理事であったH・S・プリチェットの目にとまり、A・フレックスナーは財団のスタッフとして医学校の調査をおこなうよう依頼されることになった。この時プリチェットは、すでに医学界で名声を博していた兄のS・フレックスナーと勘違いしていたという（Flexner［1930：70-71］）。とはいうものの、ストーリーテラー的な彼の話を鵜呑みにするのは注意が必要なのかもしれない。

(19) フレックスナー自身は、すべての医者が研究者であるべきと主張したわけではなかった（Hudson［1992：9-10］）。だが、フレックスナー報告の後、患者に向けられる視線に変化があったことは間違いないだろう。

(20) こうした展開に、当時の人々は戸惑いを隠せなかった。「一般民衆は秀でた経験を積んだ医師から引き離されてしまうという強い抗議」（Fosdick［1952＝1956：141］）をおこない、マスコミもそれを書きたてた。

(21) 二〇世紀初頭に病院の数は急増した。

(22) 後に予備校（preparatory school：大学入学のための準備をおこなう学校）の校長。フレックスナーの学校の卒業生は、成績が優秀だということで注目された。

(23) 一九二九年に出版された『ソーシャルワーク年鑑（*Social Work Year Book*）』には、ソーシャルワークの学問的端緒をアメリカ社会科学協会（American Social Science Association）の活動に求める記述がある。「慈善・矯正に関わる仕事の専門職的精神と態度の萌芽は、〝社会科学研究を促進し、特に社会科学を社会問題に適用する〟ために一八六五年に設立されたアメリカ社会科学協会の活動に、明らかに現れている」（小山［1997］）。

(24) カーネギーは社会進化論者であると唱えながら、実際には矛盾した行動もとっている。彼は、「保護関税、特許法、販売協定など、自由放任主義に反することに賛成し、労働時間の短縮は法律によって達成されるべきだと主張した。（著者注・ジョセフ・）ウォールは、カーネギーがはたしてスペンサーの哲学を理解したかも疑っている」（本間［1975：23］）。

(25) 原題は、「富（wealth）」であった。

(26) 社会進化論には淘汰のイメージが付随するが、この淘汰の「法則」は、たとえば黒人専用の医学校へはより少ない寄付で済ませることの正当化に用いられた。「黒人の教育に常に関心を持っていた」というロックフェラー財団でさえも、比較的小規模な援助に終わっている。というのも、「医学校のすべてを十分に援助することは明らかに不可能であった。金は重要な点に集中させなければならない」（Fosdick［1952＝1956：145］）とされたからだ。

第二章　社会福祉の「科学」を求めて

第一節　援用される諸学問の理論

福祉施設は「実験劇場」

まず、「ソーシャルワーク理論」という言葉の注釈からはじめたい。日本の社会福祉学領域において、実践を支える理論を指す言葉として「社会福祉理論」がある。この語を含む文献は多い。たとえば、松井二郎は『社会福祉理論の再検討』のなかで「社会福祉理論の先行研究」の例として「竹中理論、孝橋理論、岡村理論、嶋田理論」（松井［1992：ii］）をあげているが(1)、こういった認識は、多くの社会福祉研究者に共通する（その他に、吉田［1974］［1995］、木田［1967a：51-71］など）。しかしながら、『社会福祉の基礎知識』（小倉他編集代表［1973］）や『現代社会福祉辞典』（仲村他編［1988］）、『現代福祉レキシコン』（京極監修［1993］）、『社会福祉用語辞典』（山縣他編集委員代表［2004］）などの標準的な辞書には、「社会福祉理論」という項目はみあたらない。

本章では、ソーシャル・ワーク・セオリー（social work theory）を指すものとして「ソーシャルワーク理論」を用いる(2)。ソーシャルワーク理論とは、社会福祉学の分野を横断して存在する概念である。第一章でみたフレックスナーを象徴とする専門職化への動機づけのもと、最初に心理学と社会学の理論がソーシャルワーク理論として援用された。その後も、政治学や経済学、統計学、生態学などからさまざまな理論が社会福祉学領域に移植されてきた。多くの場合、ソーシャルワークの理論は、他の諸学問から援用されたものである。ここでは社会福祉学領域に存在するこれらの諸理論を、ソーシャルワーク理論と総称する。(3)

フレックスナーは医学教育の改革を推し進めたが、このときフレックスナーの脳裏にあった専門職像が社会福祉学に大きな影響を与えた。彼は病人を部分化して捉え、病院を科学的実験の場へといざなったが、福祉領域においてもこうした様式が再現された。医師を専門職のモデルとしたソーシャルワーカーたちが、ソーシャルワーク理論を「進化」させていくことに力を注ぐようになったことがもたらした、自然ななりゆきであった。

英米の影響を強く受けてきた日本でも、社会福祉の学問が導入された当初からソーシャルワーク理論を「進化」させることが運命づけられていた。竹内愛二は「社會事業が社會病理學に基づく社會治療 Social therapeutics として科學的に又技術的に其發達の進路を見出す」（竹内［1936：29］）と述べている。戦後も同様の論調が続いた。谷川貞夫は「ケース・ウヮークの最近の基盤」（谷川［1950：8］）を、「社会科学的なものの域から脱して、社会学的なものに基盤を置く」という「段階に至りつつある」と表現した。また社会学者の石村善助の論は、一九七〇年代初頭に社会福祉従事者の資格化の動きが高まった時期に影響力をもった。彼は「社会における分業を前提」としたうえで、「人は、それぞれ自己の身につけた技術を、他人の求めに応じて提供することにより社会生活を営む」と述べる。

プロフェッションは、そのような一般市民の提示した要求に、具体的に答える問題を解剖するための診断の技術と、摘出された問題を依頼者の希望にそって治療する技術をそなえなければならない。しかもそれは一般市民が常識的にもっている、いわゆる生活の知恵といわれるものよりもはるかに高度であることが必要である。すなわち、科学や高度の知識に支えられたものであることが必要であり、その（筆者注・専門職としての技術の）高さは科学の進歩とともにますます高められる性質をもつものである（石村［1972：10］）。

これらの主張に共通してみられるのは「進化」のメタファーである。医学領域においてフレックスナー報告が病院を実験あるいは研究の場へと刷新したように、福祉的なケアの場が「進化」のための研究機関または「実験の場」となった。たとえば渡部一高は、「セツルメントは一の社會的實驗室である」（渡部［1936：53］）と述べている。また谷川はセツルメント・愛隣園を「社会事業のラバラトリー」（谷川［1949：1］）と呼んだ。児童福祉施設の双葉園園長であった高島巖も、児童福祉施設を「実験劇場」（高島巖［1954：51］）と位置づけている。

これらのテクストをみると、福祉施設を実験や研究のための施設として位置づけてはばからない、当時の気運があったことがうかがえる。「科学」を志向し、それを「進化」させることこそが、当時の社会福祉の研究者の態度として求められた。そしてソーシャルワーカーは「被援助者の対人関係について科学的に認識して、それを技術的に駆使・展開する能力を備えた人」（竹内［1955a：22］）と位置づけられた。

無論、こうした科学への志向が第四章で検討する反専門職運動の火種となったのは明らかである。この専門職批判の議論のなかには、科学を志向するソーシャルワーク理論が普及し、実践や利用者に影響をあたえたという一つの前提がある。ここで、この前提を宙づりにして問題を切り取ることもできよう。つまり、自然な「進化」により社会福祉実践の「科学」化が進んだのではなく、ソーシャルワーク理論は政治的に選びとられてきたと捉えることもできるだろう。コロンブスの卵ではないが、理論が実践を規定したのか、それとも政治的な気運が先行したのか、という問いの立て方は不毛かもしれない。しかしながら、これまでそうした問いかけがなされてこなかったという問題は残る。

学際的な社会福祉学

フレックスナーの提示した望ましい専門家とは、基礎科学や体系的な学問理論をバックボーンとして「科学」的な実践をおこない、また実践で得られた知見をもとにして、知識や理論を恒常的に発展させていく者であった。この思考が社会福祉学領域に流入し、社会福祉実践の「科学」性を保持するために、諸学問の理論が自らの学問の基礎とされ、実践へ応用することが重要とされるようになった。では、具体的にどのような学問の知識や理論が活用されたのであろうか？

谷川は「社会事業技術は、特定の社会的事情乃至社会的事件に対應する社会諸科学の應用或いは援用によつて、その技術性を一層高度化するのである」（谷川［1949：7］）と述べた。彼は、ケネス・ベニやロナルド・リピットらの「グループダイナミックス」やカール・ロジャースの「非指示的療法」などの研究を紹介している。これは、他の専門分野における研究の発展が「社会事業における科学性の進展」に寄与するという了解の下でなされていた（谷川［1954a：3-6］）。

木田哲郎は、基礎科学に「理論的基盤を求めている点が戦後の特徴」（木田［1967a：70］）であると指摘したが、社会福祉学が「科学」を志向した時点からこうした傾向はみられた。戦前、竹内愛二はすでに次のように述べている。

諸科學の提供する智識及技術は凡て之れケース・ウォーク遂行の必須要件をなすものなのである。特に生物學、醫學、經濟學、教育學、法律學、社會學、心理學、精神衛生學等は最も重要性を有するものである（竹内［1936：33］）。

竹内のこの姿勢は、戦後も継続された。彼は、『ケース・ウォークの理論と実際』(4)において、「生物學、醫學」「心理學、精神醫學」「經濟」「社會」「宗教・道徳」の「五つの立場」(5)から、多角的に問題を考察しなければならないと説いている（竹内［1949：24］）。竹内はこの「五つの立場」に限定したが、谷川は、「社会学・経済学・心理学・生物学・統計学等」（谷川［1949：7］）をあげている。その後も多くの研究者がそれぞれ異なる学問を提示したことに注意したい(6)。

彼らの論考には「ミルフォード会議」（一九二三―一九二八年）(7)の影響が色濃く現れているのだろう。「ジェネリックとスペシフィック」という副題がつけられたミルフォード会議報告（一九二九年）には、ソーシャル・ケースワークは「自己の経験による知見から形成されたものと同時に、他の活動の組織領域や完成されている諸科学からの適用により、知識体系を構築する」として、次があげられている。

生物学　医学　経済学　精神医学　教育　心理学　法律　社会学（NASW［1974＝1993：42］）

ソーシャルワークの「成長」は、「科学的性格の開発」にかかっているとされる。これは、他領域の学問の知見の「科学的な適用」によって達成されるとされた。このように同報告には、科学的な知識を実践の礎にするべきとするフレックスナー的な思考が見受けられる。なかでも存在感が大きかったのは医学であった。単に基礎的な医学的知識がソーシャルワーカーに必要とされただけではない。医学や医師の比喩的表現も重要な役割をはたし、ジャーナルや専門書を飾ることになった。

こうした潮流は、日本でも見られた。たとえば藤田進一郎は『社会事業研究』誌上において、「社會事業的救濟に理論的吟味を要しないといふのは、醫者が病人を治療するのに、病理的究明を要しないといふのと同一」（藤田［1933：25］）と述べ、社会福祉の理論の必要性を説いている。また医療ソーシャルワークの草分けといわれる浅賀ふさは、次のように述べた。

ケースウォークの過程は、醫者が患者の病氣を診斷して、治療する如く、辯護士が法律問題を解決する如く、一定の過程を持つて居る。醫者の中にも、實驗室の化學的検査をしたり、環境狀況を考慮に入れたり、又他科の醫學的調査を賴んだりして、病を原因的に知つて、的確な診斷を下した上、治療の方針をたてる者と、頭痛には此の藥、腹痛にはあの藥と定まつた藥を與える者とがある。勿論後者の如きは診斷家でもなければ治療家でもない（浅賀［1948：341］）。

医師が研究により積み重ねられた医学的知識に依拠して診断を下し治療をおこなうように、専門職であるソーシャルワーカーは学問的研究に裏書きされた実践を遂行することが要求されることになった。ハドソンはフレックスナー的な言説によってパターナリスティックな医師―患者関係が確立されたと指摘したが、こうした特性もやはり社会福祉学にとりこまれていったといえる。

そこで望ましい社会福祉従事者となるためには、医学を含む多様な学問の基礎知識を身につけなければならなくなった。

良きケース・ウォーカーとなるには、多角的な立体的な知的素養と技術的経験を必要とする（谷川［1949：273］）。

社会福祉学における研究は、その創始から学際的研究であったといえる。現代社会で起こる問題は複雑な様相を呈しているため、従来の専門分野ごとの研究では対応がむずかしいという現状認識から、学際的研究は生まれた。学際的（interdisciplinary）という言葉は一九四〇年代後半のアメリカで好んで使われるようになったとされる（祖父江［1992：19］）。それは専門分化した多数の学問領域の壁を越えて協力し、研究を進めるものであった(8)。社会福祉学の場合、近代的な研究における専門分化の弊害をみる前に「学際」の形式をとりはじめ、それが専門職化の手段とされたという点で特異であったといえる。

以上のように、フレックスナーに刺激された社会福祉の「科学」化という発想は、より新鮮な諸学問の理論の取り込みを促進した。それは共同募金運動にさえも「科学」を要求するなど、「猫も杓子も科学的科学的と唱える」（佐藤信一［1951：35-40］）と自嘲気味に語られるほどであった。

専門職化や科学化を運命付けられた社会福祉学は、さまざまな学問の知識を援用したことにより、必然的に次の二つの壁に直面することになった。第一に、安易に理論や知識の「流行」に左右されやすい傾向にあること。第二に反発しあう理論が存在することである。本節の以下の頁では、この二つの問題を検討したい。

今は無きソーシャルワーク理論――優生学の援用

ソーシャルワーク理論の研究がはじまってから現在に至るまで、さまざまなソーシャルワーク理論が生まれたが、現在そのすべてが肯定されているわけではない。歴史を通してソーシャルワーク理論は、絶えず編み出されては消えていくものでもあった（孫［1996：241］）。ソーシャルワーク理論は、時に政治的な利便性から、時に専門家としての使命感から、時代に応じて選択され、また捨てられるものであったのではないだろうか。

たとえば、今では沈黙が守られている一つのソーシャルワーク理論がある。「優生学」は、一九二〇年代から三〇年以上にわたり、ソーシャルワーク理論の一つと目されていた。一九二九年に大林宗嗣は、専門誌『社会事業研究』において、「ユーゼニックスと社会事業」と題した論文を掲載している。大林は優生学という「科學的研究の結果を思ひ切つて利用、或は採用すべきものである」（大林［1929：85-86］）と主張した。また松澤兼人は「ユーゼニックスと社会事業との關係の相互依存性」（松澤［1929：76］）を指摘したが、これも社会福祉の「發展」は「科學的發展」に依存しているという見解にもとづいている。

『社会事業研究』の同号では「社会事業と優生学」と題した特集が組まれ、「贊否両論」で構成された。しかしこの時、優生学を採用することに真っ向から反対したのは、北村兼子（北村［1929：86-89］）のみであった。福祉領域の論者の大半が諸手をあげて優生学を受容していった様子が伺える（たとえば、松澤［1929：74-78］、小關［1929：78-83］）。三か月後にも同様の特集が組まれ、座談会「不良少年と遺傳」が掲載されているが、ここでも優生学支持の立場の者が多勢を占めていた。

田結　そこで兎に角遺傳素質といふものは、何うしても動かすことが出來ぬと決まりましたから、若しさういふ素質を持つた者があつたとすれば、それには断種を行つたら何うでせう。

富田　賛成です。

田結　アメリカなどでは三十年も前からやつてをる。（略）是非日本でも法律の發布をまつてをるのは甚だ手緩いですから、大阪の社會事業聯盟などで、早速その活動を起して貰ひたい（小關他［1929：48］）。

「社会福祉技術論の嚆矢」（古川［1998：17］）と称される竹内も、この論調に従順である。彼は「斷種法の研究」という論文のなかで、「科學的社會事業の有力なる一翼として相當の偉力を發揮し得るであらう事を信ずるものである」（竹内［1938a：33］）と述べた。

優生学を援用する理由に、大林は優生学が社会福祉学と同じ目的をもつ点をあげている。

優生學が劣性種屬の絶滅を期してゐるに比して、社會事業はこの優生學が絶滅を期してゐる劣性種屬にも亦他の優生種屬と少くとも同等の待遇を與へてやらうとしてゐると、併しその意味は劣性種屬の永續性を保障しやうとすると云ふ意味ではない事は勿論である。更に今一歩進めて考へてみるならば、社會事業は社會から劣性種屬の發育する原因－環境と個別的遺傳を統制して之を驅逐しやうとしてゐるとも云ひ得るであらう。そう云ふ意味では優生學の目的と社會事業の目的はまったく一致するものである（大林［1929：85-86］）。

一見、社会福祉は「劣性種属」を温存するようだが、実は「環境と個別的遺伝を統制」して「劣性種属」を「駆逐」することを目的としている。したがって、優生学と社会福祉学は目的を一つにしているのであり、優生学という「科学的研究」を援用するべきであると大林は説く。

これらは大阪社会事業連盟によって編集された『社会事業研究』を中心に交わされた議論であったが、何も大阪だけの話ではなかった。現在の全国社会福祉協議会の前身、社会事業協会の編集する雑誌『社会事業』でも同様に、「優生学の應用」について盛んな議論がなされた（たとえば、井上［1923］）。

谷川が社会福祉の学際性を強調し、諸科学の応用によって社会福祉実践の科学化は達成されると表明したことは上述した。一九四九年に出版された『ケース・ウォーク要論（改訂版）』では、その「諸科学」として、社会学・社会病理学・心理学と精神医学・精神分析・心理分析・医学・経済学が検討されるが、「医学の概念とその影響」の項目には、「優生学的知識」（谷川［1949：143］）があげられている。

ケース・ウォークは、その本質において、対象を優生学的領域においてとらえんとする（谷川［1949：143］）。

竹内は終戦後、ケースワークを「科學的認識に即した、技術的方法及び過程」（竹内［1949：21］）と位置づけ、「生物學」「心理學及び精神醫學」「經濟學」「社會學」「宗教と道徳」の章を設け検討する。「生物學」の章には「遺傳について」という項目があり、染色体や細胞などに関する一般的な知識が列挙されている。

ここには戦前のような優生学や断種を堅持する姿はないが、クライエントを「診断」する際に、「必ず先ず彼の身體、健康、疾病等、その生物學的・生理學的・醫學的因子の研究からはいり込まねばならぬ」（竹内［1949：40］）と論じている。こうした局面において「クライエント」は、社会福祉従事者による「氏素性」への飽くなき詮索を受け、学問に裏打ちされた（よって、民主的で客観的な外観の）診断的なまなざしを浴びる対象となった。

優生学の母体はナチズムと断定できないように（立岩［1997：228-241］、松原［1997］）、優生学を支持した社会福祉の実践家や研究者のみに責任を問うことは不毛である。ここで指摘したいのは、これまで社会福祉学は時代や社会のコードに応じた複数のソーシャルワーク理論を選択し、かつ修正しつづける営みを持続してきたということである。(9)

ちなみに優生学を社会福祉学に取り込もうとする姿勢は、優生学を専門とする研究者にとって奇異に映ったようだ。主著『日本人種改造論』で、日本人は身体的・精神的に「欧米に劣るので改造に力を入れるべき」（海野［1910：59］）とした海野幸徳は、『社会事業研究』に寄稿している。「私は優生学的社会政策を主唱するが、今日の社会事業はまったく優生的意義の脱出したものである」（海野［1925：14-19］）として、優生学が社会福祉領域に援用されることに対して違和感を示している。

社会福祉学におけるこうした傾向は、終戦後もかなりの期間続いた[10]。とはいえ、次第にソーシャルワーク理論として優生学を援用することはタブーとなっていった。現在では、ソーシャルワーク理論が議論されるときにはこの優生学が言及されることはほとんどない。この放棄されたソーシャルワーク理論は、忌まわしき過去の出来事として、歴史書のみに封印される[11]。注目すべきは、優生学までをもソーシャルワーク理論として取り込んだ動力は、現在の社会福祉学にも息づいている点だ。すなわち、科学化を志向し、専門職化を企てようとする動力である。

社会福祉学における「神々の争い」

一九一五年のフレックスナー講演以降、社会福祉の学問を体系化させる試みや、専門職団体の整備、学会の開催、専門誌の発行、そして教育改革がより活発になされていった。ここには専門家の属性とされたものを一つ一つクリアするという活動の継続が、ソーシャルワーカーの専門職化へ結実するという思考がある。これこそは、フレックスナーが講演で強調したものであった。特に、社会福祉学という「知」の基盤となる理論の精緻化とその適用が最優先の課題となり、他学問からの理論の「移植」が熱心になされていく。そこで生じた二つめの問題、援用された理論には反発しあうものがあることについて以下で検討していきたい。

ソーシャルワーク理論の種類は増加していったが、多種にわたるソーシャルワーク理論の捉え方には、二つのパターンがあるように思える。一つは、例外を除くすべてが同等に肯定されるパターン。ここでは社会福祉学の「学際性」が誇りとされる（学際志向）。もう一つは、他領域においても「最新」の技術や理論が優勢であるように、それ以前の理論が相対的に価値が低いものとみられたり、否定されたりする場合である（価値付与志向）。

図２－１の「X理論」は最新の理論を意味している。「価値付与志向」では、従来の理論は基本的に過去に追いやられる。これに対し、「学際志向」ではX理論が最新の理論として比較的重視されつつも、それまでの理論も利用される。このように二つのパターンがあるものの、同時代に両者が共存していることもある。また図２－１にいくつかの

図2-1　既存理論の把握

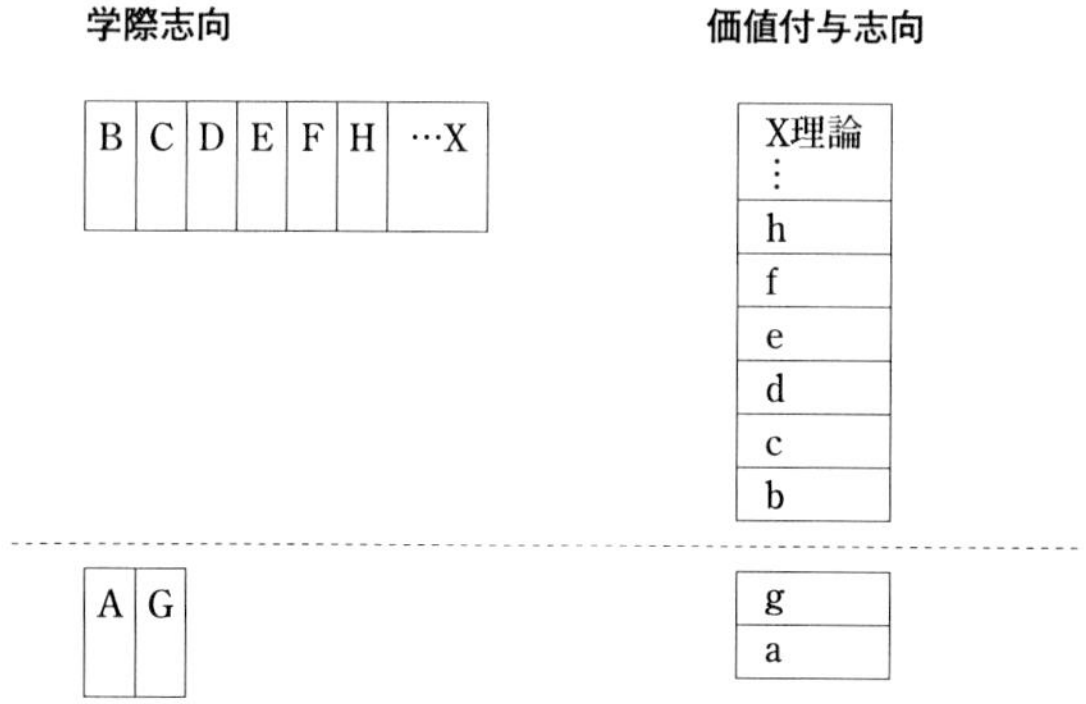

理論が欠落しているのは（たとえば、理論［A／G］や理論［a／g］）、前項で検討した抹殺された理論を表現したものである。

「学際志向」は、現在のジェネラル・ソーシャルワークに続く社会福祉学の伝統であるといえる。ここでは、ソーシャルワーカーとして複数の理論を把握することが重要とされる。国家試験や各種資格試験では、その知識が身についているかどうかが試されることとなる。そうした認定試験の前に専門教育が施されるわけだが、さまざまな知識や理論の修得のためにカリキュラムが組まれ、それに則した教科書が編まれる。

次に、図2−1の右側の「価値付与志向」について。[12] X理論はただ最新の理論として優勢とされるだけではない。同時に「過去」の諸理論はXの視点から読み替えられる。X理論が成り立つ局面では、理論［B／C／D…］はX理論の言葉で解釈され、理論［b／c／d…］となる。ここでは優勢なX理論が主な論理的基盤となるため、他の理論は「過去」の「古い」理論となる。

たとえば、社会福祉学におけるマルクス主義者たちがまず着手したのは、ソーシャルワークの発展の歴史を資本主義の発展過程と絡めて解釈しなおすことであった。孝橋正一は一九六〇年代、一九七〇年代の社会福祉学界を風靡したが、彼の著書『社会事業の基本問題』シリーズは、こうした読み替え作業で大半が占められていたとしても過言ではないだろう。

マルクス主義者たちにとって、「過去」の理論である「精神力動ソーシャルワーク理論」（本章二節）は、資本主義社会を基礎付ける「ブルジョア科学」として映る（Rojek［1986：67］）。また高島進はレーニンの見解を引用しつつ、

「三段階的発展」（高島［1973：89-90］）という法則を明らかにし、こうした発展段階を解明することが「社会福祉の科学的な理解」（高島［1973：89］）につながるとした。

「戦後日本社会福祉論争」の一つとして名高い「孝橋・嶋田論争」も、結局、図の「学際志向」か「価値付与志向」かをめぐる論争であったといえる。学際性を尊重することは、「神々の争い」から逃れられないということでもある。「マルクス主義的経済学」を掲げる孝橋正一は、嶋田啓一郎の「構造＝機能」理論を次のように批判した。

政策論、技術論、運動論、さらには医学、精神医学、倫理学、社会学、経済学、政治学などを含む人間行動科学等々の原料を、これまた機能論という便利な触媒を使って用心深く掻混ぜ、繋合せて作ったお好みのカクテルを捧げて、すべての神々の顔を立てながら、その調和的な均衡それ自身が統一原理だというように自認されているだけなのである（孝橋［1973：8-15］）。

社会福祉学にとって本質的な基礎となる理論として、嶋田は竹中（勝男）理論の流れを受け継ぎながら「構造＝機能」（嶋田［1974］）理論を、孝橋はマルクス主義的な唯物史観や弁証法を（孝橋［1969］）、それぞれ提示した。学際志向を伝統とする社会福祉学の歴史からみると、マルクス主義的な観点にもとづく「経済一元論」はまさに革新的で、当時の社会福祉関係者の心をつかんでいく（井岡［1979］）。そしてそれは当時、社会福祉学の本質を全面的に変化させるパワーをもつものとして映った。

社会福祉領域において、主な理論的基盤を異にするワーカー同士の没交渉が生じる（たとえば、浅賀［1961：92］）のも、こうした価値付与志向が存在するからであろう。医学が解剖学、病理学、衛生学などを基盤としたように、社会福祉学も複数の学問からなる基礎科学を設定したままではよかったが、医学のそれのようにはいかなかった。そこで、既存の一学問や一理論のみに準拠することもできたが、そうすると社会福祉学としての独自性が消滅し、ソーシャルワーカーの専門性は体現できない。まさに進退を許されない状況に陥ったのである。

これまでに出現したソーシャルワーク理論のすべてが現在の社会福祉学に貢献しているとはいえないし、数多くの理論が反発しあうこともある。こうした点を踏まえて、現行の日本の社会福祉教育や資格試験において基礎知識として必要とされているソーシャルワーク理論を再検討していく。本書では、流動的なソーシャルワーク理論の力学を把握することを目的とするため、すべてのソーシャルワーク理論を扱わない。それらは、すでに数多くの文献で念入りに整理されているからである。デービッド・ハウ（Howe［1992］）やマルコム・ペイン（Payne［1997］）の著作には、筆者と同様の視点からイギリスのソーシャルワーク理論に関する簡潔な論述がある。日本語文献では、「学際志向」の立場の記述も含め、フランシス・J・ターナーの『ソーシャルワーク・トリートメント』（Turner（ed.）［1996＝1999］）や小松源助の『ソーシャルワーク理論の歴史と展開』（小松［1993］）、加茂陽の『ソーシャルワーク理論を学ぶ人のために』（加茂［2000］）、『ソーシャルワークの実践モデル』（久保・副田［2005］）などが刊行されているため、これらの文献を参考にしていただきたい。

以下、本章では主なソーシャルワーク理論として「精神力動ソーシャルワーク理論」「マルクス主義的ソーシャルワーク理論」「システム－エコロジカル・ソーシャルワーク理論」を検討する。

第二節　最初の「科学」化――精神力動パースペクティブ

精神力動ソーシャルワーク理論出現の背景

精神力動ソーシャルワーク理論は、何らかの逸脱や問題が生じた場合、それを主に人間の内面の問題として捉えていく学問的姿勢に重心をおく。こうした社会福祉学領域における精神力動ソーシャルワーク理論は、アメリカでは一九二〇年代から、イギリスでは一九三〇年代後半（Payne［1997：77-78］）から注目を集めるようになり、一九六〇年代には主流となった。現在ではかつてのような扱われ方はされないものの、その一部は日本の社会福祉士養成課程において学ぶべき知識と位置づけられている。

第二次世界大戦前の日本においても、社会福祉教育の先駆けの一つとされる財団法人社会事業協会主催の社会事業講習会（一九二五―一九三五年）に、「正科講義課目」として「心理学（変態心理学）」が加えられていた（大久保［1941：87-88］）。福祉関係の学術誌にも、精神力動パースペクティヴからクライエントを考察した論文を確認することができる（たとえば、黒澤［1924：24-28］）(13)。

とはいえ日本において、精神力動ソーシャルワーク理論が本格的に導入されたのは戦後であった。一九四六年、占領軍総司令部（GHQ）の指示により厚生省を中心に発足した社会事業学校設立準備委員会は、終戦後の社会福祉教育の出発点になったとされる。同会発足の三ヶ月後には日本社会事業学校（現日本社会事業大学）が開校された(14)。このとき同学校で開講された講義科目を見ると、終戦前の財団法人社会事業協会による社会事業講習会や社会事業研究生制度(15)にはなかった「ケースワーク」があり、竹内愛二が起用されている。

また一九四七年にはGHQや公衆衛生福祉部（PHW）の指導の下に、社会事業教育懇話会が発足した。この会には日本社会事業学校の教員を中心として、厚生省・文部省・大学専門学校の関係者が集い、新制大学の「社会事業学部」の設置基準が定められた。この「社会事業学部設置基準」は、アメリカ社会事業学校連盟が一九四四年に決定したカリキュラム規準、いわゆる「基礎八科目（basic eight）」（ソーシャル・ケースワーク、ソーシャル・グループワーク、コミュニティー・オーガニゼーション、公的福祉、ソーシャル・アドミニストレーション、社会調査、医学知識、精神医学知識）が「事実上モデルとして紹介された」（今岡［1976：23］）とされる(16)。

このように終戦を境に、日本の社会福祉学場面は当時のアメリカで主流であった心理主義的なソーシャルワーク理論が優勢となっていった。とはいえ今岡健一郎は、日本社会事業学校における戦後初の社会福祉教育のカリキュラムには、「自主的に組み立てられた」（今岡［1976：23］）戦前からの系譜が見受けられることを強調している。後に述べるマルクス主義的ソーシャルワーク理論の観点からは、精神力動ソーシャルワーク理論はしばしば「アメリカ社会事業の無反省・無批判的な移植と模倣」（孝橋［1954：70］）と揶揄されたが、そもそもソーシャルワークの心理主義は、「専門職化」に照準を合わせた「科学化」から生み出されたといえる。

フレックスナー講演を機にソーシャルワークの「科学化」の火蓋が切って落とされたが、「精神医学の氾濫」とも表現される心理学偏重の時代を迎えることとなった。学問としてのソーシャルワークの歴史を語るとき、リッチモンドの『社会診断』（Richmond［1917b］）は先駆的な役割を果したとされることが多い。そして多くは、一九一七年前後を境として大きく進展したとされる（木田［1956：3-39］、岡本［1973：34］、小松［1993：28］、井垣［1994：60-65］、Johnson and Yanca［2001＝2004：29］、Payne［1992：141-149］）。同時に、心理学を社会福祉学の主な基盤とみなす潮流が本格的になっていった。しかしながら、リッチモンドはソーシャルワーカーの活動を心理学の知見のみで理論化しようとしたのではなかったことは周知の通りである。[17]

ソーシャル・ケース・ワークは人間と社会環境との間を個別に、意識的に調整することを通してパーソナリティを発展される諸過程からなり立っている（Richmond［1922＝1991：57］）。[18]

これは『ソーシャル・ケースワークとは何か？（*What is Social Case Work?: An Introductory Description*）』のなかの一文である。このようにリッチモンドは、個人が抱える問題を社会面と心理面の両面から考察することが重要であると述べた。たとえば同書には、ケースワークの活動として次の四点があげられている。

A　個性（individuality）と個人的特徴（personal characteristics）への洞察[19]
B　社会環境の資源、危険、影響についての洞察
C　心から心へ働きかける直接的活動
D　社会環境を通じて働きかける間接的活動
（Richmond［1922＝1991：59］）

リッチモンドのこうした主張に関わらず、その後の社会福祉学は、精神医学や心理学に理論的根拠を求めるようになっていく。そして次第に、フロイトの心理学に傾倒するに至った[20]。ここで社会福祉学領域にフロイディアンが多かった背景を考察する必要があるようだ。リッチモンドの『社会診断』が世に出た一九一七年は、全国慈善矯正事業会議が全米ソーシャルワーク会議（National Conference of Social Work）と名称変更した年でもあり、第一次世界大戦にアメリカが参戦した歴史的な年でもあった。岡本民夫は「心理学的・精神医学的志向の段階」へと突き進んだ背景として、アメリカの参戦や経済状況などがもたらしたクライエントをとりまく環境の変化、フロイト派心理学の一般の人々への普及などをあげている（岡本［1973：35-40］）。

なかでも戦争という非常事態は、社会福祉の業務は専門家が担うべきとする風潮を招いた[21]。戦時中、戦争がもたらしたストレスが直接的な原因と考えられる神経症の患者が増え、フロイト心理学を応用する機会が増えたという。こうした状況は、ソーシャルワークのなかでもケースワークが重視される傾向も生む。とりわけリッチモンドは、戦争への積極的な関与を熱心に主張していた。「戦争サービス（war service）」への貢献は、彼女自らが名づけたアメリカ赤十字社の「ホーム・サービス（home service）」を通じてなされた（小松［1993：53］）。ホーム・サービスでは問題を抱える兵役に従事している者とその家族に対し、ケースワークが提供された[22]。

こうしてソーシャルワーカーの需要は増大し、訓練を受けた人的資源の確保が課題となっていく。それがソーシャルワーカー養成校の増加を促し、一九三〇年までに二八校を数えるまでになった。そしてその養成校では、心理主義に傾倒した教育が施されることとなったのである。

理論の構造

社会福祉従事者の専門職化が企図され、科学的な基盤が求められるようになった社会福祉学のなかで、すでに知的外観を保っていたフロイトの理論が論拠とされるようになるのは自然な流れであったように思える。フロイトは、社会福祉に援用されたはじめての心理学の理論であり、その後五〇年にわたって力をもったという点で特記に値する（Howe［1987：60］）。後に、フロイトの影響の強いアンナ・フロイトやメラニー・クライン、ジョン・ボールビーなども社会福祉の実践に影響を与えた。

フロイトの理論は、ソーシャルワーカーにどのような「技術」あるいは発想をもたらしたのであろうか。ハウはフロイトが社会福祉学にもたらした理論的な局面を次のように提示する。

① 心的決定論（determinism）
② 本能と欲動（instincts and drives）
③ 精神・性的発達段階（psychosexual stages of development）
④ 無意識（unconscious mental stages）

（Howe［1987：61］）


フロイトの発達観では、前性器期と性器期に区分され、前者はさらに口唇期・肛門期・男根期の段階に分けられる。[23]また心はイド（エス）・自我（エゴ）・超自我（スーパーエゴ）の三つの構造からなるものとされた。[24]こうした心理学の専門用語が社会福祉学領域で紹介され、ソーシャルワーカーが対象とする「クライエント」の言動や心理は、これらの概念を用いて「診断」され、「治療」、記録されていった。

こうしたフロイト精神分析の信奉者たちに加えて、後にその反論を企てる心理学者たちの理論も社会福祉の実践の理論的根拠となっていった。論拠となる心理学の理論が多様化したため、多くの精神力動ソーシャルワーク理論が混在するようになった。たとえば、フロイトの影響を受けた「診断主義」と「機能主義」の対立が一九二〇年代から半世紀近くにわたって存続したことはよく知られている。

「診断主義」はフロイトの精神分析を取り入れたケースワークの伝統的なアプローチであり、援助過程は、インテーク、社会調査、社会診断、社会治療と展開される。また「機能主義」は構造機能主義からの発想を受け入れつつ、ランクの意志心理学の影響が色濃い。この『機能』という言葉は、社会福祉機関がその形態と方向において実践に与える機能を強調するために用いられた」（Payne［1997：86］）。機能主義者は、病理を診断し問題を取り扱うよりも、成長を遂げる「クライエント」を手助けすることに価値を置く。そしてこの理論は医療モデルにもとづく実践を避けることができ、将来を見据えた積極的な変化を強調するものであったとされる。とはいえ、心的問題に還元して解釈し、対策を講じるという点で、これらの立場の間には溝がないといえる。(25)

フロイトの理論は社会福祉学に大きな影響を与え、子どもに対する視線はこれまでよりも密度の濃いものになっていった。大人のクライエントであったとしても、過去の子ども時代にさかのぼって検証されたり、子どもと同等のレベルとされたりする。たとえば、フロイト派心理学の観点から述べると、社会福祉機関には今だ「口唇期」の大人であふれ返っていることとなる（Howe［1987：64］）。なぜなら、幼児期に何らかの不具合があったからこそ「クライエント」は問題を抱えるようになったと解釈されるからである。

精神力動ソーシャルワーク理論の具体化

では戦後の日本において、「直輸入」された心理主義のソーシャルワーク理論は、どのように利用されたのであろうか。大久保満彦は「問題児」が生まれる「真相」を次のように述べる。「子ども自身の『行動』に問題があるのではなく、その両親、その養育者の態度、すなわち子どもの養育環境に問題があったことが判る」（大久保［1954a：80］）。性欲を含む欲求が充たされない場合、「人格に一種のゆがみを生じることとな」り、問題行動に至ると。

母乳も充分には与えられず、お母さんらしい世話もろくにしてもらえず、おまけに突然離乳させられたという赤ちゃんは何か自分のものを取りあげられたように思い、猜疑心が強く、恐怖に満ちていて、おどおどしており、恨みを抱いていて、それは後になって積極的な敵意と攻撃心に結晶することもあるのである（大久保［1954a：81］）。

「快感原則」などへの言及が見られる大久保の論述では、フロイト派心理学の強い影響の下に「クライエント」像が描かれている。この理論は日本社会の習俗をも転換させるべき対象とした。

子どもの「指しゃぶり」「おっぱいいじり」をやめさせるために、指や乳頭に「にがい熊の胃」などぬるというやり方ほど残酷なものはない（大久保［1954 a：83］）。

伝統的なイエ制度さえも「家庭生活の病根としての研究の対象になり得る」（村田［1954：92］）とさえ理解された。戦後の混乱期には、浮浪児や非行少年が数多く生み出され、大きな社会問題になった。そうした時代において平孟は、戦争が引き起こした経済的問題や物質的欠乏が「直接原因」となったとしながらも、「人間の内部」に生じた病理をみている（平賀［1951a］［1951b］）。血なまぐさい戦争は「母親の不安な状態、いらいらした有様」を招き、乳児は「感情的打撃」を受け、「人格形成発展の基礎部門たる無意識内に留められる」。その結果、「問題児」の大量発生につながったと解釈された。[26] 平賀は、フロイトの概念であるイド・エゴ・スーパーエゴを用いながら、社会福祉は単に経済的問題を対象とするだけではないということを強調したのであった。「人の内外的苦悩の解決」が目指され、「貧富の別なく、なやめるすべての人」が対象とされたのである（平賀［1951a：41］）。

竹内はほぼ同時期に論文「性問題の理論的一考察」（竹内［1955b：47-55］）において、青少年の「性的非行や犯罪」の理論的考察をおこなっている。彼は「性的機能障害の諸型」と「性的倒錯の種類」を整理したあと、「胎内空想」や「出産外傷」といった概念を用いて問題行動にいたる経緯を解釈している。

人々は出産以来色々な困難や、苦痛や、危険を味わわされる。そこで胎内空想がなされ、胎内への復帰が強く望まれるようになる。かくして出生以来の人生苦は人々に胎内に復帰したい人々を、自殺に駆立てることになるが、まだ生の全面的否定にまでに至らない気持ちの人々は、ここに象徴的に母体に復帰しようとして、強く性を求め、これに耽溺しようとする（竹内［1955b：50］）。

フロイトとランクを引用しつつ、性行為は「子宮への復帰の願望」の代償と位置づけられ、これが青少年を性的非行や性犯罪に駆り立てる要因とされる。しかしながら、「胎内生活が理想化」されるのは万人に共通するとされているのにもかかわらず、性的非行や犯罪に走らない人々も存在するという矛盾が生じる。そこで、非行・犯罪の有無は「基礎的性格構造と、社会的性格形成の条件によって左右され」（竹内［1955b：53］）ると説明された。たとえば、貧困により充分に栄養が与えられないという経験は、単に栄養失調をもたらすだけでなく、「『口』の淋しさから、そのようなことを少しも経験する必要のなかった胎内生活、従って『性』を希求せしめることになる」（竹内［1955b：54］）。そこで竹内は、こうした心理学的見地から、社会保障制度の充実を求めたのであった。

こうした議論のなかでは、「予防」のロジックが好んで用いられたものである。[27] 心的決定論は、現在の問題の根を過去に求めた。そこで逆説的に、子ども期が円満で充足したものになれば、世にはびこる「悪弊」や「風紀の乱れ」は収束するという法則が提示され、「予防」という活動領域が浮上したのだ。

家庭に於ける生活史をダイナミックに調査し、現在の非行の要因が分析され診断に応用されたならば、学校では不適応行動の特性があまりかたまらないうちに、それらの要因をもつ児童の「潜在的」非行を発見できるのである。潜在的非行者の発見の準備が行われるためにはＰＴＡが中心となって、家庭の指導に当たらねばならない（三野［1954：112］）。

こうして民生委員やＰＴＡなどは、精神力動ソーシャルワーク理論にのっとった「予防活動」に動員されるようになった。

一方で非行少年が育つ「損なわれた家庭とは何か」というような問いかけが、社会福祉学領域においてしばしば議論された。「問題児」を生む「欠損家庭」の分析は細部にわたり、「悪い子ども」と同様、カテゴライズされていった（上武［1954：38-42］、大久保［1954b：65-75］、牛窪［1954：80-94］）。ここで児童の問題は、望ましくない親の態度によってもたらされた「症候」とされる。またそれに陰影をつけるかのように、規範的な家庭も提示された（たとえば、大久保［1954b：76-79］）。また一九五〇年代半ばに起こった「ホスピタリスムス」論争（第四章二節参照）も、「円満な」家庭、心理学的にノーマルな家庭を最上と位置づける働きを担った。

一九一八年に発足した方面委員制度のなかで、貧困層は俗に「カード階級」と呼ばれるようになったが、この言葉は方面委員が「社会測量」（方面委員制度を作った小河滋次郎の言葉で生活状況の調査）をおこない、カード式台帳にそれを記入したことから生まれた。このように弱者の生活を調査し、記録する営為は戦中から根付いていた。しかし戦後になると、考察の対象が心理面までに及び、心理学を論拠とすることが推奨されるようになった。

精神力動ソーシャルワーク理論を駆使するソーシャルワーカーたちは、心理学的視点からも子どもを保護しようと努めはじめた。彼らは現在直面する問題を、精神力動パースペクティブの内側で解釈した。また同時に、心理学や精神医学に準拠した社会福祉の知的な営みと実践は、「予防」を含め社会防衛上の使命も負っていたのである。

精神力動ソーシャルワーク理論の専門職観

福祉の心理主義者たちは専門職化を促すため、心理学や精神医学に論拠を求めた。心理学者や精神医学者に比しても遜色のない研究業績を積み重ねることが社会福祉学の研究者の使命となった。そこで理想とされる専門家像は、社会調査をおこない、社会に訴えかける社会改良主義とは明らかに趣が異なっていた。精神力動ソーシャルワーク理論におけるソーシャルワーカーという専門家のイメージは、どういったものであったのだろうか。

精神力動に基づく実践は、心理カウンセラー的な技術が必要とされた。このため、ソーシャルワーカーは受動的で寛容、傾聴的な態度が望ましいとされた。これは、救貧法時代のような抑圧的な態度を転換させたという点で大きな意味をもつ（Payne［1997：78］）。

竹内は、先に引用した性的非行や性犯罪への対処を論じるなかで、ワーカーは「クライエント」に「傾聴」し、すべてを受容する「温かい『母』の性格を感じさせることが最も重要」（竹内［1955b：54］）であると主張する。というのも、非行に走り犯罪に手を染める人々とは、「正常」な愛情や「安定感」に恵まれなかった人々と考えられたからである。ワーカーが擬似的な「母」を演じることによって、子ども期に達成をみなかったパーソナリティーの発達が見込めると考えられた。

ソーシャルワーカーは母親的な役割を担うべきという考えに対して異を唱えた者もいる。小松源助は、「精神医とケースワーカーとの関係」という論文のなかで、精神保健福祉の領域における医師とケースワーカーの関係を論じている。その領域では精神科医が「父親的役割」を担っているのに対し、ケースワーカーは「母親的役割を果たすものとして考えられ」ていると指摘する。小松は、ソーシャルワーカーは「いわば旧い家父長的な隷属関係のもとに追いやられ」、実務上は「きまりきった成育史の蒐集者、臨時の雑用の遂行者」に成り下がっていると批判した（小松［1955：42］）。

さらに理論に厳密で忠実な専門家としての態度が期待されもした。フロイトの精神分析によると、幼児期は口唇期、肛門期、男根期と区分されるが、何らかの問題を抱える者は、これらいずれかの発展段階にカテゴライズできる。ここで、それぞれの段階に有効なソーシャルワーカーの役割が想定されることとなった。たとえば、口唇期にあると診断された「クライエント」に対しては、安全と快適さを与える母親の役割、家族の一員のような役割を演じることが望ましいとされた。なぜなら、口愛期にある「クライエント」の特性の一つとして、依存性があげられており、そうした特性をもつ「クライエント」に対しては愛情に満ちた母親のような態度をとることが理論的に正しいとされたからである。

その一方で、同じ口愛期パーソナリティーの「クライエント」でも、他人を信頼せず、ソーシャルワーカーを拒否する者もいる。こうした「クライエント」を信用することは危険であるため、信用しないほうが理論からみても得策であるとされた（Howe［1987：66］）。このように口唇期にあると診断された「クライエント」に対して適宜、ソーシャルワーカーは異なる種類の人物像を演じることが必要とされた。

ここに、依拠する学問に忠実なソーシャルワーカーの姿が浮かび上がってくる。社会福祉従事者は特定の学問理論に準拠し、客観的に対象としての「クライエント」を診断・治療する主体となることが望まれるようになった。本章で検討するマルクス主義的理論やシステム－エコロジカル理論の他にも「科学」的なソーシャルワーク理論は数多くあるが、これらの理論についても同様である。こうした専門家としてのワーカーの態度は、第四章にみるようなバックラッシュの誘い水となり、終章で扱う「ポストモダニスト」にとって脱構築の対象となるだろう。

第三節　ラディカルなソーシャルワーク

マルクス主義的ソーシャルワーク理論の背景

『社会診断』が出版された一九一七年は、心理学・精神医学に科学的根拠を求める動きが加速した転機の年となったが、まさにその年、ロシア革命が勃発したことは意味深い。というのも、社会福祉学の歴史のなかでは、マルクス主義的な視点にもとづくソーシャルワーク理論が隆盛を極めた時代もあったからである。もちろん、両者は相対立するものであった。

日本の社会福祉学領域におけるマルクス主義的な思想は、戦前から紹介されていた（永岡［1979］）[28]。しかし、戦時中の思想弾圧や終戦直後のアメリカに影響を受けた精神力動ソーシャルワーク理論が興隆した時期は、一時的な停滞を余儀なくされた。

一九六〇年代から一九七〇年代にかけてマルクス主義的ソーシャルワーク理論が再び力を取り戻してくると、前節で述べたような精神力動パースペクティブにある「アメリカ直輸入」のソーシャルワーク理論は、攻撃の対象となった。マルクス主義的ソーシャルワーク理論に論拠を置く社会福祉の関係者のみならず、マルクス主義に影響をうけた学生からも批判をうけ、社会福祉教育の根本的な見直しへ向けた大きな力ともなったようである。たとえば、日本女子大学社会福祉学科のカリキュラムは、学園紛争を経て変更された。廃止された科目の主なものは、コミュニティー・オーガニゼーション、職業指導、社会病理学、生活心理学など。そして新設されたものは、政治学、社会運動史、労働法、社会構造論、日本経済論などであった（今岡［1976：27］）。また同志社大学では、ニューヨーク社会事業学校で学び「根っからのフロイディアン」（大塚［1978：322］）であったドロシー・デッソーが教壇に立っていた。一九七〇年代、デッソーは学生から「米国帝国主義のイデオロギーを代表するものと批判され」（嶋田［1978：343］）たという（他に嶋田［1971b］）。

この時期のマルクス主義的ソーシャルワーク理論の興隆は、日本の社会福祉の専門職制度にも影響を与えている。一九七一年、中央社会福祉審議会職員専門分科会起草委員会によって「社会福祉職員専門職化への道――社会福祉専門職員の充実強化方策としての『社会福祉士法』制定試案」が公表された。この時、社会福祉学界の大きな勢力の一つであったマルクス主義者たちは、おおむね批判的な姿勢をとった。このため同制定試案は試案のまま終わり、一九八七年「社会福祉士及び介護福祉士法」を待つことになった。これについては後述するが、マルクス主義者の抱く望ましい「社会福祉労働者」（社会福祉従事者）像や理論が、制定試案と大きくかけ離れていたことが、こうした結果を招いた理由の一つにあげられる。

本書ではマルクス主義的ソーシャルワーク理論と総称しているが、精神力動ソーシャルワーク理論と同様、さまざまな解釈があり、現にその解釈方法の違いが多くの「論争」を生んできた（真田編［1979］）。しかしながらそれらの試みは、カール・マルクスの思想をソーシャルワーク理論の論拠とし、諸問題の解決を使命とした点は共通している。

一般的にマルクス主義的ソーシャルワーク理論は、問題を個人的なものとして捉えるのではなく、社会的、構造的な問題として捉えた。そこでは個人的な人間関係も、資本主義社会における社会的な産物とみなされる（Payne［1997：214］）。社会福祉学の誕生とともに存在してきた、個人的な問題に還元するか、社会的な問題に還元するかという「振り子」は、ここで一挙に社会の側に傾いたのであった。

理論の構造

クリス・ロジェクは、社会福祉学におけるマルクス主義者の三つのタイプを明らかにしている（Rojek［1986：67-68］）。

① 革新主義的立場：ソーシャルワーカーは、改革を積極的に促進する機関と定義される。なぜなら、ソーシャルワーカーらは労働者階級と直接連携し、その代弁者としての役割を果たすからである。労働者階級とはa)資本主義制度のもとで最も搾取される者たちであり、b)システムを破壊し、階級差別のない社会を建設することを運命づけられた者たちである。ソーシャルワーカーは、集産主義組織や意識の覚醒、階級闘争の前線に立つ者をさす。

② 再生産的立場：ソーシャルワークは、先進的な資本主義社会において欠くことのできない資本主義国家機構を構成する一つの機関として認識される。ソーシャルワーカーは、階級を統制する機関と定義され、現存する上層階級と下層階級の関係の再生産をうながす機能をもつ。

③ 矛盾的立場：ソーシャルワークは、①では階級社会を打破するものとして、また②ではそれを再生産するものとみなされる。ソーシャルワーカーは、階級社会を打破するために、国家の経済的・政治的権力にアクセスするよう積極的に働きかけることが奨励される。そして同時に、この矛盾的立場は、資本主義社会の矛盾に対峙する行動が必然的に予期せざる自らの矛盾を生むことも述べられる。

孝橋正一は日本でマルクス主義的ソーシャルワーク理論を展開した代表的な人物の一人である。彼も、③の「矛盾的立場」につながるジレンマをよく認識していた。彼は社会事業の「本質理解」に関する定義を以下のように記している。

社会事業とは、資本主義制度の構造的必然の所産である社会的問題にむけられた合目的・補充的な公・私の社会的方策施設の総称であって、その本質の現象的表現は、労働者＝国民大衆における社会的必要の欠乏（社会的障害）状態に対応する精神的・物質的な救済、保護および福祉の増進を、一定の社会的手段を通じて、組織的に行うところに存する（孝橋［1962：24-25］）。

このように彼は②「再生産的立場」を明らかにしつつも、そのジレンマについて次のように言及している。

社会主義（社会民主主義）社会事業理論のおちいりがちな誤謬は、その主体的意欲の強烈さのために、社会的諸施策の構造的限界を忘却するところに存在している。しかしこの表現はある意味での社会主義社会事業の否定のために使用せられるべきではない。社会主義および労働運動の圧力によって高められた社会的保護水準は、それ自身客観的にはやはり資本主義制度の構造的合目的性の貫徹であり、それ以上のものではありえないとともに、それは矛盾的・自己同一的に社会主義への足場を固めるものとして利用することができるものだからである。それはすべての社会的存在が、古い制度の胎内から生まれ、思われた意図に規定されながら、それをのりこえていくという真理の、社会事業における実現であるともいえよう（孝橋［1962：100-101］）。

マルクス主義的ソーシャルワーク理論は、資本主義を支えると同時に、「社会主義への足場を固めるもの」とされる。そして彼は、「社会制度を転化させるものは、社会事業ではなく、それをこえた労働者階級の政治運動」と述べた（孝橋［1962：101］）。ロジェクは、マルクス主義を含むラディカル・ソーシャルワークを「レジスタンスは単に『意識の覚醒』、すなわち全面的な社会変革へ向けた、公開討論会の前奏にすぎない」（Rojek［1986：65］）と評する。

日本のマルクス主義者は、こうした矛盾をさまざまなやり方で超越しようと試みた。たとえば、高島進は社会福祉を「資本主義の社会的矛盾の発展のなかで、資本主義制度の維持と支配階級の利益をまもるために、資本の蓄積法則がもたらす矛盾を緩和することを通じて、支配をより強化するということにある」（高島進［1973：7］）と規定する。彼はこの「再生産的立場」を貫きつつ、「譲歩」と称して社会福祉の発展を戦略的に支持した。なぜならこうした譲歩が、労働者の利益をもたらすからである。

こうしてマルクス主義的ソーシャルワーク理論を概観すると、一九七一年の「社会福祉士」制定試案に彼らがそろって異議を唱えたのも首肯できる。高島進は制定試案の「技術的」傾倒を次のように批判する。

専門性は究極の問題解決主体である主権者の権利行使と変革の運動の中に位置づけられた運動の科学性にこそ根拠をもつものである。試案の専門性の理解は、狭隘な技術主義に社会福祉労働をとじこめ、貧困の現実と本質を見誤らせ、社会福祉を国独資による人民の管理の一環に埋没させる結果をつくり出すのである（高島進［1973：195］）。

社会福祉学が考慮しなくてはならないのは、「現代の貧困の現象を社会科学的に本質をふまえて分析」することであり、貧困者が被っている不利益を改善するために「教育権、医療権、労働権、環境権、社会保障権等、生存権の内容を深め保障すること」である。この主張は「単なる『調整』ではなく」、「社会福祉諸制度の運用と諸制度の民主的変革の努力によって保障されるもの」である（高島進［1973：195］）。マルクス主義的な唯物論的発達史観や階級概念を用いた、同様の議論が社会福祉学の範疇内で大いになされた。

今思えば、社会問題は階級社会がもたらす問題と読み取られ、諸権利の主張が労働者としての権利主張と同時に叫ばれたのは、当時の現実的な感覚を反映しているのだろう。当時、社会福祉施設の最低基準や措置費の低さ、また社会福祉従事者の劣悪な労働条件、低賃金といった現実があった。こうしたなか、マルクス主義的ソーシャルワーク理論が選択されたのは、自然な流れであったといえる。しかしながら、医学的・心理学的視点からなされたホスピタリズム研究が児童福祉施設最低基準の改善をもたらした（第四章参照）ことをかんがみると、機能という点で両者は同様の働きを演じたとも指摘できる。

マルクス主義的ソーシャルワーク理論の専門職観

一九七〇年代に、ソーシャルワーカーの呼称を「社会福祉労働者」にしようという動きが盛んになったことがある。それは鷲谷善教が、社会福祉ワーカーの実態について取り上げた『社会事業従事者』（鷲谷［1968］）を約一〇年後に改訂出版したとき、『社会福祉労働者』（鷲谷［1978］）と改題されたことにも象徴されている。この「社会福祉労働者」という表現を好んで用いたのが、マルクス主義的ソーシャルワーク理論を支持する人々であった。そしてその定義をみると、上述したような社会福祉領域におけるマルクス主義者のアンビバレンスな存在がよく現れている。浦辺史は社会福祉労働者の特徴を次のように記している。

支配階級は人民を支配するために警察、軍隊、税収などの暴力とともに教育、医療、社会福祉などの公的サービスを国家権力のうちにふくみ、「飴と鞭」によって階級抑圧の目的にこれをつかっている。財政的にみれば国家は国民の血税をとりあげて防衛、警察、産業と公共投資にあて、その一部を教育、医療、社会福祉にあてている。社会福祉労働者は対象者とともに社会福祉事業費（措置費）として国家が一般会計予算に計上した予算を賃金資源としている。社会福祉改善要求運動において、福祉労働が対象者とともに共闘する経済的基盤がここにあるといえよう（浦辺［1973：4］）。

そこで「社会福祉労働者」は、「対象者の福祉サービス水準を高めることと、福祉サービスを担当する福祉労働者自らの生活をまもるため労働条件の改善を同時平行的不可分にたたかう」（浦辺［1973：8］）ことが求められた。「国の低福祉水準の措置費」こそは、階級構造の再生産を象徴しているからだ。

「社会福祉労働者」は利用者のため、「日々身を粉にして働くことを余儀なくされている。対象者の非人間的でみじめな生活現実が、福祉労働者の社会的良心や社会正義感を否応なく刺激し、かきたてるからである」。しかしながら、「どんなに努力しても対象者の事態は一向に変えられず、福祉サービスにあたる労働者は慢性疲労から次第に心身の健康をむしばまれ、あるものは職場を去り、ある者は病いにたおれ、手不足となり、残るものも次第に無気力となげやりになって福祉サービスの低下をもたらす。これというのも対象者の生活と福祉労働者の低賃金・長時間労働がともに国の低福祉水準の措置費に規定されているからである」。そこで「社会福祉労働者」にとって、対象者や労働者の権利を表に掲げ、「国」に対して要求をしていくことが重要な実践課題とされた（浦辺［1973：8］）。浦辺は社会福祉労働者の課題として、以下のように呼びかけた。

① 「ふかまりゆく貧困の現実を告発しよう」
② 「労働者として社会科学の学習運動を深めよう」
③ 「福祉労働者の連帯をつよめよう」（浦辺［1973：10-13］）

①を掲げる論者らは、異なる現状認識をもつ人々への攻撃をおこなった。社会福祉士法制定試案では、「今日の社会福祉は、経済的貧窮や疾病に対する、主として、物質的援護救済を中心とした昔日の姿から、はるかに脱したところにある」（中央社会福祉審議会［1971：6］）といった現状把握がなされた。これでは、マルクス主義者からの批判は必至であったといえる。

また②について「経済学」（マルクス経済学）はもちろん、「戦いの武器として民主的権利」を学ぶことが推奨される。世界人権宣言や日本国憲法、労働基準法、労働組合法などの知識を得たうえで、福祉労働者自らが「人間としての要求」を明らかにし、運動を展開させていくべきとされた。そして③では、連帯感を深めることによって「社会福祉改善要求運動に自覚的にとりくむエネルギーをつちかう」ことが望まれた。

「社会福祉労働者」は、労働者として社会的弱者の代弁をおこない、主に「国」に対して運動をおこなっていったが、専門家としての「社会福祉労働者」についての議論はこれ以上の展開をみせなかったようだ。社会福祉従事者の専門化は歴史的必然性のもとに置かれていたと認識されたことにも一因がありそうだ。真田是は「専門分化としての専門性」を次のように指摘する。

近代の専門性は、労働がますます細分化されていく過程で確立されてきたために[29]、分業にもとづく協業の中での非代替性の部分を専門性として確立し、さらに過程としては、この非代替性の部分が一層分化をとげていくというものであったといってよい（真田［1975：248］）。

ここでは、分化した職業一般にはさらなる専門化が不可避であるという歴史認識がなされ、ソーシャルワークもこの「法則」のもとにおかれている。その際に真田は、それまでの社会福祉学に伝統を踏襲し、学際的な形式を採用した（真田［1975：252］）。細川順正は真田と同様に、「社会福祉労働者」の専門性の高まりは歴史的必然であるとし、次のように述べている。

社会福祉労働者の専門性は、真の意味における社会福祉労働自らの独自な発展法則による価値実現の過程において、社会福祉労働者が、社会福祉労働そのもの、労働対象、労働手段との関係おける行為と意識の一定の体系であるということができる。／そのような社会福祉労働の、あるいは社会福祉労働者の専門性は、その労働における技術的過程と組織的過程において確保され、高められる（細川［1972：43］）。

ここで技術は、「疎外された状態のもとでの人間に対する科学を基礎におくべき」とされた。技術は、「その対象者の疎外状況からの脱出」を図り、またその「技術自らの疎外状況からの脱出」を試みることが専門性を高めるとされた。とはいうものの、マルクス主義的ソーシャルワーク理論を支持する者たちは、おおむね国に対する要求運動に没頭していたように見受けられる。この理論が支持された時代、福祉水準や福祉労働水準の改善は、確かに焦眉の問題であった。そこにマルクス主義的ソーシャルワーク理論が選びとられた政治性が透けてみえる。

しかしながら、このソーシャルワーク理論が全盛を極めた時代に、日本では社会福祉学が「学問」の一つと認識されはじめたという史実は重要である。なかでも、『思想』に掲載された一番ヶ瀬康子の論文「社会福祉学とは何か」（一番ヶ瀬［1970］）はエポックメイキングな存在とされている。同論文の主な論拠はマルクスの理論であった。やや皮肉めいた表現をすれば、当時の論壇で交わされていた共通言語を駆使することによって、社会福祉学は学問として承認されるための歩を進めることができたといえる。

第四節　社会福祉統合化へむけて——システム－エコロジカル・ソーシャルワーク理論

システム－エコロジカル・ソーシャルワーク理論出現の背景

岡本民夫は一九八七年に、英語圏では現在、生態学の思考様式や視点が導入されたソーシャルワーク理論が「主流になりつつあるといわれている」（岡本［1987：4］）と記した。現在、日本でも「社会福祉援助技術論（総論）」や「社会福祉援助技術論演習」などの教科書では、このシステム－エコロジカル・ソーシャルワーク理論が掲載され、重点がおかれている。

このソーシャルワーク理論は、幸福な「科学」化が終焉した時代（第四章参照）に生き残った理論という点で特殊である。一九六〇年代、一九七〇年代の「ソーシャルワーク批判」を経て、再調整されたといったほうがいいのかもしれない。その理論的「限界」（平塚［1995：170］）を指摘する声があがっているものの、本章で考察した精神力動ソーシャルワーク理論やマルクス主義的ソーシャルワーク理論とは異なる状況下で理論化が進んだ。

本書ではシステム－エコロジカル・ソーシャルワーク理論と総称しているが、別個の理論として扱われることもある。前者は「システム理論」「システム論的アプローチ」、後者は「生態学的視座」「エコロジカル・パースペクティブ」「エコロジカル・ソーシャルワーク」などとさまざまに呼称されている。本書では、この両者の概念に重複する部分が多くあることを考慮して、「システム－エコロジカル理論」（Payne［1997］）と記述する。カレル・ジャーメインとアレックス・ギッターマンの「エコロジストたちは、最初からシステム論的に思考する習慣が身についていた人」（Germain and Gitterman［1987＝1992：185］）という見解を引用して、「システム理論のメタファー」と「生態学的なメタファー」の類似性を指摘する者は多いが、同時に彼らの一部はそれらの間に大きな断絶も見ている。システム理論との差異化を図ることによって専門職としての学問形態を維持しようと努める者と、それに異を唱える者との対立は何を意味するのか、本節で検討したい。

両理論が議論されはじめた時期には、一〇年ほどのずれがある。システム理論は一九六〇年代から導入され、一九七〇年代にはキャロル・マイヤーやハワード・ゴールドシュタイン、アレン・ピンカス、アン・ミナハンやマックス・サイポリンらを中心に議論が展開された。これに対し、生態学《エコロジー》を背景とするソーシャルワーク理論が台頭してくるのは、一九七〇年代である。それ以前にエコロジカル・モデルのかすかな痕跡を辿ることはできるが、生態学からの知見を得て「生活モデル（life model）」概念を体系化した、ジャーメインとギッターマンの共著『ソーシャルワーク実践におけるライフ・モデル（The Life Model of Social Work Practice）』（Germain and Gitterman［1980］）の出版以降、存在感は大きくなっていった。日本では一九七五年から、平塚良子、小松源助、佐藤豊道、久保紘章、岡本民夫、小島蓉子、太田義弘、中村佐織らによって精力的に紹介された（岩間［1991：72-75］）。

システム－エコロジカル理論に、社会福祉学のいわゆる「ジェネリック」な系譜をみることもできる。つまり、リッチモンドの『社会診断』（一九一七年）や「ミルフォード会議報告」（一九二九年）などに代表される、「社会的なるもの」と「個人的なるもの」とを同時に捉えようとする視点である。システム－エコロジカル理論の出現により、振り子は社会と個人の中間に静止したといわれた。この理論が注目されはじめた時期に、「精神医学の氾濫」の時代には軽視されていたリッチモンドが「再発見」されたことも象徴的であろう。中村佐織はジャーメインに倣い、システム－エコロジカル理論は「決して新しいものではな」（中村［1990：97］）いとしている（他にPayne［1997：140］など）。たとえば、ジェネリックなソーシャルワーク理論の特徴である学際性も、このシステム－エコロジカル理論のなかに確認される。[30]

システム－エコロジカル理論が注目を集めた時期は、統合的で学問的な論理基盤が希求された時期と重なっている。たとえばイギリスにおいて、この理論が普及した時期はソーシャルワーカーの統合化の時代と重複している。一九六八年のシーボーム再編成により、多種に分断された地方自治体の機関が統合された。また一九七〇年の地方自治体ソーシャルサービス法によって、地方自治体ソーシャルサービス部が出現し（津崎［1986］［2003］に詳しい）、同年、福祉関係専門職の諸団体の統一を試みた「英国ソーシャルワーカー協会（British Association of Social Workers）」が創設されている。(31) この時、多分野にわたるソーシャルワーカーが同一のアイデンティティーをもち、標準化された学問基盤をもつことが必須とされた。こうした状況下において、全体を見据えるシステム－エコロジカル理論は、ソーシャルワーカーにとって無二の概念枠組みとして映ったのである。

一般システム理論や生態学のもつ「全体性」は、社会福祉学の論拠となるものとして「魅力的」（Payne［1997：140］）な理論であった。システム－エコロジカル理論の指導者的存在である研究者、ミナハンとピンカス、ゴールドシュタインは、それぞれ自らの理論を「結合的」で「統合された」ものであると形容している（Payne［1997：140］）。同様に小松源助も「システム理論」を「社会福祉実践活動における方法の統合化」の視点の一つと数えられると指摘している（小松［1976］）。

またシステム－エコロジカル理論は、一九七〇年代半ばのソーシャルワーク理論に影響を与えた家族療法（family therapy）と共通する点が多い（日本ではたとえば、倉石［1994］［1995］）。ハウはファミリー・セラピストを熱烈なシステム理論の支持者だとする。(32) 多くのファミリー・セラピストは、家族全員を家族システムの一部分として扱うことを好み、システムの一部分における行動が、そのシステムの別の部分へ影響を与えるものとみなす。彼らは「個人の『病気』を語るのではなく、家族プロセスにおける不適応という見地から」（Howe［1987：56］）問題をとらえると特徴づけられた。

理論の構造

システム－エコロジカル理論には、他領域からの複数の理論が含まれている。それは「学際志向」を示す理論の特質でもある。一般的に「一般システム理論」と「生態学」が論拠とされているが、その近隣の理論が言及されることも多い。たとえば、自然科学的・工学的システム論やサイバネティックス、また社会システム理論や構造―機能分析などである。

システム－エコロジカル・ソーシャルワーク理論は、ルートヴィヒ・フォン・ベルタランフィの一般システム理論が応用されたことにはじまる。ゴードン・ハーンがその先頭を切った。ハーンは一九五八年にソーシャルワーク実践へのシステム理論の導入を示唆し（Hearn［1958］）、一九六九年には『一般システムズ・アプローチ』（Hearn（ed.）［1969］）と題する事例を交えた実践志向の本を出版した。これらの研究が契機となって、一九七〇年代初頭には大きな注目を集めるようになっていった（太田［1992：71-72］）。

こうしたなか、一般システム理論の基礎的概念である「解放システム／閉鎖システム」「インプット／アウトプット」「エンロトピー」「定常状態」「情報・資源処理システム」などが、福祉実践を解釈する用語としてそのまま使用されていく。たとえばピンカスとミナハンは、ソーシャルワーク実践における四つの基本的システムとして以下をあげている（Pincus and Minahan［1973］）。

①　クライエント・システム（社会福祉サービスを必要としている個人・家族・集団）
②　ワーカー・システム（援助活動を担当するワーカーと、その施設・機関・職員など）
③　ターゲット・システム（問題解決のため、不均衡なシステムに変化を引き起こす標的となる人や組織）
④　アクション・システム（変化を起こすために用いられる人材や資源提供・情報提供・援助活動）(33)

ここでクライエントが抱える問題は、システム内部に起こった不均衡に還元される。システム内の不整合がさまざまな形態をした（社会）問題となって表出すると考えられるのである。ラディカルな理論が現存する社会秩序を分析し、拒絶したこととは対照的に、システム－エコロジカル理論は社会を分析するものの現存する制度に対し批判的な姿勢をとらなかった。ペインによると、この違いがシステム－エコロジカル理論が今も影響をもつほどの成功を収めた要因であった（Payne［1997：140］）。この理論において、マルクス主義的ソーシャルワーク理論における資本家といったような悪役は霧散してしまった。またこの局面において、これまで学問や「技術」の受動的な客体でしかなかった「クライエント」は、「治療」的な介入の際のアクション・システムの構成員として考えられるようになった。

そしてこの一般システム理論に依拠することからはじまったソーシャルワーク理論は、しだいに生態学からの示唆を受けることとなる(34)。それは一九六〇年代、B・バンドラーによって提唱され、一九七〇年代にG・オックスレイやH・S・ストレーンらによって本格化されていく。そしてジャーメインとギッターマンが、生態学を主な基礎理論とする「生活モデル」のソーシャルワーク理論を体系化した。

生態学的《エコロジカル》モデルでは、均衡状態を保つ自然環境を対象とした生態学的概念が、人間関係を釈明する際の「メタファー」（Germain［1973＝1992：8］）として用いられる。

人間社会は人間の生活ニーズと環境資源のバランスの中で構成され、時間（歴史）と空間（生活が行われる社会文化や価値の仕組み）の変化の中で微妙に変容を遂げる生態学的《エコロジカル》な有機体である。（略）個体の存続は、「有機体」と「環境」との両者が対等な決定要因となる。その交互作用《トランザクション》が行われる場が「生活」であることから、生態学《エコロジー》の視点で人間生活の擁護に立ち向かうソーシャルワークは、そのモデルを生活モデル（life model）と呼ぶようになった（小島［1989］）。

社会環境のなかで個人・家族・コミュニティは、「それぞれ独立して存在するのではなく、相互に影響し合っているが、その関係における相互の影響力と働き」を「交互作用（transaction）」という（『社会福祉用語辞典』）。交互作用は、人間と環境の「すべての層や構成において生じている相互作用の、継続的なプロセス」である（Germain［1981＝1992：108-109］）。この交互作用の下位概念としては、「適応／ストレス／対処」「関係性／同一性／対処能力」「環境」などがある。

たとえば「適応／ストレス／対処」について。ジャーメインによれば、生態学は「力動的な均衡性と相互性の達成を手段として存続する〝有機体〟と、その〝環境〟との適応的な共存の関係性にかかわる科学」（Germain［1973＝1992：9］）である。そして生態学的モデルのソーシャルワーク理論では、環境は交互作用と「相互適応（mutual adaptation）」の過程を通じて均衡状態が保たれるという見方を人間関係に適用する。そこで人間は、生物的、心理的、社会的、文化的な交互作用のなかで「適応（adaptation）」状態という最適な状態へ向けて自分自身と環境を適応させていく主体と考えられる。

そして適応が達成できない場合は歪みが生じるが、それを「ストレス」と呼ぶ。なお、ストレスの原因は、交互作用上の滞りに問題がある。このため個人か環境かの二者択一から問題の解決策がみいだせる訳ではない（Gitterman［1996＝1999：44］）。ストレス状態を脱し、安定したシステムに調整していく努力を「対処（coping）」と呼ぶが、その際、人的資源に加えて環境的資源も必要となる。その他にも、環境を構成する「層と織り（textures）」など、数多くの概念がソーシャルワーク理論のなかに導入されていった。

生態学的《エコロジカル》視点は、急速に変化する「物理的環境」（physical environments）と「社会的環境」（social environments）と、人間とのデリケートなかかわり合いに関する科学的知識を深めることに貢献する。同時に人間の向上心と環境の改善に情熱的にはたらきかける。また生態学的《エコロジカル》視点は、「原因」と「機能」に橋渡しをし、「科学」と「人間主義」という二つの関心の隙間を埋めて、それらを相互補完的関係へと導くのである（Germain［1973＝1992：8-9］）。

ここで人間と自然環境は「客観物（objectivity）」として捉えられているが（Howe［1987：52-53］）、こうした視線は生態学的視点が否定する科学知に属しているともいえる。ここで生態学的視点に対しても、ワーカーは外部からシステムを眺める観察者であるという批判を呼ぶ可能性がある。つまり、システム論にもとづくソーシャルワーク理論の限界を補完したように思えるものの、実は大差ないと指摘されうる。

一方、システム－エコロジカル理論のハイフンのなかに大きな断絶をみいだし、さまざまな意味を付加する者も多い。つまり、エコロジカル視点はシステム論的ソーシャルワーク理論とは異なる実践モデルを提示すると主張する者たちである。一九六〇年代、一九七〇年代の「ソーシャルワーク受難の時代」ののち、このハイフンに断絶をみるか、連続性をみるかは、日本においても重要な論点の一つとなった。

「生活モデル」は「医学モデル」を「超越」したか?

システム－エコロジカル理論のハイフンに断絶をみいだす者たちは、「治療モデルから生活モデルへ」に代表されるような、思想的な転換がなされたことを強調する（下記の岡本以外に、中村［1990：93］、平塚［1995：169］など）。

医学モデルで主たる認識対象として問題にする病理的側面とは異なり、人間を積極的、活動的、目的的存在としてとらえ、環境とのかかわりのなかで成長し、発達し、学習していく可能性のある存在として把握されている。（略）ライフモデルは生態学を援用してソーシャルワークに新しい旋風をふきこみ、今日の厳しい社会経済情勢における福祉問題に対して、斬新な介入方法を提示し、伝統的な医学モデルを克服し、凌駕していこうという極めて意欲的な取り組みである（岡本［1990：91］）。

また、太田義弘は「システム思考」と「生態学的視座」との相違を上の表のように整理している（太田［1990：83］）。こうした比較検討の試みも、両者の違いを強調するものである。

表2-1　システム思考と生態学的視座の基礎的特性の比較

システム思考	生態学的視座
1組織工学	1生物学
2論理性	2実証性
3人為性	3自然性
4超自然事象	4自然事象
5組織体	5生活体
6没価値志向	6価値志向
7関係概念	7状況概念
8ハード	8ソフト
9不可視性	9可視性
10思考性	10感覚性

表2-2　システム思考と生態学的視座の方法的特性の比較

システム思考	生態学的視座
1統合性	1統一性
2分析性	2全体性
3説明概念	3実体概念
4構成	4素性
5構造機能	5変容過程
6形式	6内容
7多様性	7単一性
8静態	8動態
9ミクロ	9マクロ
10抽象性	10具象性

（太田［1990：83］）

表2－1、表2－2の企図するような、（治療）モデルから生活モデルへの推移といった動態は、「パラダイム転換」と重ねて論じられるが（一番ヶ瀬［1992：iii］）、これは「科学とりわけ近代諸科学」批判を背景に転換がなされたとみるのが主流である（下記の平塚のほかにも、白澤［1975］、岡本［1987］、小島［1989］、太田［1990］［1991］など）。

生態学的アプローチでは環境との関わりのなかで生きる能動的な存在としての人間論の積極的な展開により、生活主体者としての人間のもつ強さや人間の潜在的可能性に価値がおかれる。それは当時の公民権運動・福祉権運動などの人間の復権運動や環境汚染問題と関連するものであるが、とりわけ生物体の進化概念を組み込む適応概念をメタファとすることは人間観において有効な示唆を与えている（平塚［1995：169］）。

つまり、システム－エコロジカル理論のハイフンに断絶をみいだすものたちは、アラン・トゥレーヌのいう「新しい社会運動」が要請するような「改革」が、生態学的視座の登場によって達成されたと自認するのである。彼らは「ソーシャルワーカー批判」の後の「反省的」な思考のなかで、社会福祉学の再構築を進めようとする。

ところが、以上のようなシステム論的な思考の影響から脱し、「エコロジカル・ソーシャルワーク」への「パラダイム転換」を果たしたという釈明に異を唱える者がいる。彼らはハイフンに付加される多彩な意味付けを無に帰す。ペインはソーシャルワーク理論を論じる際に両者を一括し（Payne［1997］）、ハウも同様に構造—機能分析も含めた「固定する立場（The Fixers）」と総称している（Howe［1987］）。「アプローチにおいて、問題志向的である」（Burrell and Morgan［1979］）という言葉をひいて、ハウは「固定する立場」（ここでいうシステム－エコロジカル理論）について次のように述べる。

> 規律化の社会学であるのは明らかである。ここで規律という言葉を二通りに理解することができる。まず、正常な社会生活のパターンが認識され賞賛されること。次に、その安定を保つために、行動を規制し制御する必要と準備があることである（Howe［1987：52］）。

このソーシャルワーク理論に対する、同様の批判は他からもあがっている。その多くが、人種や民族、マイノリティ、性による差別などにより辺境に追いやられた人々や彼らを擁護する者たちから発せられた（平塚［1995：170］）。そこでは、システム－エコロジカル理論は基本的に保守的な主張を弁護する傾向にあると批判された（秋山薊二［1995：164］）。批判者たちは、エコロジカルな局面へと「パラダイム転換」したと謳われたとしても、パターナリスティックな構造から抜け出せず、表面的な転換に終わっていると指摘する。

また既存のソーシャルワーク理論からシステム－エコロジカル理論を批判する声も存在する。精神力動ソーシャルワーク理論の立場からは、「生態学的アプローチは人間の内的心理システムの理解不足を指摘」される（平塚［1995：170］）。またマルクス主義的ソーシャルワーク理論を支持する者からは、資本主義社会における階級間の確執を考慮していないという攻撃を受ける（Payne［1997：156］）。マルクス主義者のいう「共闘」は、システム－エコロジカル理論の解釈に従うと、システムの均衡状態を打ち破る、「対処」すべき「ストレス」として映るだろう。[35]

システム－エコロジカル理論の専門職観

以上のような批判が存在することも考慮しながら、ここではこのソーシャルワーク理論が想定した専門職像について検討したい。既述のように、生態学的視点では「治療モデルから生活モデルへ」の転換が企図されたが、システム－エコロジカル・ソーシャルワーク理論では、求められる専門職の役割や位置づけも大きく分けて二種類存在する。

まず、システム論的ソーシャルワーク理論を展開する者が想定するソーシャルワーカーの役割を、ペインは次のように列挙する（Payne［1997：142］）。

- 問題解決に向けて、人々が自分の能力を用い、それを高めるよう援助すること。
- 人と資源システムの間に新しいつながりを設けること。
- 人と資源システムの間の相互作用を促し、調整すること。
- 資源システムのなかにいる人どうしの相互作用を促進すること。
- 社会政策を発展させ、変化させるよう手助けすること。
- 実践的な援助をすること。
- 社会制御の機関として行動すること。

そして、クライエント・システムやターゲット・システム、アクション・システムとワーカーとの関係は、①（目的が定められた上の）協同、②（同意を必要とする）交渉、③（目的を一つにしない）衝突とに分けられる（Payne［1997：143］）。

そのシステム論的ソーシャルワーク理論を超越したとされる生態学的ソーシャルワーク理論は、「専門的な関係を交互作用《トランザクション》の舞台として眺める」（Germain and Gitteman［1987＝1992：210］）。そして「その関係は、パートナーシップや協働の努力によって実らされる」（同上）。ソーシャルワーカーには以下の役割が期待される。

・仲介者
・弁護者
・組織者

これまでのソーシャルワーク理論と同様に、援助過程が分節化されていった。システム－エコロジカル理論に依拠する者たちは、クライエントを取り巻く空間を視覚化した「エコマップ（eco-map）」や、家族の人間関係を視覚化した「ジェノグラム（genogram）」という独特のアセスメント手法を発展させてきた。

エコマップを描く作業は比較的単純な技能であるが、それだけに利便性に富むとされる。また「エコマップの作成にクライエントを参加させ、自己の人間関係や状況を対象化し、客観視することができる」（岡本［1992］）ため、「パラダイム転換」以降の専門職的態度にそぐう実践であるとされる。パターナリスティックな関係性のなかで実践するのではなく、協働者として業務に就くソーシャルワーカーが用いるツールであると強調できる。

しかしながら、先述のシステム理論とエコロジカル理論とを一括する人々は、これに対しても厳しい視線を向ける。システム－エコロジカル理論において、問題の原因は交互作用がおこなわれるシステムに存在するとされるが、この解釈を「クライエント」と共有することになる。そして多くの場合、「クライエント」は専門家にその解釈についての指導をうけなくてはならない。すると、フロイトの精神分析がそうであったように、その学問理論に「クライエント」は巻き込まれていくだろう（Howe［1987：57］）。ここでクライエントは知をもたざる者であり、ワーカーとの間にある差は歴然としたものになる。

（筆者注・ソーシャルワーカー）だけが欠陥部分を弁別することができる。彼女（筆者注・ソーシャルワーカー）は、それを直すために客観的な知識と専門技術を適用する。彼女には何をするべきか指示する責任がある。ソーシャルワーカーは科学者のように、人間がどのように働くかを知っており、いかに環境が問題を引き起こすかについても解釈する（Howe［1987：58］）。

続いてハウは、主導権がワーカーの手中にあるとしてそれを批判し、システム理論との連続性を指摘した。

ここで、システム－エコロジカル理論のハイフンに断絶を見る者と、連結を見る者との相違を簡単に要約しよう。ここで仮に、前者をパラダイム「転換派」、後者を「存続派」と呼ぶ。図２－２に示したように、「転換派」は医療モデルから生活モデルへの転換が達成されたとする立場である。そして生活モデル実践の実現に向けて、「クライエント」と協働する実践が奨励される。

これに対し「存続派」は、エコロジカル・モデルは医学モデルの域を脱するものではないと断言する。この転換派と存続派の対立を認知することは、終章で検討する社会福祉学における「ポストモダニスト」を把握するために重要な鍵となるだろう。そしてこの解釈の違いは序章で述べた「反省的学問理論」の孕むアポリアとも通底する。

図2-2　システム－エコロジカル理論の評価

	システム－エコロジカル理論	
転換派	医療モデル	生活モデル
存続派	医療モデル	

（1）　ここで松井はこうした理論的展開の限界を指摘し、それを乗り越えることを試みている。松井が「社会福祉の構造的理解に向けて用意した「社会システムの三つの構造領域」とは、システム論を用いた社会福祉の解釈であった。これは、本章第三節であつかうシステム－エコロジカル・ソーシャルワーク理論に属する。

（2）　ソーシャルワーク理論という言葉は、これまで用いられてこなかったわけではない。たとえば小松源助の『ソーシャルワーク理論の歴史と展開』（小松［1993］）や、奥田いさよの『社会福祉専門職性の研究』などで用いられている（奥田［1992］）。

（3）　アプローチ、またはモデルという語が用いられることがあるが、便宜上、それらをソーシャルワーク理論に含める場合がある。

（4）同書は改訂出版されたもの。一九三八年に出版された『ケース・ウォークの理論と実際』には、宗教・道徳・生物学・医学・心理学・精神衛生学・経済学・社会学・教育学・法律学が列挙されており（竹内［1938b：92］）、変化が見られた。

（5）この「五つの立場」を示す際、スチュワート・A・クウィーンとヘンドリック・マンの『社會病理學』（一九二五年）に大きな影響をうけたことを明らかにしている。

（6）大塚達雄は「クライエントを、ある環境における全人として理解することを意味する」としながらも、竹内や谷川と同じパラダイムにいるといえる。「各ケースの的確な診断・評価のためには、人間や社会に関するあらゆる科学の知識が必要」とされ、「心理学、社会学、精神医学、医学、社会病理学、文化人類学、経済学、法律学、栄養学等々」（大塚［1960：120-121］）があげられた。孝橋・嶋田論争の発端ともなった嶋田啓一郎の「社会福祉と諸科学」には、「われらの社会福祉研究は、人間行動科学の樹立に貢献する経済学・生物学・心理学・社会学・文化人類学等の諸科学を基礎科学とすべきことを知った」（嶋田［1960：30］）と述べられている。また一九九〇年代の見解として、福富昌城は「ケースワークの主要なアプローチとしては、診断主義アプローチ、機能主義アプローチ、問題解決アプローチ、行動変容アプローチの四つがあげられるが、それ以外に文化人類学、危機理論、コミュニケーション理論、発達心理学、家族理論、ゲシュタルト療法、組織理論、現実療法、ロジャーズ心理学、小集団理論、社会葛藤理論、社会的役割理論、社会科学理論、サリバン理論、システム理論、交流分析など」（福富［1994：72-74］）があげられると記している。

（7）アメリカで開催されたミルフォード会議では、ソーシャルワークはジェネリックであるべきか、スペシフィックであるべきかをめぐって議論が展開された。領域が異なっても共通のスキルを有する専門職（ジェネリック）を目指すか、領域ごとに別個のスキルを確立（スペシフィック）すべきかが話し合われ、一九二九年に報告書が出版された。同書では、ソーシャルワークのあらゆる領域に共通するスキルの重要性が強調された。

（8）学際的研究が強調されたのは一九六〇年代以降である。

（9）吉田久一は、戦時中の「社会事業」に関して「ドイツのファシズム等に比し、いわゆる特殊日本型ファシズムがその特徴である。そして、社会事業が獲得しはじめたその社会性や人格性も後退、放棄が迫られた」（吉田［1994：166］）と述べた。ここで「論理的厚生事業論も、その理論的放棄を迫られ、理論的に破産した」（吉田［1994：168］）。このように現在では、当時の理論構築は常軌を逸するものとされるが、本格的な反省がなされないまま今に至っていると筆者は考えている。木田も戦前と戦後の理論的同一性を指摘している（木田［1967a：51］）。

（10）この傾向の例として以下があげられる。大久保満彦は一九五五年に、施設職員への恋愛感情の高まりから自殺したとされる少年について考察した論文を発表している。自殺の原因について、ある男性職員が「遺伝的精神病質人格乃至は自殺愛好者ではなかったろうか」（大久保［1955：64］）と述べたことが記されている。また浅賀ふさも『ケースヒストリーの要点』において、クライエントの「生活暦」の調査をする際、「優秀者、酒精その他の中毒者、自殺者」を含む「遺伝的要因」の項目を挙げている（浅賀［1971：5］）。

（11）加藤博史は社会福祉学界の先駆者たちの多くが優生学を支持した史実を丹念に整理している。加藤によるとこれは単なる偶然ではなく、「社会事業の一面の本質と深く関連しているものと捉えるべきであろう」と述べられている（加藤［1996］、他に加藤［1991］）。

（12）最新の理論であるX理論により多くの信頼が寄せられるわけだが、ローカルな場面では、X理論よりも他の特定の理論が優位にある場合も多いだろう。

（13）黒澤良臣は、「盗癖」について論じる際、「万引中に鉛筆や葉巻の如き特殊な形をしたものを盗むものがあるのは、物品が男性陰部のシンボルであると説明する人もある」と紹介している。そのうえで、夫と別居状態となっている女性がネクタイなどを万引した例があげられ、「明らかにその婦人が性欲的興奮に駆られて居た」と述べられている（黒澤［1924：26-27］）。

（14）一九二五年から一九三五年の間に、三回開催された。一年以上の実務経験のある者、中学校卒業者を対象とした（今岡［1976：16-18］）。

（15）一九二八年から一九四四年の間の制度。三年以上の実務経験のある者、高等専門学校卒業以上の者を対象とした（今岡［1976：18-21］）。

（16）木田徹郎と今岡健一郎は、「基礎八科目」がアメリカにおいて大学院レベルで教授されていたのに関わらず、日本では大学の社会事業学部カリキュラムの標準になったと批判的に指摘している（木田［1967b：399］、今岡［1976：23-24］［1978］）。

（17）たとえば、木田はアメリカ社会事業における技術論の推移を五つの時期に区分している。①友人的訪問者期（～一九一七年）②リッチモンドによる社会事業の科学体系化期（一九一七～一九二〇年）③心理学重視期（一九二〇～一九三〇年）④フロイド主義全盛期（一九三〇～一九四〇年）⑤フロイド左派ないしフロイド万能主義への批判期（一九四〇年以後）に整理された（木田［1956：3-39］）。

（18）リッチモンドはパーソナリティについて、以下のように言及する。「われわれとわが人類、換言すればわれわれの兄弟である仲間だけでなく、仲間が発達させてきた地域社会や制度すべてに密接に関連づけているのがパーソナリティなのである。（略）パーソナリティ間の相違は、どのひとつをとってみても似たものがないが、（略）関連をもっている（略）。人間の個性は変化しないが、生得的資質と後天的資質の両方を含むパーソナリティは絶えず変化していく。パーソナリティは、もし機能を完全に発揮して、日増しに拡大し、成長していかなければ、縮小し、萎縮さえしてしまうのである」（Richmond［1922＝1991：55］）。

（19）リッチモンドはフロイトに対して否定的であり（小松［1993：73］）、後に支配的となったフロイト的パーソナリティ論を彼女がここで展開させているのではない。

(20) リッチモンドのケースワーク論は、精神医学やフロイト派心理学を取り入れなかったため、「『精神医学の氾濫』のなかで育った世代から疎んじられ、しだいに背後に追いやられるようになってしまった」(小松［1993：73］)。

(21) アメリカにおいて軍事動員的な活動は、ソーシャルワーカーにも要請された。他領域における専門職化の過程においてもしばしばみられる現象で、それを契機に劇的な発展や変貌がもたらされる(奥田［1992：38］)。

(22) 日本において戦争中、社会福祉学は軍国主義的色彩を帯びる傾向があった。たとえば、竹内［1937：8-15］。しかしながら「社会事業科」を保有する大学は、戦争の混乱のなかで姿を消すか、学科の名称が変更されたりカリキュラムが修正されたりした。

(23) 「フロイトは性愛が小児にも存在するとして小児性欲を唱えた」が、口唇期は、「口唇領域に快感を得ると考えた生後一八ヵ月くらいまでの時期をいう。この時期、乳児は母親から乳を与えられ、吸うという行為を通して環境との交流が図られて」いる。また肛門期は、「肛門領域に快感を得ると考えた一歳から三歳くらいまでの時期をいう。この時期、小児はいわゆるトイレット・トレーニングを経験するが、排泄機能のコントロールに表されるように、環境への主張的で能動的姿勢が芽生える」(『心理学辞典』)。

(24) 「イドは、不快を避け快を求める快楽原則に支配されており、無意識的であるという特徴をもつ。そして、イドの働きは、一時的過程とよばれる非論理的で非現実的な思考や、不道徳で衝動的な行動をもたらす」。また自我は、「イド、超自我、外界の要求から生じる精神力動的葛藤を現実原則に従って調整する機関」であり、超自我は「幼児期に両親との同一視やしつけなどを通して取り込まれた道徳律であって、快楽原則に従う本能的欲動を検閲し抑圧する。意識的な場合もあるが、多くは無意識的で後悔や罪責感といった感情をもたらす」(『心理学辞典』)。

(25) 杉本照子は、ヴァージニア・P・ロビンソンの『ケースワーク　心理学の変遷』の「訳者あとがき」のなかで、「理論的には、機能主義と診断主義のちがいを指摘することはできよう。しかし、実践の場において、それほど差を見いだすことは困難である」(杉本［1969：212］)と述べている。

(26) 英米においても戦争が与える子どもへの心理的影響は、盛んに研究された。アンナ・フロイトは、空襲の危険のある都市から郊外へ子どもを疎開させるべきか否かの問題について、子どもを突然母親から離すということは、家庭が崩壊するよりもショックをもたらすと述べている。他にも、ロレッタ・ベンダ(Bender［1968＝1968：347-375］)やボウルビーなどの影響も大きい(池田［1954：650］)。

(27) 社会福祉領域に「予防」の概念は日本でも戦前から存在したが、その多くはロジックではなく、医学的範疇における病気や伝染病の予防、優生学的意味での予防など、直接的なものであった。

（28）海野幸徳は、「昭和四年（一九二九年）」に「左傾青年」が「盛にマルクス主義を熱説し、殊にこの事大阪雑誌誌上に著明で」あったと述べている（海野［1930］）。

（29）真田は「社会科学と人間科学、場合によっては自然科学をも基礎にすえた総合的な技術がつくりだされなくてはならないように思う」（真田［1975：252］）と述べている。

（30）学際性にかんして、ジャーメインは次のように述べている。「生態学的視点は、生物学（生態学と進化論を含めて）、文化人類学、社会心理学、行動科学など、幅広い知識と数々の理論を必要とする。生態学的視点は、人口理論、公衆衛生学、組織論、コミュニケーション理論からも学んでいる」（Germain［1973＝1992：10］）。生態学的視点は「それ自体に思考が進化するシステム」であるとされ、「新しい理論や知識に対して門戸を開いて」いるとされる（Germain & Gitterman［1987＝1992：212-213］）。

（31）ジェネリックなソーシャルワーク教育に関しては、ロンドン・スクール・オブ・ソーシャルワークの社会科学部の一コースとして実現された「カーネーギー・コース」の存在は大きい。そのコースは、一九五四年から四年間試行され、そのカリキュラムは現存するイギリスのソーシャルワーク教育の原型になったとされている（津崎［1987］［2003：173-183］）。

（32）ハウは“The Fixers”に対して批判的であることを確認しておきたい。

（33）訳は秋山薊二［2006：112-113］を参照。

（34）サイポリンによると、社会福祉学領域において一般システム理論は一九五〇年代に脚光を浴び、一九六〇年代半ばにソーシャルワーク理論の寵児となった。そして、一九六〇年代後半から一九七〇年代初頭にかけてゆきづまり、「生態学的視点」の導入となったとされている。

（35）システム－エコロジカル理論からの応酬として、たとえば松井二郎の『社会福祉理論の検討』（松井［1992］）があげられる。松井は同書でシステム理論をX理論に位置づけ、それまでの理論枠組みを駆逐している。

第三章　弱者の囲い込み

第一節　障害者というまとまりの具体化

証拠を演じる社会的弱者

ソーシャルワーカーの専門職化が目指され、福祉の実践は社会福祉学の「科学」性を高めるための「実験」の場となった（第二章第一節）。ソーシャルワーク理論は、「実験」や「観察」の積み重ねから編み出されるものとなり、前章で概観したような変遷を経てきた。新しく開発された理論が従来のものと比べて「進化」したものかどうかを証明するものの一つに、対象となった社会的弱者の「変わりよう」があった。無力だった者がいかに救われたか。その哀れな者の生活がどう改善されたか。こうしたソーシャルワークの対象者の変化にかんする描写は、そのソーシャルワーク理論を解説するテクストに織り込まれた。

現在、新保守主義的な勢力が強まるなか、福祉の領域においても費用対効果のパフォーマンスが重要視されるようになったといわれている。だが、歴史上はじめてソーシャルワーカーという職業とその学問を成立させようとしたときにも、同様のパフォーマンスが必要とされていた。

一九世紀後半、福祉的介入の必要性がビジュアルに訴えるかたちで提示されたものとして、次の写真がある。

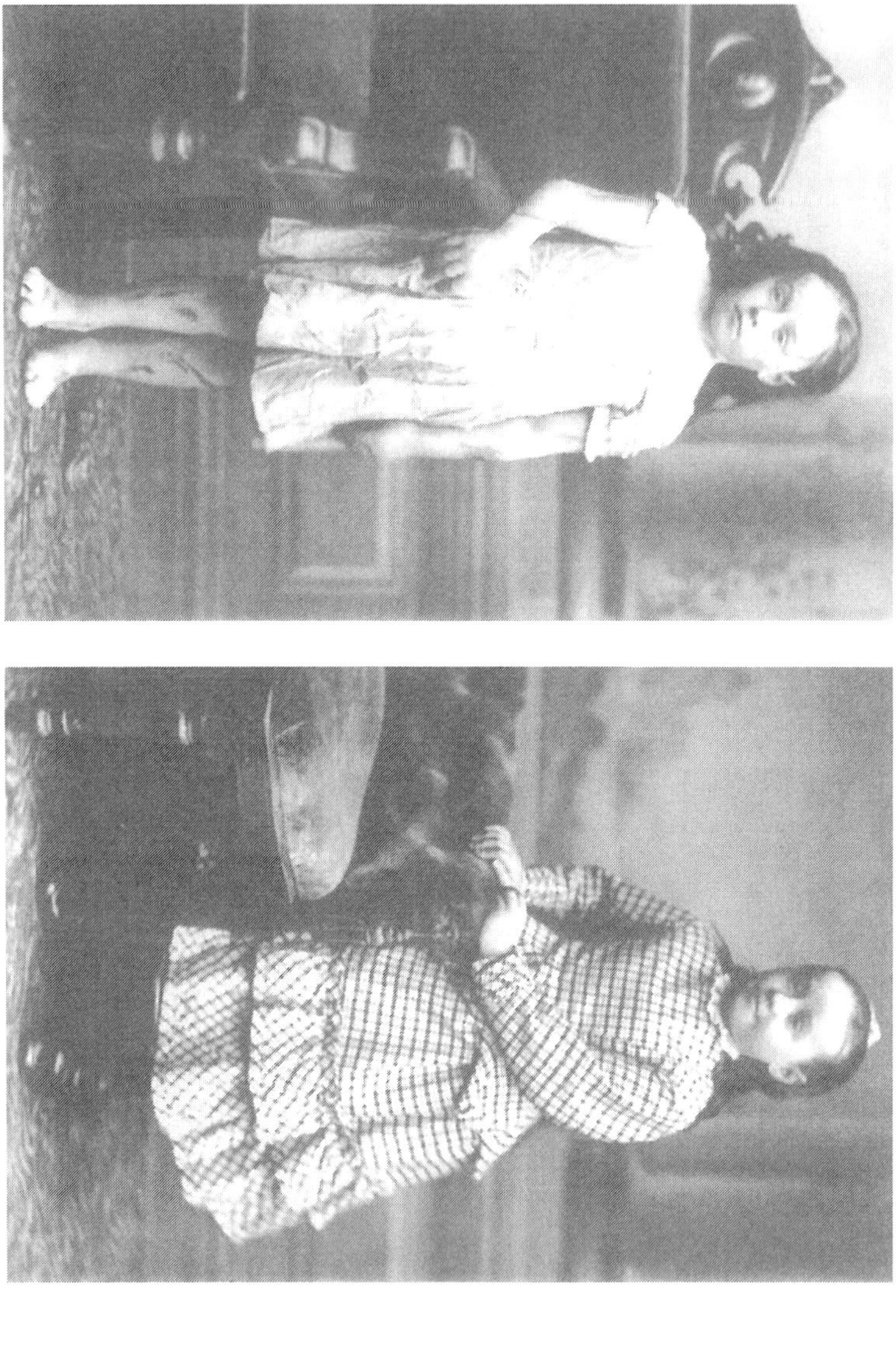

図3-1　マリー・エレンの写真　保護直後（左）保護から１年後

出典：Shelman, Lazoritz. *Out of the Darkness*. Dolphin Moon, 1999. p. 174, 180.

この写真は、マリー・エレンという虐待を受けていた少女の保護前と保護後の姿を写したものとされている。マリー・エレン事件は、一八七四年にアメリカ・ニューヨークで起こった事件で、児童虐待の歴史を語るうえでその「はじまり」とされることが多い（三島［2005］）。

介入直後とされる写真に写し出されたマリー・エレンは、髪が乱れ、裸足にしわだらけの服をまとい、苦痛に満ちた表情をしている。これに対して、手厚い保護を受けた後とされる写真では、傷跡は目立たなくなっており、顔には微笑が浮かんでいる。おそらくこの写真には多少の演出が施されており、介入の「効果」を証明しようとする意図が感じられる。こうした手法は日本でも踏襲された(1)。

こうした福祉実践の目に見える「効果」が、専門職化の過程のなかで必要とされてきた。これは、福祉実践の対象となる側からすると、「効果」を演じる役割が課せられるようになったということでもある。虐待された子どもであれば、傷が癒え、その後健全に成長するなどの情報が専門職的介入の必然性を裏付けるものとなる。マリー・エレンの場合、一〇〇年以上も前の事件であるにもかかわらず、少し調べるだけでその後の人生をまっとうしたという情報を得ることができる(2)。

介入の効果の証言を収集することが重要と考えられたのは、医師を専門家のモデルとして社会福祉の専門家像が描かれたことと関連するのだろう。治療法や治療薬が開発されたときに、その有効性にかんする実験結果の提示が必要だが、同様の過程が、福祉の現場においても模倣された。そこで問題に好転が見られたり、回避されたりといった介入の成功例が求められた。もちろん弱者にとって、介入が成功することは、望ましいものである。しかしながら、一部の福祉の対象者にとって、このパターンのなかで効果を演じることが苦痛に感じられる場面があったのもまた事実であった。

しばしば医療化は近代化のなかで進行したと指摘される。看護師や理学療法士、作業療法士、そしてソーシャルワーカーなどの新しく出現した専門家は、「社会の医療化」の一端を担った。そこで社会的弱者は専門家の処遇を受けるまとまりとして浮上し、さらに分断された。こうした変化は社会体制の変化に伴うものであり、近代資本主義社会における価値観や合目的性との関連で、福祉の対象者を捉えなければならない（Oliver［1991＝2006：38-58］）。

本章では、こうした社会的背景の重要性を認識しつつ、新旧のさまざまな専門家や学問が社会的弱者を対象化し、特定のカテゴリーに囲い込んでいった経緯を考察する。その際、障害者（第一節）と子ども（第二・三節）に焦点を当てつつ、福祉の実践に影響を与え、共振しあってきた分野を視野に入れて論じていく。ここでは第四章で検討する反専門職主義や脱施設化などの影響を受けた変化の一面について先に言及することになる。

発話の特権性とろう者(3)

先に、障害者、ここではろう者について論じる(4)。特に、近代化にともなって特殊教育や福祉のサービスを受ける対象者となっていった経緯に注目したい。第一次産業の比重が高い時代や地域において、ろう者を含む多くの障害者は比較的容易に労働に参加することができたといわれる（Oliver［1991＝2006：62］）。しかしながら産業構造が変化し、ろう者をとりまく環境も変化した。このときろう者は特殊なニーズをもつ者と公的に見なされるようになり、新興のものも含む学問的研究の対象とされるようになった。

わたしはものをよういわぬ幼児ではなく、もう口のきける少年であった。
わたしは、このことを記憶している（Augustinus［397-400＝1976：21-22］）。

上記はアウグスティヌスの『告白』（三九七―四〇〇年頃）の一文である。ここで幼児を若者と分かつ線とは、話すことができるかどうかであった。発話の不在は、記憶や思考の不在、混沌を意味し、発話は人間の証明として存在した。

また啓蒙思想が全盛であった時代、モンテスキューやコンディヤックらは発話の不在（二人とも「ろうあ者」と野生児を考察の対象とした）を自然＝動物の状態に位置づけている（糟谷［1996］）。聴覚・言語障害者を子どもと同様に責

任能力を問えない準禁治産者とし、減刑の対象とする近代法は、奇しくもこれらの言明と符合する。(5)

こうした発話の特権性に照準を合わせたのがジャック・デリダであった。デリダはパロール／エクリチュールという階層秩序的な二項対立を示し、これこそが現実世界における法的・政治的支配の秩序となり、他者を排除する暴力となるという。こうして彼は、パロールにおけるロゴスの現前を真理の根拠としてきた形而上学の基礎の解体を試みる。「ろう文化」を尊重するディルクセン・バウマンが、こうしたデリダの初期の研究に注目したのは必然的なのかも知れない。デリダの思想を論拠とすれば、ろう者の存在や彼らの共有する文化は、それ自体が「脱構築」となり、パロールの特権性を無意味化し、ひいては西洋形而上学への本質的なアンチテーゼを体現するという図式の存立が可能となるからだ。

この図式の正誤については留保したまま、デリダがジャン・ジャック・ルソーを脱構築の模範的な実践と位置づけた点に注目したい（Derrida［1967＝1972-1976］）。ルソーは『言語起源論』（一七八一年）のなかで、発話によらないコミュニケーション手段である手話を人間の所作とした。彼は「身振り語」だけで「われわれが言葉の助けをかりて行なっているのとほとんど同じぐらいのことを行うことができたであろう」（Rousseau［1781＝1970：14-15］）と述べたのである。

人と動物を分ける線分

ルソーに限らず、多くの者が人間と動物の区別を明らかにする作業に没頭した。そして多くの者がルソーとは異なるかたちで、音声言語によるコミュニケーションが存在するか否かを分別の目安としたことは注目に値する。また、こうした人間と動物を文節化する作業は、おしなべてその意図とは逆に分界線の重複化や不鮮明化をもたらした。重複とは、その線を描く際に基準を選定するたびに生じる重なりである。そしてこうした重複が不鮮明さをもたらすが、これは進化論的な発想に連なるグラデーションとなることがある。ルソーが人間の領域を発話に介在されないコミュニケーションをおこなう主体に拡大させたことも、幾重にも重なった線の一つとしてあげられる。また、『人間機械論』(一七四七年)におけるド・ラ・メトリの夢想も、これに含まれるだろう。

猿と人間との構造および機能の類似は以上のごとくであるから、もしこの動物を完全に訓練すれば、ついにかれに発音を覚えさせ、従って或る国語を覚えさせるのに成功するであろうということを、ほとんど疑わないのである(La Mettrie［1957：63-64］)。

大胆にも出現が予言されたその「国語を操る」サルは、「もう野生の人間でも、出来損いの人間でもなく、完全に一人前の人間であり、われわれと変らぬ才能、筋力を持った町の小男」として存在する。このように、この線分は生物学的なカテゴリーをも踏み超えることがあった。またド・ラ・メトリの記述において、訓練＝教育が人間へと近づける手段とされている点が興味深い(6)。

一方で、ド・ラ・メトリは「唖者」を「一種の動物」と位置づけて「動物から人間へ、この推移は急激ではない」(La Mettrie［1957：64］)とし、「唖者」を人間と動物の中間地点に配置している。ここには、ある種のグラデーションが描き出されているといえよう。

一世紀以上の時を経て、チャールズ・ダーウィンも『人間及び動物の表情』(一八七二年(7))のなかで、手話を考察している(Darwin［1872＝1938］)。ここで手話は限りなく「自然」に近いものとされた。

凡ての身振が或る自然的起源を共通にもつ……(略)聾唖者や野蛮人が迅速のために出来るだけその手真似を簡単化する(Darwin［1872＝1938：83］)

同書の目的は、第一に人間を含めた動物の表情や身振りが「生得的」で「遺伝」することを確認し、第二に動物間や民族間における表情などの比較を通した進化論を展開することであった。先天性の盲聾者である、ローラ・ブリッジマンという少女が幾度も言及されたのは、表情やジェスチャーが「生得的」であることを証明するためであった。これは第一の目的を満たすものであるが、必然的にもう一つの問いも考察されることとなる。盲聾の少女が動物と並んで検証されたことを鑑みると、彼女が人間の場所から幾分離れた進化の線上に位置づけられることになったことは否めない(8)。というのも「特定の表情や身振りがどれほどまでに一定の精神状態を真実に表現するかを確かめるため」(Darwin［1871＝1970：22］)、ローラ・ブリッジマンを含む周縁の人々の表情や身振りは、より原始に近い形で表出されるという仮定から検証されたからである。

ルソーは身振りによるコミュニケーション方法を人間特有のものとしたが(Rousseau［1781＝1970：15-17］)、ダーウィンはそれを人間の領域としつつも進化の坂から滑り落としてしまった。いずれにしろ、こうした試みは、人間と動物の分界線の不鮮明化を促進したといえる。

人間／動物の再分節化は、宗教に根ざした価値観が揺さぶりをかけられるなか、新しい秩序を求めておこなわれたともいえる。しかしながら逆に、その分界線は重複し、不鮮明となり、さらなる混沌を生んだ。人間の領域を浸食する動物という存在。侵食の脅威から逃れるために、人々が何をしたか。人々は動物と人間の境界線上をさまよう群れを人間の領域に引き上げ、動物の領域に滑り落ちようとする人々を繋ぎ止めようとした。それらの方法には福祉サービスを含めさまざまものがあるが、以下では引き上げるための施策の一つとされた教育に焦点を絞る。

神との対話と人間の証明

聾学校において、ごく最近まで「手話は動物的(9)」とまことしやかに語られ、手話の使用が禁じられていたことは関係者の間でよく知られている。こうした慣習の痕跡は、過去のろう教育関係者が手話を「動物的なコミュニケーション方法」と考えてきたことを物語っている。聴覚障害に対する教育がはじまって以来、手話を用いるろう者を動物と近似する主体と位置づけたうえで、彼らを「人間化」することが目標に据えられてきたといえないだろうか。ここに、二つの異なる層が存在することを念頭に置くべきだろう。つまり、宗教的な層と、「科学」的な層である。ダグラス・ベイントンによれば、米国では一九世紀半ばまで、言葉を発さないということはキリスト教的コミュニティからの孤立を意味したという（Baynton［1997：128］）。このとき口話主義に基づく聾教育は、神に見放された「ろうあ者＝動物」を神の加護のもとに置くことを重要な目標としていた。(10)

近代的ろう教育者として名高いロシュ＝アンブロワーズ・シカール(11)の後継者であり、自らも聴覚障害がある聾教育者のジャン・マシューは、『自伝』（一八〇〇年）のなかで次のように懐述している。

子どもの頃、父は私に朝と夜、身振り手振りでお祈りするようしつけました。膝まづき、掌を握り合わせ、普通の人が神に祈るときにそうするように唇を動かす真似をしました。今でこそ私は、天と地を創造された神が在ますことを知っています。しかし、子どもの頃の私は、神ではなく、空を崇めていたのです。神は見えませんでしたが、空は見ることができたのです（Massiew［2000：140］）。

ここでは、発話が「イエス・キリスト」とつながる媒体として存在する。このとき、言葉を操れないろう者は、イエスの祝福を受けることができない。神とのコミュニケーションのなかで重要なのは発話だけではなかった。シカールは、フランス語の文法に忠実な手話を用いた教育をおこなうが、(12)『先天聾の教育課程』（一八〇三年）のなかでbe動詞の重要性を次のように形容している。

（著者注・be動詞は）それ自身が発話であり動詞であり思考であるような語であり、（略）人間を野獣から区別し、知性的な人間を理性を欠いた人間から区別するものは、精神が肯《うべな》う「イエス」の作用である。そして、この語こそまさにそれである（Sicard［2000：214］）。

ろう者同士の自然発生的な手話[13]ではbe動詞や品詞は必要とされない。これに対しシカールは、「人間の言語」すなわち「神の祝福」を受けた言語を習得させることがろう教育の重要な役割と主張し、文法的に「正しい」手話を用いた教育をおこなった。

では、キリスト教的コミュニティの外部に留まりつづける（＝言葉を発さない、話し言葉に忠実でない手話を話す）聴覚障害者の位置とはどのようなものであったか？　シカールは次のように述べている。

我々は、このただ生きているだけの自動機械に新しい存在を与え、彼と他の人々との間に何らかのコミュニケーションの輪を確固として作り出さなくてはならない。この獣をなだめ、この野蛮人を人間らしくしなければならない（Sicard［2000：159］）。

ポール＝ロワイヤルのジャンセニスト[14]たちも、発話能力の有無が人間か動物かを区別するもので、ろう者は動物のような存在であるとの見解をもっていたという（松田［1977：3］）。動物のような存在を人間にするという教育の「奇跡」の価値を高めようとすればするほど、発語の訓練を受ける前の状態の「悲惨さ」や「動物性＝非人間性」が強調されるという悪循環が成立する。ろう者と彼ら独自の手話の「動物性」を教育の現場や学問において強調することによって、その教育「効果」を際だたせ、教育目的を正当化することができる。

発話による神への祈りが人間に接近したことの証とされた場において、聾教育に書記言語を用いることは、その奇跡を無効にする「危険性」があるとされる場合があった。たとえばサミュエル・ハイニッケは、書記言語の「危険性」に敏感で、書記言語の助けを一切かりない純粋口話法が真の教育法であるとする。彼は、近代的聾教育の始祖とされるアベ・ド・レペを「ペテン」と呼ぶ。というのもド・レペは、発話に加えて指文字や手話、そして書記言語を併用して教育をおこなっていたからである。

ハイニッケにとって音声とは「欲求の力に作用し、意図的な運動を作り出し、我々の理性を、それに基いた普遍的、抽象的、超越的な思考段階まで高める秘密の発条（dunkle triebfedern）」（松田［1978：130］）であった。したがって健聴者と同じ思考方法を教授するためには、発語以外のコミュニケーション手段を徹底的に排除するべきだと彼は説く。ハイニッケは書記言語を病原菌のごとくろう者の思考を汚染するものと見なし、それを排除しようと試みたのであった。そして、このハイニッケの影響を受けた教育法が近代国家のなかで力をもつにいたったのである。

「科学」的に人間へと近づける作業

純粋口話法による教育は、一八八〇年にミラノで開催された「世界聾教育者会議」を象徴的な転換点として多くの国で徹底化されていった。日本では一八八四年に「訓盲唖院」（三年後に「東京盲唖学校」と改名）が設立されたが、全国的に普及するには時間がかかった。一九二三年に勅令第三七五号「盲学校及聾唖学校令」が発布されてからは、順調に学校数や生徒数を伸ばしていったが、口話教育はほとんどおこなわれていなかったという（川本［1940：151］）。このころまでに口話式が紹介されなかった訳ではない。一八八六年ごろ、伊沢修二によってアレクサンダー・グラハム・ベルの「視話法」が紹介されていた。しかしながら、口話式の普及はなかなか進まなかったのである。(15)

こうした状況に変革をもたらしたのが、川本宇之介(16)であった。彼は大阪市立盲学校関係者をはじめとする手話擁護派との激しい対立を征し、一九三〇年代に口話教育を全国に普及させた（清野［1997］）。

近代的な学校制度のなかで、純粋口話法を正当化する際に、神という根拠はもちろん不要であった。(17)それに代わって「科学」的枠組みが用意されたが、これは①「医学」的見地と②「（社会）科学」的歴史観に代表される。しかしながら、刷新されたこれらの枠組には依然、動物／人間の定義をめぐる攻防が存続していたように思える。

まず一点目。日本でも公教育の場で口話式が紹介されはじめた頃から、この「医学」的視点にもとづく有効性は指摘されていた。(18)

唖人に発音を教授することの必要なるは、（略）世人の必要なりといふ所は只其便利なりといふのみ。余の考ふる所は、これのみにあらず。（イ）肺を強壮にすること。唖人は言語を発せざるがため、常人に比し、肺の運動少く、従て肺患に罹るもの少なからず。試みに唖生卒業生死亡原因を見るに、大部分が肺患にかゝりて、残れたるにあらずや。又発音を教授したる生徒とせさる《ママ》生徒とにつき、運動其他の法により、肺の強弱を試むるに、発音生は能く長時間の運動に耐へ発音を教授せざる生徒は、長時間の運動に耐へざるの観ありしによりても明かなり。（ロ）記憶を助く（藁谷［1910：16-17］、強調は原文のまま）。

このように、手話を廃し口話式を導入する勢力は、まずろう者の身体に関心をもっていた。このような医学的言説は、口話式が全国に普及していく時期に重要な役割を担った。川本宇之助も、口話法は「呼吸器官を健全にし身体の強健を図る」（川本［1940：235］、他に川本［1954：113］）にあたって効果があると期待を寄せている。

川本は、口話式が「呼吸器病」にかかりやすくなるという噂に対し、逆に口話式は病気を「予防」するものであると主張していた。肉体の鍛練に加えて、病気の予防こそが「口話法採用の一大理由」であるとし、時の文部大臣・岡田良平に強く訴えた（川本［1940：232-236］）。これらは日本全国の聾学校が口話主義に転換したといわれている、一九三三年の文部省主催の全国盲唖学校長会議における鳩山一郎文部大臣の訓示につながる。

発話と身体器官の関係への言及自体は、啓蒙時代にもなされていた（松田［1978：126］）。そこでは、人間のみに備わった器官を十全に働かすことに価値がみいだされていた。「身振り語」を人間同士のコミュニケーション手段として充分であるとしたルソーであったが、人間には「情念」への欲求があり、それは「感覚器官」を通して心の底まで入り込むと述べた[19]。彼にとって、この感覚器官を媒体とした「情念」こそが人間の証明であった（Rousseau［1781＝1970：14］）。

身体器官と人間の思考との密接な関係は、シカールの著作（一八〇三年）のなかにも見受けられる。

あらゆる観念は、諸感覚から直接に、あるいは諸感覚の様々な結合を介して、我々のもとにやってくる（非感覚的な事物に関する観念も、諸感覚の結合によって与えられるのである)。我々は、これらの観念を言語音によって表現し、他者の聴覚に印象を刻むことによってその観念を他者の心に呼び起こす。(略) 聾者の場合、いかなる音も彼の聴力(彼にはそれがないのである)に影響を与えないから、諸観念を固定したり結びつけたりするためのいかなるシンボルをも持たない(Sicard［2000：156］)。

もちろん、この次元にある身体器官にまつわる意味と、近代的な公教育におけるそれとの間には断絶がある。しかしながら教育現場において、しばしば「手話は口話の獲得を妨げる」と口にされたことは、発話にさまざまな「優れている」という意味を添付しようとした過去と二重写しになる。

進化という強制

神に代わって口話法を支えた、もう一つの「科学」的なフレームワークの典型として、川本の以下のような言明があげられるだろう。

手話は恐らく類人猿を距ること遠からざる時代の貨財であったであらう。さる原始的なものを取って現時人間に学ばせようとするは、アナクロニズムも亦甚だしいものといはねばならない(川本［1936：1］)。

ラディカルなこの文章を公表する際、川本は慎重にも梓渓生という筆名を用いているが、「社会科学」的根拠があるという確信はあったに違いない。川本が依拠したのはウィルヘルム・ヴントであり、当時、ヴントは口話推進派の論拠とされた。

二〇年が費やされた全一〇巻の大著、『民族心理学』(一九〇〇―一九二〇年)の第一巻『言語』では「身振り語(Die Gebärdensprache)」(第二章)が検証されている(Wundt［1900-1920＝1985］)。ヴントはここで手話を含む

「身振り語」から、言語一般の起源を探ろうとした。

ヴントは、「聾者の能力に都合のいい言語は、明らかに身振り語である」（Wundt［1900-1920＝1985：18］）と手話を言語としたうえで、口話法の限界を指摘したことは注目に値する。また、指文字やド・レペが発明したフランス語の文法に忠実な手話を「人工的」として（Wundt［1900-1920＝1985：19］）、ろう者が共有する手話と区別している。ヴントは言う。「身振り語は、……人間に固有の所産」（Wundt［1900-1920＝1985：147］）であると。これは手話を一つの言語とする後述の「ろう文化宣言」（木村他［1995＝1996］）と重なる。だが、問題となるのは、手話が「原始的」な言語と位置づけられた点にある。これは、先述した人間と動物の文節化に関する議論と重なる。大阪市立聾唖学校のろう者の教師であった藤本敏文[20]は、この部分を非難の対象とした。

ヴント博士の謂ふ原始的手真似、原人的、未開人的手真似と同一視する一大謬見を完全に打破せねばならぬ（藤本［1941：6］）。

藤本は、口話主義者らに抗し、手話（手真似）の重要性を説いた人物として再評価されている（那須［1998］）。彼は、ろう者の使う手話と「原人」や「未開人」の使う手話とを同格としたことを批判するが、これは口話を推進する者たちがもっとも関心を寄せた部分でもあった。

たとえば口話主義者の川本は、言語を「思想感情」の媒体であるとしたうえで、「知能の低い者」ほど「感情」に占拠されると述べた（川本［1940：365］）。そしてこうした欲動に由来する感情を「手と腕の運動を以て表現」されたものが「身振りの起こり」であったという（川本［1940：383］）。彼にとって、文明人と「野蛮人」の言語の間には「雲泥の差」が前提としてある（川本［1940：377］）。これは、ダーウィンが表情や身振りの研究を、精神と身体のつながりに関する科学的な考察とした思考とつながるものであろう。

このように川本は、人類のコミュニケーション手段についての進化の図を描いた。そして、この進化の図は教育の場へと写し取られ、口話主義的な教育が「進歩」的で「正しい」ものとなり、それを強硬に普及させていく原動力ともなった(21)。ヴォルフ・ヴォルフェンスベルガーがノーマリゼーションのあり方を模索する際、障害者を動物と近似したものと位置づけてきた障害者観の歴史に言及している。彼は「動物のような生活をする」人間の領域から逸脱した存在としての障害者観と、障害者への差別的な処遇の関連性を指摘し、障害者が人間として「普通」に生活を営むためのサービスのあり方を追求したのであった（Wolfensberger［1972＝1982：98-106］）。

人間のコミュニケーション手段および教育方法における進化の図とともにあったのは、「進化せざる人々」を公共空間から排除することであった。ろう者は、「保護」などの名目で人間に満たないかのような位置づけに甘んじることとなる。たとえば、一九九九年に成年後見制度が改正されるまでは、聴覚・言語障害者が公正証書遺言の作成してもらうことは不可能であった。従来の公正証書遺言では、遺言者が遺言の趣旨を公証人に口述し、公証人がそれを筆記し、遺言者に読み聞かせることが要件となっていたからである。こうした排除によって、ろう者はたえず教育され、保護され、福祉の管轄で生きることを余儀なくされていった。

本節では、宗教的な枠組のなかで育まれた神との対話から疎外されている者とみなすろう者観の伝統を引き継ぎながらも、近代以降、学問的枠組や専門家の営為のなかでろう者観が変化してきたことについて指摘した。そこで手話は「原始／動物的」であることを示唆するメタファーとなり、ろう者は「原始的」なコミュニケーション手段を使う「遅れた」状態にある者となった。このダーウィン主義的な構図のなかで、ろう者は発話を促す教育を通じて「進化」を体現し人間に近づけることができる主体となる。こうした初期のろう教育の基本的な枠組が、現在まで続くろう者の生活に影響を与え、教育方法や指針を規定してきたといえる。

現在はどうか？　日本でも、口話を重視する教育について疑問が付されるようになり、手話を言語として尊重する機運が高まっている。「ろう文化宣言」（木村他［1995＝1996］）は、口話法を中心とする教育を批判した(22)。この宣言は、ろう者を「日本手話という日本語とは異なる言語を話す言語的少数者である」とし、病理学的視点からろう者を障害者と捉えることに対して異議を唱えた。またギャローデット大学(23)などの教育実践が紹介され、手話で話すコミュニティは一つの文化を形成するという考え方を紹介する本も数多く出版された。こうした流れのなか、二〇〇三年に「日本手話をろう教育の選択肢の一つとすること」を求める全国のろう児とその親たち一〇七人の中立人は、日本弁護士連合会（日弁連）に対して人権救済の申し立てをおこなった。これを受け、日弁連は二〇〇五年二月一八日に「手話教育の充実を求める意見書」をまとめている。

日弁連の意見書では、日本の「ろう学校では、手話で表現することそのものを教えておらず、手話による教科教育もほとんど行われていない」現状に対し、国は手話が言語であることを認めるよう要求がなされた。手話を言語とし、この言語習得やコミュニケーションのバリアを取り除くために施策を講じ、聴覚障害者が自ら選択する言語を用いて表現する権利を保障すべきであるなどの提言がおこなわれた（日本弁護士連合会［2005］）(24)。

確かに、こうした変化は社会の構成員すべてが共有しているものではないし、情報保障などといった面で問題は山積している。しかし、何らかの動きが見られたのは確かなように思われる。

次節では、新しい学問の興隆とともに対象化されてきた子どもというカテゴリーについて検討したい。

第二節　福祉の対象となる子ども

「子どもの発見」と学問

子ども期は近代になって誕生したという、有名なフィリップ・アリエスのテーゼがある（Ariès［1960＝1980］）。中世において、幼児期と成人期の間に現在のような子ども期・少年少女期・思春期という区切りはなく、幼児期を過ぎた人は「小さな大人」として扱われていたという。アリエスは絵画のなか描かれる子どもの姿などを検討し、「子ども期へのまなざし」の変化が一七世紀にあったことを指摘した。彼によると、一七世紀を境に子どもの保育や教育をはじめとする制度が整い始め、一九世紀後半にいたるまでに、新しく生まれた「子ども期」に対するあらゆる学問や処遇方法が出現したという。それと同時に、人々の子どもに対する接し方や価値観にも大きな変化がみられたとされる。

発見されたのは子どもだけではなかった。本田和子は次のように述べる。

近代的心性が「子ども」を発見し、彼らが、時代の視野に「保護」と「教育」の対象と意味付けられつつ浮上して以来、子どもを巡る諸行為は、それを前提としてのみ展開可能なものと化した。その結果として、彼らの保護と教育にかかわる合目的的な言説だけが、子ども論あるいは子ども研究として場所を与えられてきたのである（本田［1998：548］）。

子どもの登場と同時に「保護と教育にかかわる合目的的な言説」も近代社会のなかで浮上してきた。近代に入って発見された子どもは、家庭に囲い込まれ、共同体から引き離され、学校へと「隔離」された（井野瀬［1992］）。アリエスは主に教育という側面に焦点を絞り、「子ども期」という固有の時期が浮かび上がってくる姿を『〈子供〉の誕生』（Ariés［1960＝1980］）や『「教育」の誕生』（Ariés［1992］）のなかで検討したといえる。

ニール・ポストマンは、中世において話し言葉の習熟が「インファンス」と大人を隔てるものであったのに対し、近代では文字の習得が「子ども」と大人を区分するものになったと主張した（Postman［1982＝1995］）。インファンス（in-fans）とは、幼児、つまり「声をもつ、ただしは舌足らずな文節以前の声」（Lyotard［1991＝1995：196］）の持ち主である。

これに準じて、森田伸子は近代的「子ども期」を「大人によって周到に創られた『一定の教育の順序』という人為的世界を生きるべき時期」（森田伸子［1996：162］）とする。たとえば近代教育学の始祖とされるヨハン・ハインリッヒ・ペスタロッチの『ゲルトルートはいかにしてその子を教うるか』（一八〇一年）では、母親に対し子どもがまだ話せないうちからアルファベットを読み聞かせることを奨励する。それは母音からはじまり、次に母音と子音を組み合わせたもの、そして単語という具合に、順次読み聞かせるよう設定されている（Pestalozzi［1960：177-178］）(25)。近代的子ども観が成立する局面において、子どもはそれまで学問の対象として顧みられることがなかったインファンスから、「科学的実体としての子ども」へと転換していった。

教育学が子ども期を発見し終えた局面において、社会福祉学もはじめて子どもを対象とみすえることができたと考えられる。もちろん、近代よりも前に存在した宗教的影響や慣習的な営みのなかにある行為を現在の社会福祉に連なる源泉とみなすことは可能である。しかしながらここで対象とする社会福祉学は、社会全体に配備された組織や、オーソライズされた専門家、体系的な知識を教育する専門家の養成過程などと共立するものである。

しだいに子ども期に与する知は「エキスパート化」されるようになった。北本正章が述べるように、専門家たちをつねに頼らざるをえない状況にある現在、これを「社会秩序の混乱の反映とみるか、それとも古い血縁的な共同体支配からの合理的な解放とみるか、あるいは新たな統制の拡延とみるか」という難題は残る（北本［1993：139-142］）。

近代という時代に生きる子どもは単に、その「合目的的な言説」の対象にとどまってはいない。矢野智司は二つの側面から捉えている。「子どもの発見」がなされたこの時代、一方では「それまで『小さな大人』と見なされていた子どもが、ルソーの時代になり、いわゆる『子どもらしさ』という性格をもつようにな」り、他方では「近代的自我の疎外的状況から、『子ども』という時間を理想化することによってふたたび充実した時間を取り戻そうと」された（矢野［1995：17］）。

一八、一九世紀のロマン主義者は「初源の楽園期と楽園喪失そしてその回復というテーマを、個人の発達史における初源的な状態、すなわち幼年期の無垢性、自由、平和、至福、神性等々の喪失と、その初源的な状態への回帰願望というテーマへ転換した」（矢野［1995：14-15］）。そこで子ども期は「失われた楽園」「黄金時代」と目されるようになり、物語のモチーフとして好んで描かれた。たとえば、永遠に年を取ることのない「ピーター・パン」が住む「ネヴァーランド（絶対ない国）」や「不思議な国」を訪れる少女「アリス」。また「星の王子様」では子どものまま夭折する「永遠の子供」が描かれる（本田［1982：122-126］）。こうした物語を通じて、人々は子ども期という近代的

「楽園」を共有する。

しかしながら近代社会への移行期において、子ども期を楽園とみなすことは、現実を生きる一部の子どもの生活実態とはかけ離れたものであったといえる。急速な産業化が進むなか、多くの子どもたちが工場のなかで長時間労働を強いられた。マルクスは『資本論』（Marx［1867＝1969］）第一巻第三篇「絶対的剰余価値の生産」の第八章などで、工場による児童労働の「搾取」の酷さを繰り返し告発している。彼の願いは、遠く日本においても工場法（一九一一年）や児童虐待防止法（一九三三年）などの成立をもって実現する。子どもの労働を工場のみならず社会の隅々から追い出そうとしたのは後者の児童虐待防止法であったが、同法の制定は、働かざるをえない貧しい子どもを福祉の領域に包み込んだ瞬間でもあった。

児童労働に限っていえば[26]、マルクスの嘆きとロマン主義者らの主張は表裏一体を成すものといえるだろう。ロマン主義者たちは、「産業革命が労働者を大地から引き離し、子どもを労働市場に追い立てた」（Nardinalli［1990＝1998：40］）と考える。彼らは、昔の子どもも働いていたものの、健康的で苦のないものであったのに対し、工業化が進んだ当初の児童労働は「はるかに過酷で劣悪なものになった」という認識をもっていた。クラーク・ナーディネリは「労働者階級の生活状態に関する調査のほとんどは、ロマン主義的な目で見た一八世紀をその比較規準としていた」（Nardinalli［1990＝1998：42-43］）と指摘する。そこでロマン主義者たちは児童労働問題を解決する策として、政府による規制を支持していた。これら保護主義と子ども期を楽園とみなす子ども観とは、相互依存関係にあるといっていいだろう。

「子どもの発見」の発見と社会福祉学

では、現在の児童福祉に戻る。社会福祉学を学ぶ者が用いる教科書における子ども観をみてみよう。従来から児童福祉では「子どもこそ弱者の最たるもの」（井垣［1985：4］）とされ、「出産・育児は、大きくは人類の子孫の確保、未来の生産者、あるいは次代の社会成員の育成という人類・社会の存続、発展のために絶対欠かすことができない重要な社会的意義」（井垣［1985：5］）をもつとされてきた。

敗戦後は、日本国憲法をはじめ、子どもの権利を保障するさまざまな法律が制定され、それらが児童福祉の根拠とされた。子どもは特殊なニーズをもつ者とされ、それを充たす配慮を受ける権利を保障されるべき主体となった。さらに最近では、「子どもの発見」を念頭に置いた子ども観にもとづいて議論が進められることも多くなってきた。

柏女霊峰は社会福祉の教科書的な文献のなかで、子ども期は「生物学的な概念であると同時に社会的な概念」（柏女［1995：6］）としたうえで、その子ども観を「社会の必要により、大人によって作り出されてきた」ものと説く。こうした局面では、「三歳までは児童のその後の発達にとってきわめて重要な時期であり、母親が家庭で育てるべきである」とする考え方は、「三歳児神話」と命名されることが可能となる。つまり、この考え方は母親を労働市場から締め出す「事業主側の雇用調整のためのレトリック」として、「イデオロギー的性格を持つ」（柏女［1995：20］）ものとして解読される。現在の児童福祉論という科目は、第二章でレビューしたような傾向のみで語ることができないのである。子ども期を相対的な視点から捉えるこうした思考は、子どもという対象者を特定の学問的言説（たとえば母性的養育の剥奪 maternal deprivation）から浮遊させやすくするといえる。

最近では社会福祉学の領域においても、子どもを受動的な保護の対象としてのみ捉えることは少なくなり、ロマンティックな幻想が付与された子ども観は崩壊しつつあるという認識もなされている。これは、「子ども期の消滅」論議と重なる。そこで前出のアリエスや、高度情報化社会のなかで子どもと大人の境界が不鮮明になったと主張するポストマン（Postman［1982＝1995］）、マリー・ウイン（Winn［1983＝1984］）などの貢献があげられる。

一九六〇年代から一九七〇年代に当事者たちによる解放を希求する運動が盛んになるなかで、「子どもの権利運動（Children's Rights Movement）」が展開されたことも、子ども観の変化の要因となったと考えられる。この運動において、「保護」は自由の侵害とされ、「子供のオートノミー・自律権」（森田明［1992b：314］）が強調された。たとえばアリエス・テーゼは教育学において「児童中心主義（child-centered education）」の興隆を招くが、そこで子どもは大人と同等の権利主体であることが想定されている。

こうした潮流を受けて、社会福祉学領域においても『子どもの発見』の発見」がなされた。「『子どもの発見』の発見」、つまり「子ども期とは人為的な概念である」という新しい考え方は、一見、子どものもつ特殊なニーズを無化するかのようである。実際にはそのような影響はなかったのだが、子どもに対する援助観や介入のあり方を左右するものであった。

第三節　子どもの権利と専門家の権限

子どもの「依存宣言」

日本の「児童福祉法」（一九四七年）や「児童憲章」（一九五一年）、国際連合の「児童権利宣言」（一九五九年）などの条文では、児童の権利は受動態（「児童は……されなければならない」「児童は……される」など）で表現されていると揶揄されることがある。しかし、その子どもの「権利」が「良き親がいたならばその『保護』によって当然与えられたはずの子供の『利益』」（森田明［1992a：307］）とされていることを考慮すると的確であるといえよう。二〇世紀に獲得された福祉権的な子どもの権利とは、本来、受動的なものであった。

児童労働の規制にとりくんだ運動家の一人、アレクサンダー・J・マッケルウェイが「アメリカ独立宣言」のパロディーとして「アメリカの児童の依存宣言」（一九一三年）を書いた。ここには、当時の子どもの「権利」に関する率直な表現を読み取ることができる（森田明［1992a］［1991］）。

アメリカの児童の依存宣言

我々アメリカの子供達は自由かつ平等に生まれたと宣言されている。にもかかわらず我々はこの自由の国で隷属の状態におかれており、健康、安全、労働時間、賃金に関する労働条件の何らのコントロールもなく、また労働の対価に関する何の権利もなしに終日終夜の労働を強いられている。それ故に、我々は次のことをここに決議する。

Ⅰ　子供期には、一定の譲りわたすことのできない権利が与えられており、その中には日々のパンのための辛苦からの自由、遊び夢見る権利、夜の時間に安眠する権利、および自分の中にあるすべてのものを発展させるための平等な機会を持ちうるような教育を受ける権利が含まれている。

Ⅱ　我々は自分達がよるべなく依存した（dependent）ものであることを宣言する。我々は依存したものであるとともに、権利において依存すべき存在（of right ought to be dependent）である。それ故に我々はここに、我々のよるべなさについての訴えを表明するとともに、子供期の権利を享受できるような保護が我々に与えられるよう訴える（Mckelway［1913＝1992a：306］）。

ここでは親による保護を、子どもが享受できる「権利」、当然与えられるべき「利益」とされている。特に「教育を受ける権利」は、「それが保障されていないといわゆる一般人権というものが虚しくなる」（堀尾［1990：67］）ため、人権の基底をなす権利として重要視される（堀尾［1991］）。この教育の権利がはじめて憲法上に登場したのはプロイセン欽定憲法とされ（一八四九年）、基本的人権の一つとして一般的に数えられるようになったのは、第二次大戦終結以降であった。

子どもは学習する義務を己の身上に負っているのではない（教育基本法四条、学校教育法二二条）。日本国憲法第二六条二項は「すべての国民は……その保護する子女に普通教育を受けさせる義務を負う」と定めており、義務教育制度を親の子に対する保護という基礎の上に組み立てている（森田明［1992a：308］）。親権者および後見人に対して、「教育を受けさせる」法律上の義務が課せられているのだ。

一八世紀、一九世紀に獲得されたのは「国家からの自由（freedom from state）」を名分とする自由権が主流であり、二〇世紀以後の現代法においては主に「国家による自由」（freedom through state）を名分とする生存権、教育権などの社会権であった（芦部［1983：120-122］）。子どもの権利の概念整理をする際、トーマス・H・マーシャルの

表3-1　マーシャルの市民権の発展図式

	市民的権利 (civil rights)	政治的権利 (political rights)	社会的権利 (social rights)
時期	18世紀	19世紀	20世紀
主要原理	個人的自由	政治的参加	社会福祉
主な権利の内容	身体の自由 言論・出版の自由 思想・信教の自由 所有権契約の自由	選挙権 被選挙権 公務に就く権利	教育を受ける権利 労働の権利 経済的福祉への権利 最低限度の文化的な生活を営む権利
平等の意味	法の下の平等（形式的平等）		実質的平等

出典：伊藤［1996：31］

市民権に関する社会福祉領域の研究はその手助けとなるだろう。彼は社会権の獲得に至る社会状況を一つの発展の図式を明確化した（Marshall［1981＝1989］）（表3－1）。

表3－1にしたがうと、児童福祉は二〇世紀以降獲得されるにいたった社会権が基底にあるといえる。網野武博によると、児童福祉は「国家が立法、行政を通じて積極的な施策を講じることによって保証される権利を基底としている典型であ」（網野［1988：223］）る。一方で「子どもの発見」を発見した時代の子どもの権利とは、社会的権利をベースとしながらも、市民的権利が昂揚されているといえるだろう。ただし「子どもの発見」が発見された時代における子どもの市民的権利には、条件が設けられていることを頭に留めておきたい。「国家の無干渉に本質があるはずの自由権が、むしろ国家の積極的な介入・関与あるいは補助を必要とするという、自由権の伝統的な観点からはまことに逆説的な状況」（芦部［1983：124］）が大人と同様、いや、それ以上に生じる可能性があるからだ。この自由の問題については、第五章で検討したい。

社会福祉学における二つの「子どもの権利」

国連は、児童権利宣言二〇周年を記念して一九七九年を国際児童年とした。その一〇年後の一九八九年一一月二〇日には、「子どもの権利条約」が国連総会で採択される。(27) この条約採択の背景として、しばしばアメリカにおける差別撤廃運動の盛隆があげられる。差別撤廃運動が一九六六年の「世界人権規約」や一九七四年の「女子差別撤廃条約」を導き、その第三弾として「年齢による差別の撤廃」（柏女

図3-2　二種類の子どもの権利

子どもの権利（P）	子どもの権利（C）
親などの保護を受ける法的地位 パレンス・パトリエ	子どもの自律的《オートノミー》権利・自由
無垢でタブラ・ラサ的な子ども像	ませた子ども像
（P＝parents,　parens　patraie,　paternalism）	（C＝child）

［1995：66］）の実現が目標とされたと。

当時、子どもの権利条約は、それまでの子どもの権利のあり方を大きく転換させたものと見なされることが多かった（たとえば、網野［1988：229-230］、渡辺由美子［1989：104］、小坂［1997：308-309］など）。それは、パレンス・パトリエ・ドクトリンによって支配される子どもから、市民権的自由を享受できる権利主体としての子どもへと夢の転換が図られる、といった希望に満ちたもの（あるいは秩序を乱すもの）とみなされた。現在では、こうした見方は一面的なものとされている。

柏女は子どもの権利条約の性質を、「受動的権利」と「能動的権利」の併存と特徴づける（柏女［1995：66］）。ここで子どもの「受動的権利」とは「児童の最善の利益」を図る成人の義務に対応する児童の「保護を受ける権利」であり、「能動的権利」とは『人権としての児童の権利』すなわち、成人とほぼ同質の権利を保障する」権利を指す。これら性質の違う二つの権利が併存しているとされる（その他に、森田明［1992a］［1992b］）。

図3－2は、これらを参考に、二つの権利がそれぞれ異なる子ども観を有していることを反映させたものである。

この子どもの権利（P）こそが、工業化が進むなか、不当に搾取されたと目された子どもを保護し健全に育成するために、ようやく勝ち取られたものであった。マルクスが『資本論Ⅰ』第三編の第八章で要求するのも、この権利である。しかしながら、成人「労働者の具体的な生活を人間的なものとして保障していくためには、それまでの自由、とりわけ財産権の自由、経済活動の自由に対して一定の制限を加えることが必要となっ」（牧［1985：213］）たことと同様、子どもの「自由」に対しても制約が課せられることになる。マーシャルが指摘したように、社会的権利の保護は「家父長主義なくしては機能することができない」

（Marshall［1975＝1981：8-9］）。

柏女はこの並立する二つの子どもの権利――子どもの権利（P）と子どもの権利（C）――について述べた後、児童福祉の分野で重視されるべき以下の二点を提示する。

① 「児童の最善の利益」の明確化

② 子権の尊重

柏女は、①「児童の最善の利益」を達成するためには、「子どもの意見を表明する権利」（第一二条）が充分に保障されねばならないと説く。ここでは「成人の判断」だけではなく「児童の意見も」聞くことが重要とされる。また彼は②に関して、児童虐待問題を考慮し、「親権や私権に公権が介入することにより生ずる問題よりも、子権を守ることのほうが重要」（柏女他［1992：9］）という考えを定着させていくための努力が必要だという（柏女［1995：74］）。「親権」と「子権」は場合によって相克するが、伝統的に親権が強かった。これを反省し、「児童の最善の権利」のためには「公権」の介入が求められると主張されている。

ところで、歴史的に「子どもの最善の利益（the best interest of the child）」が問題になる時には、家族の保護・教育機能が低下している場合が多いという背景がある。法が部分的に家族の機能を引き受ける際に用いられた「制度形成のシンボルが『子どもの最善の利益』であり、『子どもの権利』であった」（森田明［1986：13］）。「子どもの最善の権利」が口にされたということは、子どもの利益にかんする判定権をめぐって法と家族の相克があった後に、その権限が法（国）の手に帰したことを意味する。(28)

ドンズロは「非行に走る危険な子ども」と「危険にさらされている子ども」という二つの子ども像にソーシャルワーク存立の鍵を見出した。ハリー・ヘンドリックによると、終戦直後は「犠牲者としての子ども」に関心が集まったが、一九五〇年代から一九六〇年代に焦点化されたのは、公共の福祉を脅かす犯罪少年や非行少年であった（Hendrick

［1994：11］）。(29)

同時に専門家たちは、声なく死んでいった「かわいそうな」子どもの声、それまでは一部の人を除いて多くが聞き漏らしていた権利主体（P&C）としての声、これを聞きもらすまいと耳をそばだてていた。そして彼らは児童虐待問題を（再）発見する。彼らは親の権利に対抗しつつ、調査・研究や法的な整備を進め、家庭に介入する準備を整えていく。虐待を対象とした考察の端緒として、フロイトや彼の「誘惑理論」にまで溯ることができるという指摘もあるが（Miller［1981＝1985］）、かわいそうな「危険にさらされている子ども」が救いの手を差しのべるべき「被虐待児」となるためには、専門家の存在を必然とした。医師やソーシャルワーカーを含む専門家が主導となり、「危険にさらされている子ども」が認識され、学問の対象とされ、そこから導き出される処遇方法が蓄積されてきた。また「危険にさらされた子ども」が「非行に走る危険な子ども」と同時に存立しえたのは、前者が後者を生むという学問的見解があったからでもある（三島［2005］）。

児童の権利と国家

児童の権利について何らかの考察が試みられる時、必ずといっていいほどエレン・ケイの『児童の世紀』（一九〇〇年）が引用される。彼女は現在に通じる子どもの権利運動の先駆者の一人とされている。ケイは第一章に「子どもの親を選ぶ権利」をすえている。児童福祉の研究者である井垣章二はこれを次のように解釈している。

子どもはすこやかに生まれ愛情ある世話をうけることによって基本的必要が充たされ、つつがなく育っていけるのであり、それは親がどうであるかにかかっている。子どもはひたすらよき親を望むが、その親はどういう親かわからないし子どもは親を選べない。だからこそ親はよき親であらねばなければならない絶対的な義務があり、子どもはそれを要求する権利があるというのである（井垣［1985：23-24］）。

ここで注視しなければならないのは、上の解釈にある「よき親」の内容である。エレン・ケイが母性主義的フェミニズムと深い関わりを持ちながら主張する「子どもの親を選ぶ権利」とは、「遺伝病またはその他の悪い素質を負わせて、その健康と幸福の可能性を奪う状態」（Key［1900＝1979：51］）を回避するために、親に対し医学的に「適切」な結婚を提案するというものである（小玉［1996：201］）。ケイは「医師の結婚適格証明書を実際に取らせることは少なくとも軍務適格の場合と同様に社会にとって大切なこと」であると述べている（Key［1900＝1979：50］）。したがって「最善の利益」があるとすれば、社会や国の利益である。

ここで彼女の想定する権利とは、「生まれてくる子どもにとっての問題ではなく、『適切な』子どもと『不適切な』子どもを分類し、『適切な』子どもを志向する大人の議論」（小玉［1996：201］）である。ケイの指す「よき親」とは、こうした優生学的プロセスから逸脱しない「よき親」のことを意味していたのである。

その一方で、ケイは「子どもの権利条約」（一九八九年）に明確にされたような、子ども観（C）も提示している。彼女は教育を論じるなかで、詰め込み教育を否定し、「家庭中心、実物教育、体罰の厳禁、階級別と性別を撤廃した学校組織、そして教育の機会均等」を推進した。そして家庭における教育について、次のように述べている。

最も道徳に強く、かつ溌剌たる労働力をもつ青年男女を世に送り出す家庭では、子どもと親との関係は仕事仲間であり同格であり、妹あるいは弟と親切な姉や兄の間柄と同じである。（略）そういう家庭では、特別に子どものために整えられたものはないし、子どもと親は互いに別種の人間として見るようなことはない。親はその誠実さと自然さで、子どもの尊敬をかちとる。親は子どもに、自分の仕事と自分の努力と自分の力のほどを見せるように生活しかつ行動する。いやそればかりか、喜びも悲しみも、過ちも失敗も子どもに見せてやる。このような親はことさらにへりくだったり、または虚勢を張ったりすることなしに子どもの協力を得、互いに思想と意見を自由に交換しながら、目立たないように子どもを教育する。／（略）このような家庭では、率直に呑み込める理由なしでは、絶対に命令は出さない。責任はこうして赤児のときから、子ども自身の上に課せられることになる。禁止は極く稀であるが、厳重である。というのは、禁止には常に理由があり、決して気分によるものではないからだ。母親も父親も、注意深く気はつけても、それが子どもの監視になってはならない。相対的自由は子どもに完全な自由の使い方を教えるが、禁止と統制は人間を不誠実にし、かつ虚弱にする（Key［1900＝1979：303-304］）。

ここでは大人とほぼ同等の子どもの権利と自由が唱えられ、子どもは「赤児のときから」その自由に付随する「責任」を身上に課すべきと説かれている。彼女は「適切な」過程を経た子ども、つまり優生学的プロセスを「適正」に経た子どもに対しては、自由な権利主体となることを推奨したのである。『児童の世紀』は多くの言語に翻訳されて世界的な注目を集め、教育における児童中心主義運動の発端の一つであったともいわれている。ケイの教育思想にはニーチェとルソーの影響が大きいとされるが、「赤児」に「責任」を課すべきだとするのは、ルソーの思想に触発された消極教育の踏襲といえよう。[30] 彼女の教育の理想的な場所とは、自由な男女の愛にあふれた家庭のなかと、その家庭に似た自然な教育をおこなう小さな学校であった。

ケイの論考には、柏女の文章に見た現在の社会福祉学と同様、子どもの権利（P）と（C）の両方が存在した。象徴的なのは、子どもの権利（C）が人工的な環境を条件に唱えられたということである。ケイの思い描く環境は、優生的な技術でもって整えられるものでもあった。環境整備のためには、一定の介入は必要不可欠とされる。介入のあとの自由。一世紀以上も前に提示されたケイのこうした条件は、現在の児童福祉における二種の形態の権利の混在を予言していたといえる。同様の構図は、子どものみならず福祉の対象者全般に当てはまるのかもしれない。

社会福祉士養成の教科書の一部である『児童福祉』に、子どもの権利（P）と（C）が共存する。しかし双方の存在感は同一ではない。なぜなら、一方は他方を凌駕する関係にあるからだ。

（1）たとえば、明治期に日本ではじめて児童虐待防止活動を開始したとされる原胤昭も、同様のアプローチで報告をおこなっている（三島［2004］）。
（2）彼女は里子として子ども時代を過ごし、後には結婚し子どもにも恵まれた。子どものうち一人には、虐待から救い出した教会のワーカーの名前がつけられた。
（3）本節の以下の部分は、三島［2006］を加筆修正したものである。
（4）本節では、「ろう文化宣言」（木村他［1995＝1996］）にならって、手話を母語とする聴覚障害者を「ろう者」と表記する。
（5）民法第一一条『心神耗弱者、聾者、唖者、盲者、及ヒ浪費者ハ準禁治産者トシテ之ニ補佐人ヲ附スルコトヲ得』という条項が「心神耗弱者及ヒ浪費者ハ準禁治産者トシテ之ニ補佐人ヲ附スルコトヲ得」と改正、交付されたのは一九七九年、刑法第四〇条「瘖唖者ノ行為ハ之ヲ罰セス又ハ其刑ヲ減刑ス」が削除されたのは一九九五年であった（田中［1998］）。
（6）ジョン・スチュアート・ミルやルソーも、動物の教育可能性を肯定している。
（7）当初、同書は『人間の由来』（Darwin［1871＝1933］）の一章であったという。
（8）同時に精神病患者や子ども、「ヨーロッパ人とあまり接触のない人種」が動物とならんで検証された。
（9）たとえば、清野［1997］など。
（10）ヨーロッパの宗教的風土のなかで、発話は特権的な地位にあった。指文字のような方法で信者同士の意志疎通をおこなった修道院が存在したが、これは発話を神聖化するに役立ったといえる。そうした場において、発話が不在の祈りは神との断絶を意味した。
（11）近代的聾教育の始祖とされる、ド・レペの弟子の一人。シカールはある時期、「アヴェロンの野生児」として名高い、「ヴィクトール」の教育に携わった。このとき彼は、この「野生児」に言葉を授け、神の祝福を享受することの喜びを表現できるようになるのを夢見て、体罰を交えた教育を施した（鈴木［1999］）。
（12）シカールの師であるド・レペは、フランス語の語法を正確に表した手話を「方法的手話」と名付ける。一七七一年に、生徒に手話を示して、書記フランス語を書き出させるという公開実演をはじめた（松田［1977］）。
（13）現在の日本でいえば、「日本手話」。これはろう者が発達させてきた手話である。これに対し、「日本語対応手話」は日本語の文法に忠実な手話である。
（14）ポール・ロワイヤル修道院は、パリ郊外の女子修道院。同修道院を拠点としたジャンセニズムは、人間の意志の力を軽視し、腐敗した人間本性の罪深さを強調した。一七世紀以降流行し、カトリック教会によって異端とされた。
（15）伊澤修二は、視話法を普及させることができなかったとして、後日、これを悔いている。伊澤の言では、一九一一年の段階で「全国中で発音法を主として居る学校は唯一個あるやうで即北海道の小樽の盲唖学校で小林運平といふ人が発音法を主として居るだけであ」ったようだ（伊澤［1911：22-26］）。

（16）川本宇之介は、文部省から盲聾教育研究のため欧米を訪問したのち、東京聾唖学校および東京盲学校教諭で教鞭をとった。

（17）川本宇之介も宗教的な観点から発話を優位におく思考を「放任又は無教育時代」の「迷信と伝説」の時代に位置づけている（川本［1940：6-10］）。

（18）他に、（藤本［1935：322］）。

（19）「身振り抜きの話し言葉は、あなたに涙をもよおさせるだろう。情念にはその身振りがあるが、しかしまたそのアクセントを持っている。そしてわれわれを戦慄させるそのアクセント、感覚器官〔耳〕が逃れることのできないそのアクセントは感覚器官を通じて心の底までも入りこみ、われわれの意志とは無関係に、そのアクセントをひき起している心の動きをそこにもたらし、そしてわれわれが理解する内容をわれわれに感じさせるのである」（Rousseau［1781＝1970：14］）。

（20）藤本敏文は一八九三年一月一一日に大阪に生まれ、九歳の時に完全失聴となる。京都市立盲唖院聾唖尋常科・官立東京聾唖学校（現在：筑波大学附属ろう学校）師範科を卒業。一九三一年、大阪府立盲唖学校に赴任し、定年退職まで勤務する。一九二九年、日本聾唖協会を創立し、理事となる。戦後、全日本聾唖連盟の初代理事長をつとめた。

（21）進化という思考回路は口話主義に対峙する勢力にも共有されていたことは、次の藤本の言明にも表れている。「ヴントの民族心理学で、指摘して居る身振表情なるものは、凡て、野生的な、無教養な、従って国語と乖離した手真似を謂ふのであつて、所謂原始的な手真似である」（藤本［1943：20］）。

（22）同様の主張は、日本においても以前から見られた。たとえば、池野［1978］。

（23）アブラハム・リンカーン大統領の署名により、ろう者のための大学として一八六四年に「国立聾唖大学」が設立される（一九五四年に現在の大学名に改称される）。一九八八年には、大学理事会が学長選挙で手話さえできない聴者を任命したとき、「今こそろう学長を！（Deaf President Now：DPN）」と要求する学生運動が起こる。約一週間にわたる運動の結果、キング・ジョーダンが学長に選ばれた。

（24）提言の内容は以下。①国は、手話が言語であることを認め、言語習得やコミュニケーションのバリアを取り除くために（略）施策を講じ、聴覚障害者が自ら選択する言語を用いて表現する権利を保障すべきである。②教育委員会は、聾学校に手話のできる教員を積極的に採用するなどして、手話による教育が可能となるような環境を整備するとともに、普通校においても、手話を学ぶ機会を積極的に提供するよう配慮するべきである。③ろう学校は、幼稚部、小学部から手話を積極的に活用して子どもの言語能力の取得、向上を図るべきである。

日弁連の意見書には、この提言にいたる背景として、「近時ろう児・ろう者等から手話による教育を求める声が高まっている」こと、「世界的な手話の言語性の認知と障害のある人たちの権利およびアイデンティティーの確立の潮流がある」ことがあげられている。

（25）日本でも、これに似た教育が試みられた（たとえば、高島［1953］）。

（26）ナーディネリは、一九世紀において工場で働く子どもに限らず、子どもは「悲惨」なものであったことを指摘する。「工場の外にあった子どもたちもまた、家の中か、あるいはその他の市場労働で、やはり働いていた」（Nardinelli［1990＝1998：256］）と。彼は、児童労働が衰退した理由を、工場法や児童労働法が整備されたからというより、実質賃金の上昇と出生率の低下、技術発展がもたらした「子ども使用型」から「省子ども型」への転換がなされたことに求めた。

（27）なお、日本では批准が採択から五年ほど遅れた。一九九四年四月二二日に同条約を批准し、締約国となった。批准がこれほどまで遅れたのは、さまざまな力学が働いていたといわれる。

（28）安藤博は「いじめと子どもの人権」について考察するなかで、「その子にとっての最善の利益」が重視されなければならないという。そこでは被害者の諸権利の保障とならんで、「いじめ」をする側の「他者への人権侵害という未発達性の克服という成長発達権」（安藤［1995：24］）の保障が指摘されている。

（29）貧困児童の問題も大きかったが、それは主に公的扶助や、母子および寡婦の福祉の範疇とされた。

（30）自身に危険がなく他人の権利を侵さないかぎり、子どもには自由に好きなことをさせることが成長を促すと考える教育観。ルソーの『エミール』（Rousseau［1762＝1962-1964］）冒頭に記された「万物をつくる者の手をはなれるときすべてはよいものであるが、人間の手にうつるとすべてが悪くなる」の一文は象徴的である。

第四章　幸福な「科学」化の終焉

第一節　反専門職主義の嵐

新しい社会運動と福祉国家批判

第一章ではフレックスナーという人物の検証をおこない、「科学」としての社会福祉学の原型は二〇世紀初頭に確立されたことを述べた。医学の学問形態は社会福祉学の鋳型ともいうべき存在であり、それを踏襲することにより、理論上ソーシャルワーカーの「専門職化」が進むとされた。次に、そうした社会福祉学の「科学化」がどのような展開をみせたか、代表的な三つの立場を中心に検討した（第二章）。医学と同様に、社会福祉学は永遠の発展を期待されていた。少なくとも、社会福祉学の研究者たちはそう考えていた。さらに第三章では、社会福祉の実践の対象とされる人々が学問の成り立ちのなかでどのように位置づけられてきたかについて考察した。

順調な専門職化が進むようにみえたが、一九六〇年代から一九七〇年代にかけて、社会福祉学および社会福祉専門職に存命の危機が訪れた。いわゆる「反専門職主義」の台頭である。この時期、ソーシャルワーカーはクライエントを制御するものであり、社会福祉学はそうしたシステムを維持させる装置であるとして糾弾された。ソーシャルワーカーの場合、その専門性は確立されて間もない、いや確立されたかさえも定かでないのにかかわらず、である。また反専門職主義の潮流は、終章で検討する社会福祉学の「ポストモダン」論の伏線となっている。こうしたソーシャルワーカーを弾劾する反専門職主義の興隆の背景には、一九六〇年代に起こったアメリカの政治的、社会的な混乱があると一般的に考えられている。

六〇年代の貧困戦争・ベトナム北爆・福祉権運動・黒人の地位向上・女性解放運動・大学紛争などの波の中で、専門職は住民の信頼や要求に応えずして、保守的なエスタブリッシュメント（体制）に片寄っていると共に、自らの保身に汲々としていると批判され出したのであった（秋山智久［1988：92］）。

山崎道子も同様に「一九六〇年代の後半からのアメリカ社会」の状況が、ケースワークへの「激しい批判や非難」（山崎道子［1977：36］）を導いたとして、その時代背景を重視している（他にも、岡本［1985］）。

後述するように、社会福祉専門職への懐疑はそもそも他領域における専門家に対する批判が発端であった。しだいに福祉の領域に飛び火し、皮肉にも、専門職化と同様に専門職批判も外部から「移植」する形で展開された。それは「基礎科学」の形式、あるいは「学際性」をその学問的成立の根拠とした社会福祉学の宿命でもあったといえる。というのも、ソーシャルワーカーの存在を揺るがしかねない理論さえも、社会福祉学を支える土台として配備されてきたからだ。たとえば、「ケースワークの母」と呼ばれるリッチモンドの著作をみてもわかるように、社会学は社会福祉学の論拠となる社会科学の一つとみなされていた。ところが後に、社会学ではラベリング理論や社会構築主義への関心が寄せられるようになった。これらはある意味、従来のソーシャルワークの存立を揺るがす論であったといえる。しかしながら、社会学を「基礎科学」の一つとしてきた社会福祉学の伝統がある。このため社会福祉学では、自らを侵食しかねない理論をも取り込まざるをえない場面が出てくるようになった。

社会福祉専門職へ向けられた懐疑のまなざしは、まず精神病患者の処遇をめぐる施設批判・専門家批判にはじまったとされる。アーヴィン・ゴフマンは『アサイラム』のなかで、「全制的施設」に収容された人たちがアイデンティティーを剥奪され、「無力化（mortification）」されたうえで、「精神病患者」などのラベルを貼られる姿を追った。施設職員は「人びとと関わる仕事（people work）」をしながらも、彼らにとって患者は単なる「対象《オブジェクト》」であり「生産物《プロダクト》」である。施設に住む患者は「素材《マテリアル》」（＝クライエント）であり、「人びとは何ほどか無生物的対象と同一の性質を帯びる」（Goffman［1961＝1984：77-78］）と指摘された。ゴフマンの研究は後に触れる「脱施設化」の思想にも大きな影響を与えている。

またイバン・イリイチは『脱学校の社会』（Illich［1971＝1977］）や「専門家時代の幻想」（Illich［1977＝1984］）のなかで、医師や教師と並んでソーシャルワーカーを名指しで批判している。彼の経歴をたどると、批判にいたった背景を垣間みることができる。彼は一九五一年から一九五六年までニューヨークのウエストサイドにあるインカーネーション教区でカトリックの助任司祭を勤めた。当時、この教区にはプエルト・リコ系移民が多く住んでおり、母国の文化や生活様式をそのまま維持して生活していた。

そこへ、善意の白人ソーシャルワーカーたちが慈善活動をしようとするのだが、逆に反感をかった。なぜなら移民たちは「慈善の背後に、恩きせがましさ」と「軽蔑」（小澤・小澤［1977：214］）を感じたからである。イリイチはこの時、「善意からにせよ、自らの信念を他人に強制することの弊害を意識するようになった」という。反専門職主義とは、いわば受動的な「クライエント」である、規範からこぼれおちる人々からの応酬であったということができるであろう。

一方で、こうした反専門職の気運は福祉国家批判の本質と通底している。クリストファー・ピアソンは『曲がり角にきた福祉国家』のなかで、「福祉国家の危機」論以来「ニュー・ライト」や「ニュー・レフト」らが展開する「福祉国家批判」の批判をおこなう。「福祉国家批判」、つまり原題にもある「福祉国家を越える」ことへの志向は、しばしばフェミニズムや環境保護運動、反人種差別運動などの立場からも提起されるが、ピアソンはこうした潮流への理解を示しながら、次のように述べる。

二〇世紀も末のこんにち、善意に満ちた国家権力の存在を、無邪気に語ることのできるものはいない。もし、二〇世紀のもっともいまわしいふたつの専制、すなわちスターリニズムとファシズムの経験を想起するだけでは足りないというのであれば、おそらくフーコーによってもっともよく代表される、近代市民の日々の生活にたいする、常習的でこまごまとした国家の侵害の例を詳細に検討する伝統を想起すればよい（Pierson［1991＝1996：401］）。

一九九〇年代の社会政策の分野ではフーコーの著作が繙かれ、「福祉国家」批判の準拠とされることが多い（たとえば、Hillyard and Watson［1996］、Wilson［1997］）。同時にフーコーは「反省的学問理論」の論拠として、社会福祉学の領域においても引用される。ただその場合は、医学モデルにもとづく実践を志向するソーシャルワーカーを批判する文脈で用いられる。ここでソーシャルワーカーは、「微視的権力」を支える一機関とされ、福祉関係施設は半ば「パノプティコン」の様相を呈するというふうに表現される（詳しくは、終章参照）。

社会福祉の存在そのものを、人々を苦境から救う善とみるか必要以上に介入する悪とみるかという問いは、社会福祉学の成立以来たえずなされてきた。しかしながら、ケインズ主義的な福祉国家が目指されるようになってからは、一九六〇年代半ばまで社会福祉学やソーシャルワーカーの存在が根本的に疑問視されることはなかった。疑問の声があがったのは時期的に「政府が経済・社会問題に関してより大きな役割を果たすロールズ流のリベラルな社会正義の考え方に反対して、新保守主義の哲学者たちが最小限の国家という考えを主張し始めた」（Mishra［1990＝1995：1］）頃と重なるのも、偶然ではあるまい。

ソーシャルワーカー批判

上記のような社会福祉学領域内外における批判の高まりをうけて、一九六〇年代には社会福祉学の研究者が自らその建て直しを企図する論文を発表しはじめている。その発端となったのが、一九六七年の全米社会福祉会議（National Conference on Social Welfare）で報告されたスコット・ブライアの「ケースワークの現代的危機（The Current

Crisis in Social Casework）」であろう。そして同年、パールマンによって「ケースワークは死んだ（Casework is Dead）」（Perlman〔1967＝1971〕）が『ソーシャル・ケースワーク』誌に発表された。パールマンは他にも同様の論文を発表している（Perlman〔1968＝1971〕〔1970＝1971〕）。

この頃、外圧となっていたソーシャルワーカー批判に対応する研究が立て続けに世に出たが、社会福祉学の領域でなされたそれは、三つの方向へと展開されていったと考えられる。一つは、その批判を精神力動ソーシャルワーク理論への批判と読み取り、独自の「発展」を志向するもの。二つめは、外部での批判をほぼそのまま移植し、その「専門職性」の一新を企図するもの。そして三つめは、ソーシャルワークの「効果」をより高めるために厳密な調査をおこない、その専門性を高めようとするものである（終章参照）[1]。本節では、前二者について検討したい。

第一の方向は、パールマンに代表される、それまでの「精神医学の氾濫」傾向を改めようとする方向である。彼女が論文で「ケースワークは死んでいる」と断言するとき、実は「社会的な措置と予防の面、制度の改革」（Perlman〔1967＝1971：88〕）などが存在しないなら、という条件が付されている[2]。個人の内面に大きく傾いていた「振り子」は、ここで個人と社会の中間付近まで戻ることになった。この方向は第二章四節で検証したシステム－エコロジカル・ソーシャルワーク理論と調和するだろう。

一九六八年にパールマンは「ケースワークは効果を上げ得るか」（Perlman〔1968＝1971〕）という論文をまとめ、ソーシャルワーカーによる援助は無効であったという効果測定の調査結果について検証した。ヘンリー・マイヤーらの『職業訓練学校の非行少女の調査』（Meyer *et al.*〔1965〕）では、「ケースワーク処遇」をうけた少女たちとうけない少女たちとの間に、それほど違いがみられなかった結果が発表された。また『複合問題のジレンマ』（Brown (ed.)〔1968〕）では、ソーシャルワーク修士の学位をもつワーカーとそれをもたないワーカーが担当したケースの間には、違いがなかったことが明らかにされた。パールマンはこれらの調査を受け、いかなる状況、問題の種類で効果があるか明確にされなければならないとした。そのうえで、社会福祉専門職にも「社会」的な視点や行動が必要であると力説する。こうしたパールマンの主張は、以前から強調してきた「問題解決過程[3]」へと帰結していく（たとえば、

Perlman［1952］［1957］。ソーシャルワーク批判に応えた彼女の一連の著述は、結局「ソーシャルワークを巡る知識ならびに技術体系」の変革に留まるものといえ（奥田［1992：50-51］）、振り子を社会の側にもどすという技術論上での変革に制限されている（他にも、岡本［1985：79］）。

その後も、ソーシャルワーカーの有効性に関する調査はなされた。一九七二年にも『ソーシャルサービス・レビュー（The Social Service Review）』誌で特集が組まれた（Mullen *et al.*［1972］、Berleman *et al.*［1972］、Reid and Smith［1972］、Wilkinson and Ross［1972］）。これらの調査結果はすべてケースワークやその技術としての有効性を反証するものであった(4)。とはいえ、これらも精神力動ソーシャルワーク理論に基づく実践の限界を示したのであり、ソーシャルワーカーの全活動を必ずしも悲観したものとはいえない。たとえばムレンらは、家族へのソーシャルワーカーによる介入の有効性は測定できなかったと結論づけてはいるものの、「システムズ・パースペクティブに基礎をおく、異なる介入」（Mullen *et al.*［1972：321］）に解決策をみいだしている。つまり、特に社会構造が生む貧困が問題の場合、心理主義的なカウンセリングのみではなく、「社会的なるもの」をも含む、「システム‐エコロジカル理論」のような視野が必要だという主張に帰着した(5)。

第一の方向とは、以上のようにソーシャルワーカー批判を「精神医学の氾濫」への非難として捉え、ソーシャルワーク理論の「発展」を摸索するものであった。これらは、「個人」か「社会」かという古典的な対峙を踏襲したものといえる。したがって第一の方向を志向する者たちが、そのモデルをリッチモンドに求めたのは賢明な策であったように思われる。

次に「ソーシャルワーカー批判」を受けた第二の方向である、批判的精神をそのまま移植する方向について。序章で指摘したように、専門職の論理的基盤を反専門職主義に置く方法は、この学問の現在を象徴するものである。社会福祉学の仔細な部分に至るまで反専門職主義的な志向がいかに浸透していったかについては、本章第三節に譲る。先に第二の方向が示す専門職観について考察したい。

一九七一年発表の「社会福祉士法制定試案」に関する議論の際（第二章第三節）には、グリーンウッドの「専門職の属性」（Greenwood［1957］）がしばしば引用された。しかし反専門職主義の立場にある者は、グリーンウッドの論考に対して批判のまなざしを向ける。グリーンウッドは「体系的な理解」「専門職的権威」「社会的承認」「倫理綱領」「専門職的な副次分化」からなる五つの「専門職の属性」をあげ、「専門的な関係では、専門家がクライエントにとって何が善く、何が悪いかを指示するが、クライエントは選択をせず、専門的な判定に同意するだけである」（Greenwood［1957＝1972：184］）と主張した。

秋山智久はこうした「過度の専門職への依存・服従」（秋山［1988：93］）がこれまで多くの弊害を生んできたとして批判する。(6) こういった批判は、「ソーシャルワーカーは社会の医者」というような表現を成立させてきた局面とは異なるといえよう。反専門職主義は、第二章で考察したような「科学」のみを精緻化する研究活動を相対化する位相へと誘ったのである。また、フェミニストからの批判も、こうした幸福な「科学」化の終焉を促した。そこでは「賃金を含む職業上の差別等〈組織としての差別に関すること〉、女性クライエントにステレオタイプの性役割を期待する等〈ソーシャルワーカー自身が持つ性差別に関すること〉」など「職業としての社会福祉のなかの性差別」（杉本貴代栄［1993：37］）が批判の対象とされた。

こうした反専門職主義の高まりを、精神力動ソーシャルワーク理論への批判と読み替えずに受け止めた社会福祉の研究者は、新しい専門職像の模索を強いられた。そこで、反専門職の運動や活動を社会福祉学の領域に持ち込み、専門家としてのあり方を再構成するという、一見、自らの同一性を危うくするような作業をおこなっていった。

具体的には、自立生活運動（Independent Living Movement）や脱施設化運動、セルフヘルプ活動、ノーマリゼーションなどの思想が、(7) 貪欲にも吸収されていった。こうした潮流は、「科学」のみを追究してきた社会福祉学に新風を吹き込んだと解されている。さらに本論では反省的学問理論として終章で検討する、いわゆる「ポストモダン」とくくられるソーシャルワーク理論も生まれた。以下では、自立生活運動に注目し、専門職制への対抗勢力を概観する。

自立生活運動

社会福祉士養成の教科書『障害者福祉論』には、自立生活運動に関して次のような記載がある。

彼らの主張は、①障害者のニーズを最も知っているのは障害者自身である、②障害者のニーズは、多様で総合的なプログラムによって最も効果的に満たすことができる、③障害者は、その住んでいるコミュニティのなかにできるだけ統合されるべきであるというものであった（寺島［2001：64］）。

現在、「自立生活運動」は社会福祉士の国家試験を受験する学生にとって記憶しなければならない単語の一つとなった。自立生活運動という概念は現在の社会福祉学に融和しているかのような印象をうける。しかしながらもともと自立生活運動は、それが出現した当時「常識」であった社会福祉サービスのアンチテーゼとして出発した。

自立生活運動の歴史的発端は、一九六二年にアメリカのカリフォルニア大学バークレー校に入学したエド・ロバーツらのはじめた生活である。大学構内にある学生保健センターの一室での生活からはじまった活動は、一九七二年には州からの援助をうけるまでとなり、対象を学生に限らない自立生活センター（CIL：Center for Independent Living）が発足されるにいたった。次第にこの運動は、全米の大学都市に波及し世界中に広まっていく。教科書のなかでは、この動きが日本にも影響を及ぼしたと説明されることが多い(8)。

こうした自立生活運動の潮流とは、本質的に社会福祉の専門職化と永遠に平行線をたどるものであった。この運動は、「当事者たるべきは彼ら自身であることを明確にし、専門家による政策立案、サービスの提供を批判し、保護され管理される者としてではなく、消費者としてサービスを受けるべきことを主張する」（立岩［1995a：72］）からだ。

定藤丈弘は障害者の自立生活の理念について述べるなかで、次のような見解を示している。

自立理念の共通の原動力になっているのが、医療・福祉スタッフなどの専門家主導のこれまでのリハビリテーション施策が障害者の反福祉や依存性の助長につながったとする「反プロフェッショナリズム」の思想であることは指摘するまでもない（定藤［1993：19］）。

イギリスで障害者運動に寄与した当事者であるヴィク・フィンケルシュタインも、専門家や「医学的なリハビリテーション」へ懐疑の念を顕わにしている（ヒューマンケア協会「ケアマネジメント研究委員会」編［1998：48-62］）。このように批判の矛先を向けられることになったリハビリテーションだが、同時にその周辺にいる人々もターゲットとされた。須田雅之は次のように指摘する。

僕の理解では、全障研の人たちは、障害者固有の肉体をあくまでも治療とリハビリテーションの対象としている。つまり、〝障害〟を除去、改善、克服すべきものとみなしていて、健常者の肉体に一歩でも二歩でも近づけていこうという発想を持っている。障害者イコール不完全、健常者イコール完全という図式で、擬似的科学的な社会進化論のような発想で見ているんだよね（須田他［1998：119］）。

この談話のなかで問題にされている「全障研」とは、須田が「ごりごり」と表現した「発達保障論者」中心の全国障害者問題研究会を指す。須田によると機能訓練こそは、「自立志向の障害者」にとって、二重の障害となる。というのも障害者は、本来のインペアメントに加えて、専門家に支配されるという「被害」に遭うからだ。そして「専門家支配」の後遺症は、心理的なもののみならず、過度の機能訓練がもたらす身体機能的なものにまで及ぶと述べられた（須田他［1998：119］）。

「スーパーマン」を演じた俳優のクリストファー・リーブは、一九九五年の落馬事故で脊髄を損傷し、車椅子で生活するようになった。リーブは「医学の新時代に入り、脊髄障害の治療法確立も間近だ。そうなれば車いすに頼っている多くの人が立ち上がって歩くことができる」（朝日新聞一九九六年一月一三日）などと発言した。彼は治療やリハビリテーションの発達や推進に精力を傾けているといえるが、その彼に障害者からの批判が集中した(9)（長瀬［1998：205］）。リーブの姿勢は「障害を一つのかけがえのない個性として受け入れ、ありのままの自分をまるごと一気に肯定する生き方」（岡原・立岩［1995：159-160］）を選択した障害者たちの反感をかったのだ。彼らは「（障害を）置き換え可能な部品の故障と考えたりなどして、障害を『自己領域』から追放するのではなく、すべてを『私らしさ』として受け入れいとおしんでいこうとする」（岡原・立岩［1995：160］）。このように障害者運動や障害文化（disability culture）を重んじる文脈と「リハビリテーション」とは本来相容れない。

このように障害を「私らしさ」として受容することを、「障害＝個性論」と称すことがあるが（土屋貴志［1994］）、無論これに対する批判は存在する。全国障害者問題研究会の編集する雑誌『障害者問題研究』において、茂木俊彦は「障害＝個性論が否定したり拒否したりするのは、障害に関する各種専門職者による機能・形態障害、能力障害の軽減に向けた意図的・系統的な取り組みであり、それを可能にする社会制度と諸施策である」（茂木［1998：28］）として、次のように論じた。彼は「現在のdisability（activity）をあるがままに受け入れるのではなく、一方では治療、訓練、教育等の取り組みによって、他方では社会的条件の改善によって軽減すること、それは障害と障害者の存在そのものの否定ではなく」、「活動の範囲、自由度を拡大することにつながるのだという面にこそ」注目すべきであるといら。ここで茂木は、障害者を「発達する権利をもつ」主体として捉えるべきだと主張する（茂木［1998：31］）(10)。また、上田敏と大川弥生らの「障害者の現状を『解釈』するためではなく、それをよりよい方向に『変える』ためにこそある」（上田他［1998：4］）という障害論も、アンチ「障害＝個性論」の立場といえよう。

これらには「発達保障論者」が専門家として、反専門職主義に立ち向かっている姿が伺える。一方、ソーシャルワーカーはといえば実にあいまいで「障害＝個性論」を公に全否定することはついになかった。逆にそれを社会福祉学の体系に取り込み、「反省的学問理論」として再生させたのである。

ソーシャルワーカーはリハビリテーションに携わる専門職ではないが、医学モデルの処遇を専門性の柱としてきた歴史をもつという点で共通している。パラメディカルの専門職の一つとして数えられることもある。障害当事者による自立生活運動や障害者運動、またそこから生まれたとされる障害学は、そもそも伝統的な専門家の営為と対峙するものであった。

次節では反専門職主義と共鳴する脱施設化について論じる。反専門職主義と同様に、脱施設化に向けた言明や運動は専門家のあり方やその実践に大きな影響を与えた。特に、そのイデオロギーにある「よじれ」を確認したい。それは「ホスピタリズム」などの具体的な問題をめぐって交わされた議論を通じて検討される。そして第三節では、こうした風潮をうけていかにソーシャルワーク理論が再調整されていったかについて検討したい。

第二節　脱施設化運動

社会運動としての脱施設化

「脱施設化（deinstitutionalization）」という語の意味内容は、時間とともに変容し、いくつかの解釈が存在する。[11]現在では、「障害者施設の長期入所者を中心に地域生活に移行させる取り組みであり、（略）いずれの国も一九六〇年代の知的障害者施設の問題から生じており、数々の大規模な障害者施設の縮小・解体と地域生活推進のための基盤（グループホームなどの小規模住居）整備が行われた」（『社会福祉用語辞典』）などと説明される。

R・C・シーレンバーガーは米国全国公立精神遅滞者施設長会会長を経験し、脱施設化に関する著作で知られている。彼は「施設入所者は、療育の目標を達成するために、最も制約の少ない条件を享受する権利を有する」とし、次の六種の移行が望ましいとした（秋山智久［1981：42］）。

① 規制の多い生活から少ない生活へ
② 大きな施設から小さな施設へ
③ 大きな生活単位から小さな生活単位へ

④　集団生活から個人の生活へ
⑤　地域社会から隔離された生活から、地域社会の中で統合された生活へ
⑥　依存した生活から自立した生活へ

こうした脱施設化の理解は、日本における脱施設化運動の現実路線、あるいは初期北欧型ノーマリゼーション（本章第三節参照）の理念と共通する。これに対し、施設を否定しグループホームや自立生活などへと完全に移行するべきであるとする当事者からの主張も存在する。たとえば自立生活センターであるヒューマンケア協会の事務局長、中西正司も完全移行を支持する一人である。彼によると「施設の存在を前提にしたコミュニティ・ケア」は「非常に中途半端なもの」（中西［1993：52］）であるという。なぜなら、次のような施設観があるからである。

施設はどれほど改善したところで施設である。施設と保護・管理は切り離せないものであり、それは自己決定、自己選択によって生きる自立生活とは相反する原理で動くものである（中西［1993：52］）。

脱施設化の歴史は、第二次世界大戦の前に遡ることができるが、本格化するのは第二次世界大戦後である。アメリカでは世界大戦や朝鮮戦争に精神障害のために参加できなかった者や、戦争の後遺症を負った元兵士など多くの精神病患者が存在することが明らかになり、政府は彼らへの対応を重大な国家的課題と位置づけた（野嶋［1988：74］）。このような状況のなかで一九五五年、「精神病および精神衛生連合会議（Joint Commission on Mental Illness and Health）」が設置され、一九六一年に「精神衛生方策（Action for Mental Health）」と呼ばれる報告書が議会に提出された。一九六三年の第八議会ではケネディ大統領が関連演説をおこない、同年には「精神薄弱者施設および地域精神衛生センター建設法（Mental Retardation Facilities and Community Mental Health Centers Construction Act）」が成立する（野嶋［1988：74］、秋山智久［1989：151］）。これら一連の社会福祉施策が脱施設化を促したといわれる。

杉野昭博によると、初期の脱施設化運動が盛んになった要因を究明するための分析枠組みは二分されるという。すなわち、社会イデオロギーが専門職のサービス実践モデルの変革を促したとする「実践革命論」と、社会統制のコスト追究が脱施設化をもたらしたとする「財政改革論」という二つのフレームである（杉野［1994：17-19］）。まず「実践革命論」の代表として、キャスリーン・ジョーンズの分析があげられる。彼女は一九五〇年代以降のコミュニティケアの発展は、①精神医薬の登場、②病院における開放治療の実践、③精神障害法制の改正という「三つの革命」によって促されたと説明する。[12]特に精神病院の入院患者の脱施設化が、学問的野心に端を発するものであったと指摘されたことに注目したい。後に彼女は、逸脱理論やノーマライゼーション理論などの普及、さらに一九六〇年代の社会改良主義や、一九七〇年代の財政危機における反福祉国家の潮流なども大きな要因だったとしてそれに加えている。一方、「財政改革論」を展開するアンドリュー・スカルは、ジョーンズの①と②の説明要因を排除し、財政的要因のみが脱施設化を説明できると主張する。この見地は、「基本的社会保障制度の普及により施設収容の必然性が減少するとともに、人件費などの施設収容コストが相対的に上昇したため、施設外における逸脱統制が可能になるだけでなく相対的に低コストの方法になった」（杉野［1994：18］）と考えるものである。

ちなみに、イギリスでは知的障害者の「脱施設化」がコミュニティケアの萌芽をもたらしたとされている。一九一三年に制定された「精神薄弱者法（Mental Deficiency Act）」において、地方公共団体の業務としてコミュニティにおける知的障害者へのケアと業務が位置づけられた。一九二四年に設置された「精神異常・障害に関する王立委員会」では施設への隔離主義が批判され、一九三〇年に「精神科治療法（Mental Treatment Act）」が成立した。ここで問題にされたのは、救貧法時代より続くスティグマをいかに払拭するかであった（炭谷［1991：245-246］）。上記の概観により明らかなのは、施設から出るという行為には、さまざまな文脈《コンテクスト》が存在してきたという事実である。

一九七〇年代に入ると、世界規模で脱施設化の流れが広がった。杉野はその要因の一つに、一九六〇年代における「反施設主義イデオロギー」（杉野［1994：21］）の展開をあげる。この反施設主義イデオロギーは、逸脱社会学とリベラリズムという一九六〇年代の社会理論に生を享けている。ゴフマンやトーマス・シェフら多くの社会学者たちは、ハワード・ベッカーに代表されるラベリング理論を用い、精力的に精神病患者を検証していった。彼らはそれらを通して、施設化への問題提起をおこなっていく。一方、トーマス・サッツやニコラス・キトゥリーらリベラリストたちは、彼らは精神病院という存在を『精神医療』に名を借りての国家権力による個人の自由に対する統制」（杉野［1994：22］）として捉え、それからの解放が第一目標とされた。(13)

上記の自立生活や脱施設化の概念は現在、社会福祉学のすみずみまで浸透しているといえる。それは反専門家の思想に連なるものとして存在している。ところが、施設から自由になるという行為に対して、倒置された意味が付されることがある。上述した初期の脱施設化のように、施設からの解放は専門家の野望や財政の抑制とつながることもあった。こうした過去を俯瞰すると、現在声高に叫ばれる「利用者の自立を支える」「利用者の自己決定を尊重する」「施設から地域へ」などのフレーズに対しても、注意深くあらねばならない場合があることが分かる。こうした「自立」「地域」などの用語は、基礎構造改革後の法律や福祉領域の文献に躍るようになった。反専門職主義に起源をもつ「自立」と、専門職的な営為のなかに起源をもつ「自立」の両者は、具体的な問題を前にして、複雑に絡み合う。

違和感のあるこのよじれは、障害者の領域にのみ見られるわけではない。以下では児童福祉分野でなされた「ホスピタリズム研究」に焦点を当てて考察していきたい。このホスピタリズム研究という蓄積は、子どもの処遇の「脱施設化」と関連すると考えるからである。

ホスピタリズム研究にみる「脱施設」の文脈

ホスピタリズムとは、施設入所児童が示す独特の病理または症候群のことを指す。一九世紀末、施設に入所する子どもの死亡率が一〇〇％に達することもしばしばあったことを問題視し、「戦力増強」というあからさまな目標を掲げてホスピタリズムの研究は開始された。そしてこの二〇世紀初頭の西欧におけるホスピタリズム研究は、内科学から小児科学の分化独立を促したとされている（金子保［1994：193］）。この概念の発見は、福祉の対象者としての子どもの発見でもあったことを確かめておきたい。

A・J・ウォルグレンやP・E・ロスマンは、世界恐慌のあった一九三〇年代を境にして、ホスピタリズムを「オールドタイプ」と「ニュータイプ」に分けている（金子保［1994：190］）。オールドタイプ・ホスピタリズムは身体的症状を主とし、ニュータイプ・ホスピタリズムは精神的症状を主とする。日本では一九五〇年代に、ホスピタリズム研究が盛んになった。金子保はウォルグレンの分類を用いてこの時期における研究をニュータイプ・ホスピタリズムの研究であったと見なす(14)。

早くは岡山孤児院の石井十次や、家庭学校の留岡幸助もこのニュータイプ・ホスピタリズムに腐心したといわれている。当時、ホスピタリズムまたは「施設病（institutionalizm）」は、主に児童福祉施設における病理と考えられていた。一九五二年から一九五四年まで、厚生科学研究費の助成を受けた共同研究がおこなわれる。その研究成果は『ホスピタリスムス研究(15)——その予防及び治療対策への考察』にまとめられた（社会事業研究編［1954］）。同共同研究の研究責任者は、社会事業研究所所長の谷川貞夫である。この報告は、一九五六年に出された「養護施設運営要領」へと結実し、一九六四年には児童福祉施設設置最低基準が戦後初めて改正されるなど(16)、その後の施設養護の方針を方向づけた。

黒木利克によると、この共同研究はGHQ公衆衛生福祉部副部長のアーヴィン・H・マーカソンが発表した論文「児童養育上考察さるべき諸問題」の存在が大きい。この論文は、ボールビーのWHO報告（一九五一年）にはじまる論議を基礎に、「正常な家庭環境の欠陥は児童の健全な社会的、精神的、及び生理的成長を不可能にするとして、収容施設児童の人格形成について配慮すべきことを指摘」（窪田［1986：130］）したものである。マーカソンはその論文のなかでニューヨークのベルビュー病院におけるロレッタ・ベンダーの研究を紹介した。一九五〇年には堀文次や瓜巣憲三らが『社会事業』誌上でこれらを新しい養護理論として紹介し、独自の解釈をおこなっている。そして一九五〇年代半ばに、高島巖と堀文次を中心とした激しいホスピタリズム論争が起こった(17)。

ホスピタリズム研究(18)は、学際的（玉井［1954：42］）に進められ、直接児童養護施設の処遇に影響を与えたといわれている。医学や精神医学で着手されたホスピタリズム研究も社会福祉領域に取り込まれていくことになった。ここでこの論争がもたらした次の二点に留意したい。

一つめは、このホスピタリズム研究の蓄積が導いた解決策の一つとして、施設を極力回避したほうが良いとされたことがあげられる。施設内部にいた人が外部に放出される、という現象はある意味、「脱施設」といえる。子どもの「脱施設化」とは、たとえば里子に出すことを推奨したり、虐待傾向が確認されても施設に収容するよりは親元におかれたほうが適当とされたりすることである。ここでは医学的、精神医学的見地から正しいとされた対策が施設から出て家庭で生活することであった。

現在では、児童虐待を受けている子どもの場合、状況によれば施設に強制措置したほうが望ましいと考える専門家が多い。反専門職主義を支柱とする脱施設化のイデオロギーは利用者を施設の外へと解放したが、施設を出るにしても入るにしても学問的な根拠は双方に存在したということである。

戦後一〇年経った頃に日本でくりひろげられたホスピタリズム研究も、精神病院の脱施設化を試みる「公衆精神衛生」研究のように、いずれ反専門職主義と同様の主張となる具体策——脱施設化——を提示した。脱施設化の思想がいかに被収容者を管理し支配する構造からの解放を促すものであっても、こうした学問的まなざしから逃れることは難しい。現在、自立や自己決定などを尊重する価値も、医学や社会福祉学のなかに包摂されているが、それをどのように理解すればよいのだろうか？

ホスピタリズム研究のもたらした第二の意義は、この研究が「家庭」の優越性を強調するものであったことである。特に日本ではその傾向が強かった（金子龍太郎［1998：12］）。一九五〇年代のホスピタリズム論争には、ひんぱんにベンダーの「家庭生活に優るものはない」[19]が引用されているが、この論題の原文は「施設で育てられた幼児は永遠にハンディキャップを背負う（Infants Reared in Institutions Permanently Handicapped）」であった。題名がまったく異なっていることからも、意図的に家庭が強調されていたことがうかがえる。厚生科学研究費の助成を受けたホスピタリズム研究で、池田由子とともに「ホスピタリスムス症候群の研究」（谷川［1954b：2］）を担当した玉井収介は、以下のように指摘している。

施設収容児童の特徴を研究することは、他方において家庭の意義、家庭の重大さ、というものを裏から証拠だてるものであるといえよう（玉井［1954：42］）。

ここには、ノーマルな家庭の輪郭を描く姿が見られる。

こうして「ホスピタリズム」が問題化されるなか、児童福祉施設の職員は家族としての役割が期待されるようになった。そして次善の策として、「日常養護職員の住込み勤務体制」が学問的に折紙つきの体制として要求された。つまり子どもの安定した人格形成のためには、「日常生活身辺に存在する職員の恒常性という在り方が子どもの側の自己連続一貫感覚（feeling of self-continuity）にとって、何物にも増して重要な役割を演ずるであろうことは言うまでもない」（大谷［1981：312］）と目されるようになった。この頃、社会福祉学領域にもマルクス主義者が多くみられたが（そしてその多くは福祉水準と福祉労働者の雇用水準向上に向けて「闘争」を繰り返していた）、慢性的な低賃金、長時間勤務を強いかねないこれらの主張との確執はこのとき一段と激しくなった(20)。

治療としての脱施設

一九五〇年代のホスピタリズム研究では、主に心理学的・精神医学的なアプローチが試みられた。厚生科学研究費を受けた『ホスピタリスムス研究』では、フロイト全集を訳した懸田克躬が名を連ねているし、国立精神衛生研究所児童精神医学部部長の高木四郎、同研究所所員の玉井収介と池田由子が「ホスピタリスムス症候群の研究」を担当している。また下記の「研究の概要(21)」を一見しても、容易にそれは推察される（谷川［1954b：4-6］）。

「ホスピタリスムス症候の研究」

「乳児院、養護施設における児童の綜合的発達過程の研究」
「精神発達、行動観察、情意徴表検査」
「ホスピタリスムスの医学的研究」
「原爆被爆児童を中心とした施設収容児童と一般児童との比較研究」
「教護院の退院生並びに在院生におけるホスピタリスムス的症候の比較」
「ホスピタリスムスの治療予防対策の研究」
「里親の実態調査」

当時の『社会事業』（現『月刊福祉』、全国社会福祉協議会発行）誌を繰ってみても、ホスピタリズムは重大な問題として捉えられ、関連論文数も多い。そこでは、ホスピタリズムの〈原因 ― 症候 ― 対策〉について幾度となく考察された。

ホスピタリズムの発生要因に関する先行研究として、先のベンダーの論文「家庭生活に優るものはない」がしばしば用いられた。瓜巣憲三はベンダーの「所謂ブロークン・ホームに、あるいは非常に歪んだ人間関係のうちに育った子供は、片輪《ママ》の人格をつくるのである。（略）彼らこれまでの経験の損失は、決して取りかえしのつかない（瓜巣［1954：100-101］）」という主張を紹介している。堀はベンダーを引用して、「乳幼児期に特定の母親との間にアイデンティフィケーション（自他同一化の作用）を欠くと、叙上の如き特異な人格が形成」（堀［1954：34-35］）されるとして、施設児童には「欠陥」があると説明している（他にも、瓜巣［1954］、堀［1955a］、谷川［1954b：47］）。

ベンダーと並んで、マーガレット・A・リッブルもよく引用された。リッブルは「六百名の乳児に関する臨床的観察をおこなった結果、乳児の吸入経験や運動感覚などの経験を重視し、そして母の愛撫と世話が、生理的にも感情的にもその正常な人間発達のために不可欠であることを明らかに」（瓜巣［1954：100］）したと説明される（他にも、谷川［1954b：47］）。彼女の研究結果は、ベンダーの理論を補強するかのように引用された。

またフロイトの理論も、ホスピタリズムの発生過程を説明するうえで援用された。子ども期は、フロイトのいう超自我を形成する過程にあると理解される。堀文次は、この「インツロゼクション（Introjection）『取入』『移入』の心的メカニズム」（堀［1955a：16］）が、ベンダーのいうアイデンティフィケーションと並んで重要であり、「児童人格形成の真髄」とはこれらが「働き易い行動環境を作ってやること」（堀［1955a：18］）であると述べた。これらを考慮すると、「その子供が生れた親のある家庭が最も自然なまた典型的なものである」ことが自明となり、施設は「ホスピタリスムス発生の温床」となった。その他にも、「集団生活の弊害」について「集団心理学」の見地から解明しようと試みた潮谷総一郎などの研究もある（潮谷［1954：43-48］）。

次に、前出の『ホスピタリスムス研究』のなかから「ホスピタリズムの症候」としてあげられている事項をみてみよう。

①　発達の遅滞
②　神経症的傾向
③　対人関係の障害

①発達の遅滞は身体的・知能的・情緒的・社会的・自我の発達の遅れが検討の対象にされている。②神経症的傾向として「指しゃぶり、夜尿、爪かみ、そそう、夜泣き」などが例示されている。そして③対人関係の障害では、「接触の浅さ、自発性の欠如、攻撃的傾向、逃避的傾向」、学校に「適応が困難」といった点が顕著な「症候」として指摘された。

堀は「施設児童の人格的缺陥」（堀［1955a：18-19］）として、「罪悪感の稀薄さ」「非抑制（たとえば転職を繰り返すことなど）」「忍耐力（の無さ）」「不服従」をあげる。また堀は論文「施設児童とその人格」において、「報恩感の稀薄なこと」が施設児童の特異性として強調した。「窮乏のどん底にあって救われた施設であるから、その出身者達の施設や職員に対する謝恩の念は、定めし骨身に徹していることであろう」にもかかわらず、「謝恩感の薄い」のは、その施設児童がホスピタリズム的傾向をもつためと説明される（堀［1954：35］）。小野顕はこれに対して、「人権問題の観点から批判をおこなっている」（小野［1954：49］）[22]。彼は「社会事業施設に育つこどもが施設臭くなったからとて、それがあたりまえ。その臭みを（略）ホスピタリスムスと科学的？に命名し、一種の病的人格であるとするのは、コペルニクス的にあらざればドン・キホーテ的な奇抜な発想」とする。そしてホスピタリズムの症状の一つとして「謝恩感の薄い人格が形成される」をあげる「園長」（堀文次を指すと思われる）の研究を「高尚な暇つぶし」と揶揄する。

次にホスピタリズムへの対策であるが、これについては大方の意見は一致していた。

① 幼少期の児童は里子を原則とすること
② それが不可能ならば、幼少期の児童には、客観的、主体的条件を具備した家庭的環境（小舎制度）を与えること

（瓜巣［1954：106］）

『ホスピタリスムス研究』においても同様に、「ホスピタリスムスの予防と施設形態」として「里親制度の確立」と「小舎制度（Cottage System）」がその「対策」として有効であると結論づけられている。この二つの対策が学問上導き出された最善の策、つまり治療的行為として存在したのである[23]。

しかし当時の主流となった「科学」的な「ホスピタリスムス」研究に対して、異説があったことを忘れてはならない[24]。とはいえ、家庭への志向性という点は両者に共通する。これはアメリカにおいてベンダーやアンナ・フロイトらの所論が「家庭生活に優るものはなし」というような結論に直結しなかったことを考慮すると（窪田［1986：136-142］）、日本におけるこの経過の示すものは意味深い。

一九五〇年代の「ホスピタリズム研究」とは、社会福祉学において精神力動ソーシャルワーク理論が優勢であった

時代に、それらの理論を駆使して積み重ねられた学問的追究であった。ここに専門家としての科学的探求と、専門家支配を否定し、その学問をも相対化する「声なき者の声」とが、同じ結論を編み出す可能性があることが確認される。

ここで再確認しておきたいことは、ある処遇上の行為に付される意味の恣意性である。この施設から出るという行為そのものの意味付けは、アプリオリに存在するのではない。重要なのは、この行為がいかなる文脈のもとに置かれるかであって、ある時点において必ずしも一つの意味づけしかないとは限らない。専門職との関係から捉えた場合、既述のように専門家の存在意義と両立する意味づけがなされる場合もあれば、対立する意味が付される場合もある。

第三節　新たな社会福祉専門職への再調整

たとえば「ノーマリゼーション」「リハビリテーション」概念の変遷

本章の第一節では、二〇世紀初頭にフレックスナーの提示した専門職の青写真が「反専門職主義」のなかで威信を失っていく様態を描いた。第二節では、反専門職主義やそれと共鳴する脱施設化運動が提示する具体的表象は、専門的・学問的追究の延長線上に位置する場合もあることを明らかにした。本節では、反専門職主義の立場が一枚岩として存在したのではないことを認識しつつ、それが及ぼしたソーシャルワーク理論への影響について検討していきたい。それは、社会福祉学創立以来の刷新であったといえる。

「ノーマリゼーション」という単語をあげても、その意味内容は社会環境の影響をうけてきたことがわかる。ヴォルフ・ヴォルフェンスベルガーは、「北欧型ノーマリゼーション」とは「質の高い施設福祉」の延長線上に位置すると指摘している。ニルス・E・バンク－ミケルセンやベンクト・ニーリエに代表される、北欧における初期のノーマリゼーションは、施設サービスの正常化《ノーマリゼーション》（普通の人の暮らしに近づけること）を目指したものであった（秋山［1981］、中園［1982］）。そこでは、「『社会防衛的隔離型施設』から『保護福祉型施設』への移行」（杉野［1992：193］）がくわだてられ、主に施設内生活のＱＯＬの改善が目標に据えられた。それは、脱施設化や自立生活運動、あるいは反専門職運動といった思潮とは本質的に異なるものである。

このように初期の北欧型ノーマリゼーションは一定の「分離処遇（セグリゲーション）」を前提としていたが、一九七〇年代には、これが批判されるようになる。その批判は、本章の第一節で検討したアメリカを中心に起こった反専門職主義者らの唱えるソーシャルワーカー批判と連関するものであった。ノーマリゼーションの意味内容は、こうした新しい潮流をうけ、地域における在宅福祉を支える理念へと変化し、その概念は再構成されていく。そこで、脱施設化や自立生活運動、あるいは反専門職運動と交わるはずのない北欧型ノーマリゼーションは、アメリカ型のノーマリゼーションの影響下に置かれることになった。ヴォルフェンスベルガーはバンク－ミケルセンとニーリエの定義を再構成し、「可能なかぎり文化的に通常である身体的な行動や特徴を確立したり維持するために、可能なかぎり文化的に通常となっている手段を利用すること」（Wolfensberger［1972＝1982：48-50］）と定義している[25]。

他方、リハビリテーションの世界にも「反専門職主義」的な要素は浸透していった。もともとリハビリテーションとは、今世紀のはじめに萌芽し医学領域において発展してきた歴史をもち、「反専門職主義」とは相容れないものであった。こうした医学的リハビリテーションに対し、一九四七年にアメリカで「独立の専門分野として成立した」リハビリテーション医学（rehabilitation medicine）の立場は異なるとされる。上田は、リハビリテーション医学を「広義の運動障害をもつ人々のリハビリテーション（全人間的復権）のために生まれた新しい横断的な臨床医学の専門分野であり、目的において〝復権の医学〟、対象において〝障害の医学〟であり、方法において教育的・代行的であるという点で従来の治療医学といちじるしく異なる特徴をもっている」（上田［1983：110-120］）と定義している。リハビリテーション医学を唱導する上田にとって「医学的リハビリテーションとリハビリテーション医学の異同をはっきりさせること」は重要であった。

ちょうどノーマリゼーションの概念や理念が一九七〇年代に刷新されたように、リハビリテーションもこの時期に転換をとげている。「全米におけるＩＬ運動は、それまでのリハビリテーションのあり方を一変させた」（三友［1998：

表4-1　従来のリハビリテーションとCILの自立生活の枠組みとの比較

項目	従来のリハビリテーション	CIL自立生活
なにを問題とするか	身体的欠損や職業能力欠如	専門家、家族への依存
どこに問題があるのか	個人	環境、リハビリテーションのプロセス
問題の解決方法	医師、PT、OT、職業リハビリテーション・カウンセリング等の専門的指導	ピアカウンセリングによる援助、人権擁護、セルフ・ヘルプ、社会の障壁の除去等
対象者のとらえ方	クライエント（患者）	ユーザーとしての市民
推進する人	専門家	ユーザーとして本人
望ましい結果	最大限のADLの自立、収入のよい職業	独立した自立生活

10］）と。三友敬太はガベン・デジョングを引用し、従来のリハビリテーションと「自立生活センター（CIL: Center of Independent Living）」の自立生活の枠組みの比較を示した（三友［1998：10］）（表4－1）。

かくしてリハビリテーションという場において、従来医学的研究や治療の対象に過ぎなかった「クライエント」は「全人的復権」を目指す積極的な主体となった。そこでは「医学モデル」を脱し、「生活モデル」が達成されたことが強調される（三友［1998：9］）。

再調整されたソーシャルワーク理論

現在、社会福祉の理念とされている「ノーマリゼーション」は、「反専門職主義」的な圧力を受けていることがわかった。一九七〇年代のアメリカにおける自立生活運動や脱施設化運動などを受けて、「利用者」[26]の諸権利を重視する機運が高まった。では、こうした転換がもたらすソーシャルワーク理論への影響とはどんなものであったのだろうか。

本書ではこれまで、社会福祉の「科学」を追究したソーシャルワーク理論として、「精神力学ソーシャルワーク理論」「マルクス主義的ソーシャルワーク理論」「システム－エコロジカル・ソーシャルワーク理論」を中心に、その論理構造や政治・思想的背景を検討してきた。福祉の実践を「科学」化し、専門性を高めるために、こうした研鑽が積まれてきたのであるが、反専門職主義の潮流に直面するや調整を強いられた(27)。その結果、たとえば現在有効なソーシャルワーク理論はいずれも、「醫者が患者の病氣を診斷して、治療する如く」（浅賀［1948：341］）と言及されたような位相とは異なった場にある。それらはおのれに向けられた批判的言説を内面化することによって正当性を保っているという点で「反省的学問」だといえる。期をたがえず、ケアマネジメントの手法のようなプロセスが重要視されるようになった。そしてソーシャルワーカーは、利用者の主体性を尊重し、彼／彼女の自己実現を支える「協働者（co-worker）」と設定された。

システム－エコロジカル・ソーシャルワーク理論はこうした変革期に形成されたため、反専門職主義の影響をそのまま読み取ることができる。生態学からの知見を援用しはじめたのは、「パラダイム転換」（小松［1990］）を演出する必要があったからでもある。システム－エコロジカル理論を歴史的に認識するうえで、このハイフンの間に断絶をみいだす勢力と、連関をみいだす勢力とがあった（第二章・図2－4参照）。このハイフンの間に断絶をみいだす「転換派」は、「パラダイム転換」が達成されたものとみる。

転換派は、単に生態学の概念を用いて、人間関係を釈明する際のメタファーとしただけではなかった。このソーシャルワーク理論がシステム理論だけに依存することをやめて生態学の理論を取り込んだとき、「新しい社会運動」的な思考の存在を意識していた。だからこそ、彼らはこの転換を、それまでの社会福祉学のあり方を根本的に覆すものと自覚することができたのである。

エコロジー運動の額面通りの主張がなされる場合も少なくない。岡本は生態学的視点の「発端」として次のようなことを述べている（他に、太田［1992：94-99］）。

大気汚染、水質汚濁による生活環境の悪化は多くの公害病を発生させ、生活破壊をもたらした。そして、環境の悪化は人間の生命および生活をおびやかすに至り、人間と環境の連鎖つまり個体と環境の生態系（ecosystem）の危機が大きな社会問題となりはじめた。／こうした状況は当然のことながら科学技術のあり方から産業構造や社会体制の矛盾や欠陥まで、公害をめぐる多面的な追及と論議を喚起することになった。そして高度な科学を駆使した人間活動が果して人類に真の豊かさをもたらしたか否かに関する反省とりわけ科学至上主義がもたらした弊害を正面から批判の対象とするようになった（岡本［1987：6-7］）。

こうした論調のなかでは、自然環境を破壊したことに対する懺悔の心さえ明示される場合もある。エコロジー運動に通じる「科学至上主義」に抗する姿勢を示すため、ソーシャルワーク理論にエコロジカルという冠を被せたかのようにさえ思える。いずれにせよ、エコロジカル・アプローチの一つであるエコマップは、広く普及しており、地域福祉やケアマネジメントを支えるツールの一つと目されている。

生態学的視点は、「科学」志向のソーシャルワーク理論に存在するソーシャルワーカーと利用者との非対称性を打ち崩そうとし、「パートナーシップや協働の努力」（Germain and Gitterman［1987＝1992：210］）を強調する。「エコシステム」を維持するために、ワーカーはその内部で取り交わされる交互作用が円滑になされるべく、仲介者や弁護者として立ち回る。こうしたソーシャルワーカー像は、まさに介護保険施行のもとでケアマネジメントを手がける専門家と二重映しになるといえる。

さらにこの生態学的ソーシャルワーク理論は、在宅福祉の担い手としてインフォーマルな資源（家族やボランティアなど）を期待する行政の意向と合致する理論であるといえる。ジェイムス・K・ホイッタッカーは次のように生態学的視点を特徴づけた(28)。

アメリカとその他の国におけるソーシャル・サービスは、パラダイムの転換を迎えつつある。この動向には、人間発達にかんする「パーソナリスティック・パースペクティブ」から「エコロジカル・パースペクティブ」への転換、ならびに援助を必要としているクライエントへ「フォーマル」な援助のみの対応から、「インフォーマル」な援助の重要性を認識していこうとするあり方への転換が含まれている（Whittaker［1986：39］）。

こうして専門職としての業務のなかに、訓練が施されていない「素人」との協働が公式化された。ここで、専門家と非専門家との間にどのような違いがあるのか、という問題が再浮上する。ソーシャルワーカーは、これまで自らの業務に専門性を求め続けてきたのではなかったか。そして社会福祉学の歴史とは、専門家としてのソーシャルワーカーを差異化することに力を注いできたのではなかったのか。歴史を逆行する危険を覚悟しつつ、無料（最低賃金より低い報酬が支払われることもあるが）での労働力を取り込む仕組みをこの生態学的ソーシャルワーク理論のなかに盛り込んだことの意味を明らかにするためには、時代背景や政治的動向へ目を向ける必要があるだろう。

社会福祉学内部の二律背反

これまで社会福祉学の一端を概観してきたが、その内部に並置されている理論や見地、思考の間にあるさまざまな葛藤や対立を見逃すことはできない。理論間の葛藤は、学際性を特質の一つとしてきた社会福祉学にとって成立以来の伝統であるといえる。一方、反省的学問理論の周辺で生じるコンフリクトも存在する。これは学際性が生む葛藤とは異なるもので、本章で考察してきた反専門職主義の潮流がもたらしたものである。

デーヴィット・ハウは、反専門職の潮流以降の対立を「客観主義－主観主義（objectivity-subjectivity）」（Howe［1987：25］）と表現した。客観主義とは実践の「科学」化、専門職化を第一とするもので、主観主義とはその呪縛から解放された、本章でみてきたようなバックラッシュともいうべきものである。社会福祉学において主観主義の登場が劇的であったのは、この学問の成立以来、客観主義的な立場から「科学」化や専門職化が試みられてきたからであった。ジョン・M・ケインズは「富のはなはだしい不平等」「労働者の失業」「合理的な事業上の期待の破綻」「効率性と生産性の減退」などの「経済悪」の「治療法」は、「個人の手の届かないところにある」（Keynes［1981：349］）として、国家介入を主張した。社会民主主義的な「コンセンサス」（田端［1988］）が得られた福祉国家体制のもと、社会福祉学を含む「知」が介入の根拠となった（Parton［1991：19-23］）。そして客観主義的な思考が（机上においては）

信仰されたのは「福祉国家の危機」と称されている時期までであった。

ところで、現在の日本の社会福祉学では、何のためらいもなく客観主義と主観主義とが共存共栄している。教科書やそれに準じる文献をみても、反発しあう理念や思想が共生する姿が伺える。これが意図的なものだとすれば、何を意味しているのだろうか。「福祉国家の危機」を経て「小さな政府」が目指され、福祉関係の予算を切り詰めることが目的なら、介入の根拠となった「知」を単に手放せばよかったのではないだろうか。しかしながら、現在のソーシャルワーク理論には介入の根拠を粉砕するような思想が挿入されている。外部から「知」に対して異議が唱えられてから は、「知に異議を唱える知」のようなものがこの学問のなかで必要視されるようになった。これはどういうことなのだろうか？

（1）日本における先駆的な取り組みとして、白澤［1983］があげられる。

（2）「ソーシャル・ケースワークに社会的視野を導入せよ」というパールマンの見解は、一九五二年以来の提唱である（山崎美貴子［1968：2］）。

（3）パールマンが「診断主義」と「機能主義」の双方の優れた部分を統合するため、提唱したもの。いわゆる「四つのP」（person, problem, place, process）を設定し、社会福祉技術論における分裂を収拾させようと試みた。

（4）まずこれらの調査方法に対して、疑問の声があがった。後に、ソーシャルワークの有効性の評価測定方法として、単一被験者実験法（single-subject design）が編み出される。こうした研鑽は、第三の方向である現在のエビデンス・ベイスト・ソーシャルワークに続くとされている。

（5）岡本民夫も同様の考察をおこなっている。ソーシャルワーカー批判について詳細な解説をおこなったあと（岡本［1985］）、「再編」の試みのなか「注目を集めている」ものとしてライフ・モデルの紹介をしている（岡本［1987］）。

（6）筑前甚七は批判という方法をとらず、「専門職的権威」に異なる意味を独自に汲み上げた。彼はグリーンウッドのいう専門職的権威を「①社会的に承認された専門的な熟練性をもつ。②利用者との自発的な合意がある。③自ずから権威として振りかざすものでないという条件をもつ。かくて、ソーシャルワーカーたる者は、自己の業務に対し自信と誇りをもっていると、自ずからこうした権威は光り輝くもの」（筑前［1992：108-109］）であるとした。

（7）厳密にいえば、「反施設主義」的なノーマリゼーションのこと。杉野は三つの立場がノーマリゼーションをめぐって混在しているとして、①「在宅福祉中心主義」②「施設福祉中心主義」③「地域福祉」をあげたが、①の「在宅福祉中心主義」に相当するものである。これは、「『反施設収容』や『統合教育』」などの障害者運動の文脈」で理解する立場であり、ノーマリゼーションは「脱施設化」や「インテグレーション」と「ほぼ同義語」になる（杉野［1992：189］）。

（8）その見解に違和感を示したものとして、立岩［1995a：70-74］。

（9）一九九七年の米国障害学会年次総会においても、リーブ批判の声があがったという（長瀬［1998：205-206］）。二〇〇四年一〇月一〇日、リーブは床ずれから血流関連の重い感染症にかかり、死去した。五二歳であった。

（10）茂木は『平成七年度版・障害者白書』に記された「障害＝個性論」は、障害者が国に福祉サービスを求めるなどの「権利性を否定するかヴェールをかぶせる役割をはたす」と述べている（茂木［1998：27］［2003］）。これは、石川准が「すっぱいブドウ」を例に危惧する問題と共通する（石川［1999］）。

（11）脱施設化という用語自体はアメリカの州立精神病院の患者の処遇をめぐって初めて用いられた。その歴史は一九三九年に州施設局長に就任した精神科医ロザノフが、精神病院の過密状態を解消させようと大規模な仮退院制度および仮退院患者に対するアフターケアが導入されたことにまで遡ることができる（杉野［1994：19-20］）。

（12）向精神薬が発達することによって、精神障害者を地域で支えていくことが可能となったと考える。これは比較的広範に流布した説である（野嶋［1988］）。

（13）S・G・ポスト編『生命倫理百科事典』（Post［2004＝2007］）の「専門家―患者関係」の項を参照されたい。

（14）金子保によると、一九五〇年代半ばごろから約一〇年間の実際は「オールドタイプ・ホスピタリズムの克服の時期」（金子保［1994：190-191］）であった。

（15）ホスピタリズムの意味。この頃ドイツの影響が強く、ドイツ語のホスピタリスムス（hospitalismus）が一般的に使用されていた。

（16）改正後、乳児院における乳児の人数一名に対し、保育士の人数は三名から二・五名へ変更された。その後、一九七〇年には乳児一名に対し二名、一九七六年には一名に対し一・七名に改善されている。

（17）その発端は、施設寮母の呼称をめぐる意見の相違であった（堀［1955b］［1955c］［1955d］）。

（18）一九五〇年代のホスピタリズム研究の主流はフロイト派精神分析の学説に拠っていた（池田［1954：650］）。この研究の起源は、一九世紀後半の児童収容施設に溯る。当時の施設の高い死亡率を最初に問題にしたのは小児科医であった（小田［1974：67］）。

（19）当時厚生省に所属していた浅賀ふさによって訳されたが、厚生省にも国会図書館にも保管されておらず、今のところ未確認資料。

（20）社会福祉従事者の労働条件に関する問題は古くから指摘されてきたが、一九五〇年代に精神力動ソーシャルワーク理論と、マルクス主義と共鳴する労働者の権利を擁護する立場との葛藤は多くみられた（養護技術誌上討論［1959］、後藤［1959a］［1959b］）。後藤は精神医学・心理学的命題により保母が施設児の母親的役割を期待される場合、労働者としての権利が守られない危険性を危惧しながら、当時の現状を次のように述べている。「施設長が、自分の経営する施設の保母には『お母さんには休みはないのだ。施設の保母は母親の役を果たしている。だから、二十四時間勤務で、休日のないのも当然だ。私は他の人達にそう話して廻っているのに何事だ』と週休を願い出た保母の願いを蹴ったという施設長の話も聞いている」（後藤［1959a］）。同様の理由で給与さえ支払われないこともあったという（養護技術誌上討論［1959：54-56］）。

（21）ここではテーマごとにチームを組んで研究が進められた。

（22）「心配なのは、施設の子に社会にたいする報恩感謝の念を期待し強要するかのような考えが、園長の立場で肯定されていることで、人権問題のかげろうが燃えている。親の恩、世間の恩を否定するつもりはないが、今の世に、わが子に恩がえしを期待する親はないはず。その親にかわって社会が育てる施設の子にたいして、措置費アリガトウ、赤い羽根アリガトウ、と感謝を強要する園長があるとしたら、なんと前時代的なことか！」と、小野は「何が病的か」と題されたコラムに載せている（小野［1954：49］）。

（23）スカルが脱施設化運動が盛んになった要因について財政面から考慮したように、児童養護施設設置基準が改善された要因を当時の政治・経済的な環境に求めることもできるだろう。

（24）たとえば、高島巖［1954］、小野［1954］、本間［1955］、水芦［1955］。それらの経緯については、窪田［1986］、野澤［1996］。

（25）ヴォルフェンスベルガーのノーマリゼーション概念の限界については、横須賀［1996］。

（26）この頃、「クライエント」からの言い換えが進んだ。「利用者」はuserの訳。本書では基本的にこの語を用いている。

（27）第二章でも述べたように、マルクス主義者は社会福祉学領域におけるそれといえども、社会福祉の「専門家」を成立せしめる社会体制を糾弾したわけであるから、多少それからずれるであろう。

（28）訳は、小松［1990：187］を参照した。

第五章　専門家による介入——暴力をめぐる配慮

第一節　ソーシャルワーク理論と政治

交錯する主体の概念(1)

社会福祉関係の文献を繙くと、「主体」という語が散見される。この語の指す意味は利用者に限らず、利用者を取り巻く人々やソーシャルワーカーを含むこともある。この主体というシンプルな単語に、社会福祉関係者は多様な意味を封じ、議論をおこなってきた。

ソーシャルワークにおいて主体の概念が錯綜している要因は何だろうか。第一に、一般的な用法として多様性があること（三島［2002］）、第二に、さまざまなソーシャルワーク理論がそれぞれに設定した主体には多岐にわたる意味が付されてきたことが考えられる。

後者の原因について考えたい。思えば、ソーシャルワーカーが独自の知の体系を模索しはじめたのは、医師を規範とする専門職像に適合させることによって専門職化を推進しようという動機が存在したからであった。じらい、一世紀以上の月日を経て、多くのソーシャルワーク理論が蓄積されてきた。それらは様々な学問領域や文脈から移植されたものであり、あるソーシャルワーク理論のなかで設定されている主体には、他のソーシャルワーク理論で設定されている主体とは没交渉の関係にあるものさえある。

加えて日本では、独自の理論が展開された。一九七一年に三浦文夫は、「社会福祉の『主体』」という論文のなかで、「社会福祉の『主体』というのは、あまりむずかしく考えないでほしい」（三浦［1971：46］）と述べたが、このようなため息に似た訴えがなされたのも、この時期の論争を反映しているといえる。三浦はその状況を「社会福祉の『主体』をめぐる問題は、一方では『政策主体』としての現代国家の性格・役割の検討という形に流れ、他方では『実践主体』としてのソーシャルワーカーの資質・態度、パーソナリティなどの論議に偏し」（三浦［1971：47］）たと指摘する。

たとえば、孝橋正一は『全訂　社会事業の基本問題』のなかで、「社会政策の主体がひとり国家だけであるのに対し、社会事業のそれは公・私（国家、地方公共団体、私的団体および個人）が並び立ち、それらのものがそれぞれ独自の立場をとりながらたがいに関連しあって主体の地位についている」と述べている（孝橋［1962：156］）。しかしながら、孝橋の議論の大半は社会福祉の「政策主体」、つまり「資本制国家」に関して展開され、その国家の性質や機能の変遷に焦点が絞られた。それに対し、竹内愛二は『専門社会事業研究』のなかで「社会事業者」を「実践主体」としたうえで、それに必要な動機や資質、パーソナリティなどに関して論じている（竹内［1959］）。ここでは孝橋が主題に据えた「政策主体」について、ほとんど言及されることはなかった。

岡村重夫はこうした対峙を意識しつつ、社会関係を「主体的側面」と「客体的側面」でとらえ、社会福祉の固有性を「社会関係の客体的側面に規定されて専門分化された生活関連施策の視野からぬけおちていた社会関係の主体的側面の問題に着目」（岡村［1983：95］）することとする。そして「社会関係の主体的側面」の一つとして「主体性の原理」をあげる。これは、「個人は多数の社会制度に規定されながらも、これらの多数の社会関係を統合し、矛盾のないものとしながら、社会制度の中から自分に都合のよいものを選択したり、時にはこれを変革するように働きかけて、社会人としての役割を実行する。そしてそのことによって、自分の生活を維持してゆく責任主体としての存在意義を示す」（岡村［1983：99］）原理である。個人を「生活主体者の権利主張の根拠となるだけではなく、同時に生活主体者が社会人としての責任主体者」とし、その個人は「生活上の困難を自主的に解決」しようと努めなくてはならない。ここで岡村が想定した主体とは、①権利主体であると同時に、②サミュエル・スマイルズ的な自助をおこなう主体であった。

右田紀久恵は岡村によって示された「生活主体認識」に加え、「基本的単位としての主体の認識」を「権利主体認識」と「生存主体認識」の三本柱でとらえている（右田［1973：5-7］）。最後の「生存主体認識」とは、「資本主義社会に生存する主体者を、（1）労働者階級として認識し、（2）生活問題の階層性として把握し、（3）疎外状況として認識するということ」である。

地域福祉の領域において主体という語は頻繁に用いられる。右田は「地域福祉は真の住民の主体化にかかわる」とし、「政治的禁欲＝科学の中立性・階級的視点の排除という伝統的な技術論の原理を、主体認識のもとにいかに打破しうるのか」（右田［1973：10］）という問題関心をもっていた。「政治的禁欲＝科学の中立性・階級的視点の排除」の打破のため、用意されたのがこの主体という概念であった。いつの頃からか、このようにマルクス主義的な語をもって高らかに論じられることはなくなったが、現在でも能動的に変化をもたらす主体という位置づけは変わらない。こうした構図は現在も存在するといっていいだろう。ここでソーシャルワーカーは、「地域福祉の主体形成」をうながす専門職とされる。

総じて以上の議論において、主体とは能動的であることが与件とされ、主体（つまり「社会福祉に関わる人や集団」）と主体性（つまり「積極性、自律性」）とが連結していたといえる。現在、反省的学問理論が他より優位なX理論と目されることもあるが[(2)]、そこでしばしば論拠とされるフーコーは subject には隷属的な側面があることを指摘している[(3)]。主体が実は被支配的であるという、奇をてらった風にも思えるこの指摘は、この語がラテン語の「下（sub）に投げ（jacere）られた（もの）」の意から派生したことを考慮すると故無しとしない。もともと subject には「特定の感情・行動などの原因・対象、被実験者、被験者、実験材料、被術者、素質者、患者」の意味もあった。

ソーシャルワーク理論に見られる複数の主体

第二章でその一部をみたように、ソーシャルワーク理論にはさまざまなものがあった。今や、どの理論が正しくどの理論が劣っているかという判断はいったん宙吊りにされ、その多くは知識として身につけるべきとされている。こうした時代、ソーシャルワーカー批判を知らない時代の心理学的手法を用いたソーシャルワーク理論はもちろん、専門職の存在すら否定しかねない理論も、ソーシャルワーカーが論拠とする基盤として必要とされる。そして理論の数だけ、主体が存在することとなった。

初期の精神力動ソーシャルワーク理論であるフロイト的分析において、主体はイド・エゴ・スーパーエゴという構造をもち無意識に突き動かされると解釈される（第二章二節）。この理論がソーシャルワークの主たる論理的基盤とされていた頃、ソーシャルワーカーは精神科医や精神分析家と家族との間の「仲介者」（Donzelot［1977＝1991：197-198］）の役割を担っていたといえる。この理論の解釈が提示する主体に関しては、これまで多くの議論がされており、屋上屋を架す必要はないだろう。

またマルクス主義的ソーシャルワーク理論では、一般的なマルクス主義と同様、「革命」が口にされたが、それは社会福祉学領域に留まるかぎり、矛盾的立場から逃れることができない運命にあった（第二章三節参照）。そこでは上記のように「階級的排除」などに抗するための主体化が論じられるが、権利を保持する主体も強調された。したがって、ソーシャルワーカーの教育の際に「たたかいの武器として」、「経済学とともにぜひ必要」とされたのは、「民主的権利の学習」（浦辺［1973：12］）であった。

さらにシステム－エコロジカル理論にいたっては、「リッチモンドの再発見」を促したといわれるように、学際的な性質をもつため複数の主体が並立している。もちろん、これ以外にも多くのソーシャルワーク理論が存在し、それぞれ独自の言葉で解釈された「主体」を発見することができる。これは学際的研究を本質とする社会福祉学の必然ともいえよう。

ここに一つの疑問が生じる。ソーシャルワーク理論がn個あるとする。そうすれば、それぞれの理論が設定する主体もn個あり、正しい処遇のあり方も同様にn個あるのだろうか？

再び子どもの問題で考えてみたい。児童虐待問題が生じると、その子どもの生命や諸権利を守るために保護がおこなわれるが、この保護するという行為は直接家族のプライベートな区域を侵害することでもある。ここにディレンマが生じることになった。安全重視か、それとも自由重視か、つまり介入かプライバシーの尊重かという、二つの態度である。ソーシャルワーカーは両者を支持する考え方を同時にもっているようだ。イギリスの戦後児童保護の経緯を追う前に、この対立についてもう少し詳しくみてみよう。

楽観主義と悲観主義

ロバート・ディングウォールは、児童虐待が疑われるケースに対する態度には「楽観主義的態度」と「悲観主義的態度」の二つがあると指摘した（Dingwall［1989＝1993：150-163］）。楽観主義的態度とは「疑わしきは罰さず」の方針で、児童虐待の有無がはっきりしない場合は親にスティグマを与えないよう配慮することに重点を置く態度である。たとえば家庭教育に「体罰」を用いる慣習があるマイノリティの家族の場合、一定の範囲内であればその行為を虐待とはみなさない「文化的相対主義」も含まれる。これに対し、悲観主義的態度とは「疑わしきを罰す」立場である。つまり悲観主義的態度において、疑わしいケースの場合の正しい処遇はn個ではなく二つに大別される。

日本では児童虐待への関心は一九九〇年代に急速に高まった(4)。「忽然と顕れた」児童虐待問題。なぜそういった非道な事態が起こるのか、さまざまな解釈がなされた。たとえば、「米国の後を追うように、日本でも父子相姦がじわじわと増えている」(5)とされた場合、「米国」のように都市化、核家族化、家族形態の多様化などが進展し、そこで生じる社会の歪みが児童虐待の増加を招いているという解釈がなされた。また「家族イデオロギー」による抑圧が緩み、しだいに「マザリング（母親業）という苦行」が語られるようになったため、児童虐待問題が明るみに出たとする者もいた（斎藤学［1994：18-23］）。

いずれにせよ、一九九〇年代から盛んになった論考の多くは児童虐待を発見・阻止・予防することが問題関心であり、児童虐待に関する緊張感に富んだ報告がなされた。ディングウォールにならい、これを「悲観」的な報告としよう。

こうした悲観主義的態度を示す者たちは、親の自由よりも子どもの権利を優先させることを使命とする。彼らは、一九八〇年代後半から出現した英米でとられる慎重さを伴う児童虐待への態度に物足りなさを感じるだろう。親の自由や権利を尊重するがゆえの慎重さ。たとえば、イギリス王立出版局から出版された『児童虐待に対するソーシャルワーカーの手引』には次のような慎重な表記がある。(6)

ひどい虐待行為に関しては誰しもそれを認めるが、典型的でない場合には、見解が分かれ、適切な躾とある種の虐待との境界は不明瞭である。それゆえ、何をもって虐待とするのかという判断はある場合には、程度、意見、価値観の問題である（Department of Health［1988＝1992：9］）。

これと同様の慎重さは、一九八九年に開催された第四一回世界医師総会で修正された「児童虐待と放置に関する声明」にも伺うことができる（大阪府児童虐待対策検討会議［1990］）。ビル・ジョーダンは虐待の報告件数が急増する理由として、「住民の意識の変化」（Jordan［1984＝1992：25］）をあげる。彼は児童を虐待する行為は昔からあるものの、報告件数に増減が見られるのは意識の変化に起因すると指摘する。ここで再びディングウォールにならうと、この慎重な面持ちの彼らを「楽観主義」者と呼べるだろう。

この両者の対峙は、何を意味しているのだろうか？　もちろん、個人の経験から、この両者の立場にいたった理由をあげるのは造作ない。たとえば児童虐待関連の報道を頻繁に目にする人々が憤りを感じ、世論が「悲観主義」に傾くことがあるだろう。これに対し、子どもが入浴する姿をみただけで「性的虐待」のレッテルを貼られたり、信じて疑わなかった伝統的なしつけを「身体的虐待」と通報されて子どもを連れ去られてしまったり、日々ソーシャルワーカーなどの監視を受けることになってしまったりした者が、「楽観主義」者になったのかもしれない。

理論の多様性と政治

児童虐待に関する論争に目を転じると、ソーシャルワーク理論の間の対立は明らかである。悲観主義と楽観主義の対峙は、たとえば児童虐待を病理モデルでとらえる医学的言説と、社会構築主義者の主張との不整合として表出するだろう。またフェミニスト的観点と心理学的観点との対立としても表れる。社会福祉学の領域に浮遊する理論は、それぞれに領域外で編み出された過去をもつ。これらの間の齟齬は、妥協点をみいだすことなく漂っているかのようだ。ウェーバーではないが、「神々の争い」の様相を呈しているのである。

とはいえ、福祉の領域で絡み合うこの複数のディシプリンは、公認のものである。たとえば、児童福祉法第十五条第二項「児童相談所の業務」二には、次のような規定がある。

児童及びその家庭につき、必要な調査並びに医学的、心理学的、教育学的、社会学的及び精神保健上の判定を行うこと。

このような社会福祉の領域における「学際性」がもたらすコンフリクトは、普段は表面化されない。それは、社会福祉学が知の拘束力のようなものからある意味自由であるからだろう。現在の〈自由な社会福祉学〉が意味するものとは、効果やパフォーマンスを重視する姿勢や政治の力強さであるといえるのかもしれない。社会福祉学の領域でくりひろげられる、さまざまな知の自由な競合。これらは最終的に、政治という磁場に引き寄せられているのではないだろうか。

ここで政治性といった場合、さまざまな力やその方向を含んでいる。それは社会保障関係費の増減を調整する力の場合もあるし、家庭の監視または放任に向かわせる力になる場合もある。もっとも社会福祉学において、諸権利を主張してなんらかの保障を求めたり、法律などの改正を求めたりする「政治的な活動」は、「社会活動法（ソーシャルアクション）」としてソーシャルワーカーの専門的な技術・業務の一つとして重視されてきた。しかし、ここでいうソー

図5-1　政治的立場とソーシャルワーク理論の関係

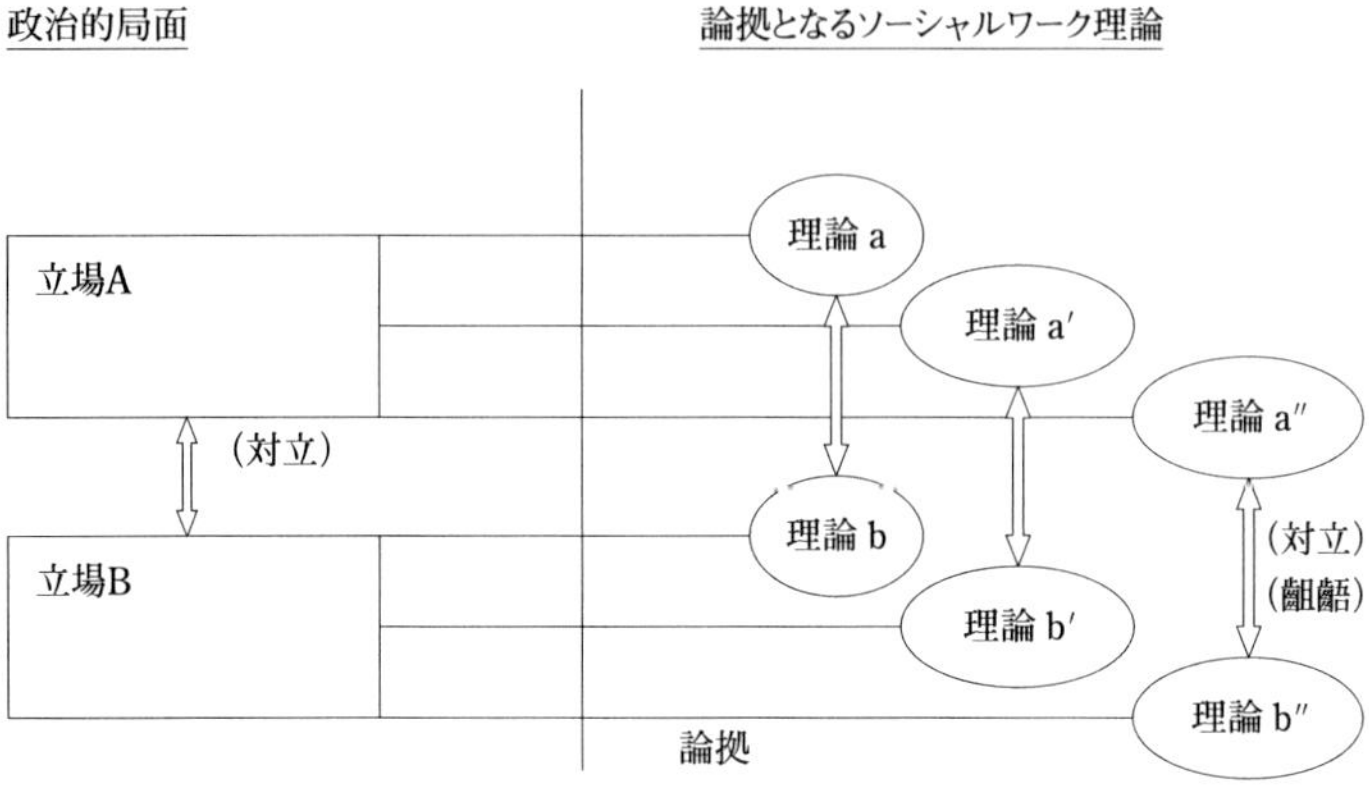

シャルワーク理論の政治性とは、もっとおだやかで知的な様相をしている。

社会福祉学領域でゆるされた理論の多様性は、図5－1に示すように政治性と直結している。システム－エコロジカル理論およびジェネラリスト・アプローチが重視される現在、ソーシャルワーク理論は自由に選択できる。同時に反省的学問理論は、それらのソーシャルワーク理論を相対化している。そうしたなか選ばれるソーシャルワーク理論とは、ある政治的立場に規定されるものではないだろうか。

図5－1における政治的立場Aには、それを支える理論（a・a′・a″…）がある。立場Aとは異なる立場B（ときにAと対立する）にも同様にそれを支える理論（b・b′・b″…）がある。そして理論aと理論bは共通言語をもたないか、反発しあう。たとえば立場A・Bに楽観主義と悲観主義を当てはめると、aにアンナ・フロイトらの精神分析、a′に母子の接触を最重要視する理論、またbにケンプらの功績などと考えられる。AとBが対立しAはaにBはbに基づいて議論したところで、異なる言語体系や世界観をもつため対話は成り立たない。こうしたさまざまな理論に配置される主体は、またさまざまであり、（a・a′・a″…）と（b・b′・b″…）で議論を戦わせたとしても、それはお互い自己完結した独り言の応酬であるにすぎないといえる。

以下では、イギリスにおける児童虐待への処遇を通じて、福祉の利用者（対象者）である子どもという主体がどのように扱われてきたか考察する。イギリスにおいて、福祉サービスの供給機関やソーシャルワーカーの教育体制の整備、あるいはその学問の体系化などへと向かわせる一つのきっかけとなったのが、児童虐待事件であった。以下では児童虐待問題を取り扱う理論の変遷を、世界大戦後のイギリスの児童福祉政策の動向に合わせて概観していく。

第二節　理論と政治の連動——イギリスにおける児童福祉の展開・1

救貧法からの脱皮と一九四八年児童法

第二次世界大戦中に公刊されたベヴァリッジ報告（一九四二年）では、「五巨人（five giants：貧困・疾病・無知・不潔・怠惰）」に打ち勝つことが目標とされ、戦後の「福祉国家への道」を切り拓いたといわれている。このベヴァリッジ報告によって救貧法的な慣習の解体が進み、権利を中心にすえた福祉国家への道が目指されることとなった。パーソナル・ソーシャル・サービスは福祉国家を支える柱の一つと位置づけられたが、これに人々の関心がもっとも集中したのは子どもの虐待死事件が起こった時であった（Jordan［1984＝1992：67］）。

マイラ・カーティスを委員長とする公式調査委員会は、一九四六年九月に児童のケアに関する公式調査委員会報告（通称カーティス報告、The Report of the Committee on the Care of Children）をまとめた。これは一九四八年の児童法制定の直接的な契機となったといわれている。同法は、一九四六年国民保健サービス法（National Health Service Act）や一九四八年国民扶助法（National Assistance Act）などとともに戦後のイギリス福祉国家の一翼を担うものとして評価されている。そしてこの報告に大きな影響を与えたといわれているのが、デニス・オニールの虐待致死事件である。(7)

デニス・オニール事件の概略は以下である。両親の育児放棄を理由に、デニス・オニール（当時八歳）は弟二人と共にニューポートの少年裁判所の判断により教育局の保護に委ねられた。デニスは複数の里親の元を転々としたあと、一九四五年一月九日にシュロップシャーに住む里親の虐待によって殺される。死因は放置による栄養失調に加え、前胸部と背中に加えられた暴力による急性心不全と診断された。享年一三歳。ウォルター・モンクトン卿の公式調査報告（一九四五年五月八日）では、この事件はニューポートの職員による指導監督の過失によるものであり、自治体間の連携不足による人災とされた。

カーティス委員会は、要保護児童を保護する施設と里親家庭を訪問調査し、新しい児童保護サービスのあり方の模索が試みられた。そこでは救貧法の名残をいかに払拭するかが焦点とされた。それまで救済の対象となる子どもは救貧法制度の下のさまざまな法律によって規定されており、たとえば「救済の必要な貧困者（poor persons in need of relief）」（Hendrick［1994：214］）として処遇されていた。カーティス報告の前では、現在承認されているような子どもの特殊なニーズは存在しなかったといえる。そしてカーティス報告の勧告を受けて一九四八年児童法が成立し、保護される子どもの権利（P）が一応の完成をみたのであった。

子どもへ向けられる学問的まなざし

一九四六年のカーティス報告では、「ノーマルな家庭生活を剥奪された児童（children deprived of a normal home life）」が救済の対象とされたが、これは当時、画期的なことであった。このとき保護が必要とされるようになった「剥奪児童」とは、さまざまな事情により父母や親族とのノーマルな生活が送れない子どもを指している。杉野昭博は、カーティス報告における「剥奪児童」は、①それまで救貧法のもとでさまざまな法律によって規定されてきた、残余的な救済の対象となる子ども、②肉親と暮らしていない子ども、③死という絶対的剥奪の危機に瀕している子どもを指すと指摘している（杉野［1991：67-69］）。

同報告は、タイプ②の子どもには愛情や変化が欠如していると指摘し、福祉の対象とした点で重要である。また収容施設におけるケアよりも里親委託が優先され、大規模施設に代わって小規模なファミリー・グループ制度が推奨された。行政機構に関しては、要保護児童に関する公的な責任は一元化されることが望ましいとされた。これを受けて一九四八年児童法では、地方当局に児童委員会（Children's Committee）が新たに設けられ、実務を担当する児童局（Children's Department）、責任者として児童部長（children's officer）が置かれた。中央レベルでは、内務省（Home

Office）が責任官庁となり、地方自治体を監督・助言・指示する情報センターとしての役割が期待された。

イギリスでは一九二〇年代頃から小児科が発展しはじめ、カーティス委員会設置の頃までには子どもを身体的・精神的に分析する学問がある程度整備されていた（Hendrick［1994：258-259］）。上記の法整備や勧告も、ジョン・ボールビーやアンナ・フロイトらの心理学的見解に基づいて作成されたものである（Hendrick［1994：220-222］）。学問的な下支えがあるなか「肉親と暮らしていない子ども」が福祉の対象となり、特別なニーズをもつ者として認識されるにいたった。

このようにフロイト的精神分析を土台として福祉改革を推し進めるということは、それまでの救貧法的処遇と一線を画すことでもあった（Kammerer［1962：17-21］）。ソーシャルワーカーが福祉国家体制の一翼を担うようになった時、専門性を支える実践の論拠とされたのは精神力動ソーシャルワーク理論であった。まさにこの時、社会福祉学という学問がイギリスにおいて本格的に始動した。ただし後に批判されたように、このソーシャルワーク理論は子どもにとって最善なのは例外なく家庭における養育であると断定し、ジェンダーを強調（制）するという側面もあった。

カーティス報告のなかでは「ソーシャルワーカー」という言葉が一度も使われることはなかったものの、既存の人材の質の悪さや研修の不備に警鐘を鳴らしつつ、施設職員や里親委託訪問員の研修の強化が説かれた。そして新たな訓練過程と、それを監督する中央児童ケア研修協議会（Central Training Council in Child Care，一九四七年に実現）の設置が提唱され、大卒のための新しい訓練課程も提案されている。このようにカーティス報告は、その後のソーシャルワーカー養成や専門性の確立に向けた重要な提言をおこなったといえる。しかしながらヤングハズバンドが一九五〇年までの教育研修のあり方を「混沌期」と分類するように（津崎［2003：170-171］）、ロンドン・スクール・オブ・エコノミクス（LSE）にカーネギー・コース（一九五四—一九五八年）が設けられるまでは、専門職養成課程と呼ぶにふさわしいものではなかった（津崎［2003：173-183］）。(8)

「予防」的介入の進展

一九五〇年代から一九六〇年代にかけて、専門家養成のための研修体制が制度化され、専門職団体の統合が進行し、地方自治体レベルでもパーソナル・ソーシャル・サービスの供給組織の統合が促進された。こうした統合化は、一九六五年の労働党政府による白書「児童、家族、青少年犯罪者」や、一九六八年の「シーボーム報告（Seebohm Committee：Report of the Committee on Local Government and Allied Personal Services）」で頂点に達する。これらの報告では、健全な家族機能の促進と少年非行の防止が目標とされ、地域に根差す家族を中心としたサービスの提供が強調された。そしてこれらは、一九七〇年地方当局社会サービス法（Local Authority Social Services Act）により実現された。

シーボーム報告に基づいたいわゆる「シーボーム改革」は、一九七〇年代に本格化する。このシーボーム改革と児童少年法（一九六九年）によって、「児童虐待防止ソーシャルワーク」が成立したという指摘もある（田邉［2006：91］）。この時、児童部と福祉部が統合され、教育・保健・住宅各部局の一部の機能を合わせた社会サービス局（SSD：Social services department）が設置されることとなった。「コミュニティに根差し、かつ家庭に焦点を当てたすべての人に利用可能なサービスを提供する新たな地方自治体部局の設置」を勧告したシーボーム報告に準じたパーソナル・ソーシャル・サービスの提供がなされていく。この改革は、サービスのあり方により普遍性を求めたリチャード・ティトマスの影響を受けていた（津崎［2003：104-109］）。こうした局面において、カーティス報告や一九四八年児童法に沿った方針は、家庭にいる子どもの問題や家庭崩壊を予防する効果は期待されないと認識された。この時期、社会福祉学の存在意義も最高潮に達し、福祉国家の基盤を固める役割を担った（Parton［1991：12］［1994a：16］）。

心理主義的パラダイムのなか、「危険にさらされている子ども」と「非行に走る危険な子ども」の問題をめぐり、予防を目的とする家族福祉サービスの確立が企図された。少年裁判所とその関連諸サービスと家庭における虐待問題を再検討するために、一九五六年にイングルビー委員会が任命された。「危険な子ども」に注目が集まったのは、戦後混乱期の浮浪児が成人すると少年犯罪は逓減するであろうという予測されていたにもかかわらず、一九五四年を境にその数が急増したことが背景にあった（津崎［2003：98］）。この委員会の報告書（Ingleby Report［1960］）では、非行および放任問題は家族のありかたに原因があるとされ、予防的介入の重要性が再確認された[9]。一九六〇年代初頭において、非行の予防が最大の焦点であった。

イングルビー報告による勧告を受け、一九六三年に児童青少年法（Children and Young Persons Act）が成立し、家族への予防的介入に対する法的根拠が確立された。ここでソーシャルワーカーは予防を視野に入れ、心理学を基礎理論としてその権限を行使していったのである。そしてこの法律こそが、児童虐待の「予防的な業務」を実施するために児童局に大きな権限を与えた法律でもあった（Younghasband［1978b＝1986：262］）。福祉国家への道へと突き進むなか、社会の進歩は国家の機関や専門家の介入を通して達成されるとみなされ、それに割かれる国家予算は増加の一途を辿っていった（Parton［1994a：21］）。

戦中・戦後の混乱が生み出した浮浪児が成人するとともに少年犯罪は逓減するであろうという予測に反して、非行少年の数が「増加」したことは、精神分析学の敗北とみなされかねない。混乱期の悲惨な体験が子どもの心理に悪影響を与え、さまざまな問題行動として表出するという考え方は、当時の心理学や精神医学、そして社会福祉学において一般的であった（たとえば、Bender［1968＝1968］）。

それにもかかわらず非行少年の数は「増加」したため、研究者たちはこうした事態を解釈する新たな原因を準備しなくてはならなくなった。そこで問題視されたのが、「家庭の崩壊」現象である。少年の非行をくい止めるためには「家庭の崩壊」を防ぐべく家庭への介入が必要であると主張されるようになった。法案が審議される場面において、「児童期のニード不充足と少年非行の関連性はあたかも公理のように考えられていた」（津崎［1980：97］）ことは、精神力動ソーシャルワーク理論と制度との連動を確認する上で重要である。

この「公理」は、児童を対象にした精神分析学が成立した頃[10]、つまりフロイトの精神分析を児童へと応用した時点からの系譜を持つ[11]。アンナ・フロイトと並んでその代表的な研究者であるボールビーは、世界保健機構（WHO）の要請により、愛情喪失について考察した『乳幼児の精神衛生』（Bowlby［1951＝1967］）を著した。同書は「母性的養育の喪失」と「少年非行」の連関性を示し、政策へも大きな影響を与えた。ここでノーマルな生活を送ることができなかった子どもは、「ジフテリアや腸チフスの患者が社会にとって危険な存在である」ように、「社会的病毒の源泉」と目されることとなった。さまざまな社会政策が必然とされたのは、この「社会的病毒」を「予防」するためであった。「正常な家庭生活を奪われた子どもたちの適切な保護は、単に人道的な問題だけでなく、地域の福祉にとって非常に重大な問題」であったのだ（Bowlby［1951＝1967：155］）。当時、ボールビーは「どの国もいまだこの問題を真剣に考えていない」と嘆いたが、しだいにこの思考は世界中へ広まっていった。

一九六九年に児童青少年法が改正された。この時の理論的基盤は心理主義的であり、社会福祉が対象とする二人の子ども——被虐待児童と非行少年——は、同じ「病」的な家庭にいる子どもと想定された。被虐待児童と非行少年は共に「社会的欠損家族（socially deprived family）」に属し、彼らのもつニーズは共通している。こうした見解は、政治的な局面においても所与のものとされた（津崎［1980：96］）[12]。

こうした法整備に平行して、ソーシャルワーカーを養成するための制度や協会のさらなる改革が進んだ。一九七〇年には、専門職団体が統合され、英国ソーシャルワーカー協会（BASW：British Association of Social Work）が設立されている[13]。一九七一年には、イギリスのソーシャルワーク専門職教育研修を統括する機関である中央ソーシャルワーク教育研修協議会（CCETSW《セツワ》：Central Council for Education and Training in Social Work）が設置された[14]。これはジェネリックな専門職資格であるソーシャルワーク資格認定証（CQSW：The Certificate of Qualification in Social Work）を取得するコースを統括する団体である。

以上のようにシーボーム改革では、介入の領域が広がると同時に社会福祉の学問と専門職制度は飛躍的な発展を遂げた。

マリア・コルウェル事件：精神力動ソーシャルワーク理論の攻防

一九七〇年代初頭にいたるまで、イギリスでは社会福祉の学問の体系化や専門職団体の統合化が進められ、ソーシャルワーカーの資格にかかわる制度が順調に整備されていった。しかしながら、一九七三年にこの新興の学問を支える土台を揺るがす出来事が起こった。その一つは、石油危機とそれにともなう経済的な打撃である。これを受けて、保健社会保障省（DHSS：Department of Health and Social Security）は福祉関係予算の削減を決定した。そしてもう一つは、マリア・コルウェル児童虐待事件である。

一九七三年一月七日、マリア・コルウェルという七歳の少女が継父から受けた虐待が原因で死亡した。この事件はマスコミに取り上げられ、人々の注目を集める。マリア・コルウェル事件がこれほどまで人々の関心を集めたのは、実の母親のもとで虐待されたことにあった。事件の報告書「マリア・コルウェル」（DHSS［1974］）では、社会サービス局のソーシャルワーカーが下した判断に疑問が投げかけられた[15]。同報告書の勧告を受け、一九七四年に保健社会保障省から通達が出された。そこでは、この悲惨な事件を招いた最大の要因は、各種関係機関（学校、社会サービス局、全国児童虐待防止協会、住宅部など）間の連携の失敗であったと指摘されている。保健社会保障省は同年、再度通達を出し、事例会議や地区児童検討委員会、児童虐待登録制の導入を勧告した。同事件はイギリスにおける「児童虐待防止マネジメント」の出発点と位置づけられ、これ以降、マニュアルやガイドが氾濫するようになったといわれる（Howe［1992：504］）。

一方、世界大戦後の児童虐待の研究は一九六〇年代からアメリカを中心に高まったという経緯がある。その先駆けとなった論文が、ヘンリー・ケンプらの「殴打される子ども症候群（The Batterd-Child Syndrome）」（Kempe, *et al.*［1962＝1993］）である。この論文はアメリカ医師会の発行する学術誌『アメリカ医学会誌（JAMA：Journal of American Medical Association）』に掲載され、大きな影響力をもった。とりわけイギリスへの影響は早くからみられ[16]、翌一九六三年にはイギリスの医学雑誌に The Battered Baby Syndrome なる言葉が登場している（Parton［1985：54］）[17]。

一九七三年のマリア・コルウェル事件では、ソーシャルワーカーに非難が集中した。特にソーシャルワーカーの専門性に懐疑の視線が向けられたが、最終的には、社会サービス局に属する保健・医療および福祉関係の専門家の専門性をさらに高めるべきという結論が導き出された。一方この実母による虐待致死事件は、ソーシャルワークが論拠としていた、血縁を重視する精神力動ソーシャルワーク理論の限界を露呈するものであった。つまりこの事件を契機として、実の親子間の愛情を最重視するソーシャルワーク理論の有効性に疑問が突きつけられるようになったのである。

ここで台頭してきたのが、ジョセフ・ゴールドスティン、アンナ・フロイト、アルバート・J・ソルニットの『子どもの最善の利益を越えて』（Goldstein, Freud and Solnit［1973＝1990］）に代表される見解であった。ゴールドスティンらは、子どもには「一人の大人」との継続的な「愛情と刺激の関係」が必要であると説く。その大人は、「生物上の親・養親・里親・コモン・ロー上の養親のいずれであってもよい」（Goldstein, Freud and Solnit［1973＝1990：13］）とされ、血のつながりのある親を最善とするそれまでの考え方とは大きく異なる。こうした論が主流となる背景には、その前提を崩壊させる児童虐待やネグレクト、遺棄などの事件が多発したことがあげられる。同書において「ひとりのおとなとの間の愛情と刺激の関係の不断の継続」が、子どものもつ特別なニーズとされた（Goldstein, Freud and Solnit［1973＝1990：5］）。つまりマリア・コルウェル事件をきっかけとしてなされたソーシャルワーク理論への批判は、別の理論をベースになされたものであったといえる。

血縁神話を越えた動きは、ゴールドスティンらの著作の前にもみうけられた（許［1990：68］）。養子に関する法や政策の改革を目指し、一九六九年にホートン委員会が任命され、長期里親の申し立て権を拡張する試みがなされた。委員会は、実親の意思に反しても子を手元に留めておく権利を長期里親に認めるように要求したが、「血縁」を重視する風潮があり委員会への批判も強かった（Younghasband［1978＝1986：60-61］）。こうしたなか、実母と生活していたマリア・コルウェルの虐待致死事件が起こったのである。このときの世論は、ホートン委員会報告（一九七二年）での勧告を後押しすることとなった。

ゴールドスティンらの『子どもの最善の利益を越えて』の主張は新しいものでなかったとはいえ、知の限界が明記された点は注目に値する。「家族の結びつきは、複雑でこわれやすいプロセス」であって、「学問分野の総力をあげてもできないこと」であり、裁判官たちの能力を超えたところにあると述べられている（Goldstein, Freud and Solnit

［1973＝1990：118］）。このように知の限界が肯定されたといっても、後述のジャスミン・ベクフォド事件が生んだ動向に比べると限定的であり、一九四八年児童法成立以来の平面に属するものといえる。

ゴールドスティンらの著作が注目されたこの時期は、経済的環境の悪化した時期と重なることを念頭に置かねばならない。一九七二年に「パーソナル・ソーシャル・サービスの一〇ヶ年計画」が策定された頃のパーソナル・ソーシャル・サービス予算の伸び率は実質年率一二％に達していたのだが、一九七六年の『イギリスにおける保健およびパーソナル・ソーシャル・サービスの優先事項――諮問文書』（DHSS［1976＝1985］）では二％に下方修正された（平岡［1992］［2003］）。一九七四年には一〇ヶ年計画は廃止され、保健社会保障省は一九七六年に『優先事項』、一九七七年に「地方自治体計画報告（Local Authority Planning Statement, LASP）」を発表した。これは資源の制約を前提にして資源配分に優先順位をつけるもので、ニード主導型の計画から資源の希少性を前提にした計画への転換がみられた。しかし、それもサッチャー政権誕生とともに廃止される。くしくも、資源の希少性を所与とする計画が立てられるようになった折に、知の限界が指摘されたといえる。

こうした潮流のなか、一九七五年児童法が成立した。同法では親権に制約が設けられ、里親の権利が強化された。これは「児童ケアにおいて、家族支援による子の保護から家族分離による子の保護へ方向転換を促す」こととなる（田邉［2006：122］）。

ジャスミン・ベクフォド事件：心理主義の剥落

一九八五年、再び子どもの虐待事件が世間を震撼させた。ジャスミン・ベクフォドという子どもが実母と継父に虐待され、専門家の介入がありながらも死亡したのだ。再び、ソーシャルワーカーを含む専門家への批判が集まった。このときの批判の矛先は、それまでの児童虐待事件とは異なり、心理学に論拠をおく処遇そのものに向けられた。

心理主義的な処遇では、親も「クライエント」となることができる。この時起きた批判は、子に迫る危険の除去（親からの保護）を優先させなかったことに向けられた。つまり、親にカウンセリングなどをするよりも子どもの権利を最優先すべきというものである。子どもの権利を前に、親に対するソーシャル（ケース）ワークの技術の存在意義は揺らいだ。この事件を機に、虐待の報告件数や、「安全地命令（Place of Safety Order）」[18]が一気に急増した[19]。この増加は、一九八〇年の児童ケア法の制定によって一連の改革が進んでいたこともその一因と考えられる。同法は一九四八年の児童法による保護的側面と、一九六三年の児童青少年法による予防的側面とを統合させたものであった。

ジャスミン・ベクフォド事件は、一九七三年のマリア・コルウェル事件と同様、実母のもとで継父に虐待を受けたものである。ソーシャルワーカーへの酷評は、より過激なものとなり、ソーシャルワーカーによる「リハビリテーション的ソーシャルワーク」（Howe［1992：494］）の存在意義に決定的な打撃を与えた。勅撰弁護士ルイス・ブロム－クーパーによる同事件の調査報告（通称「ベクフォド報告」）には、ケンプの「もし、子どもが家で安全でないのなら、その子どもはケースワークによっても守られることはない」という言葉が引用されている（London Borough of Brent［1985：288］）。このケンプの予言通り、ケースワークはジャスミンへの酷い虐待を防ぐことはできなかった。こうして精神力動ソーシャルワーク理論が明確に否定されたのである（London Borough of Brent［1985：290］）。

いっぽうで、ソーシャルワーカーの研修制度や処遇の際のプロセスの「不備」に虐待事件の原因が求められもしたド報告はソーシャルワークそのものを否定したのではなく、新たな形の専門性を予言するものでもあった（Parton［1986：517-518］）。ジェネリシズムに基づくソーシャルワーカーの教育のあり方が批判されたのだ。ベクフォ［1986］［1991］）。ここで望まれたのは、虐待のリスクを感知する「児童虐待の科学」（Parton［1991：62］）の確立であった。つまり、心理主義的な治療を試みるソーシャルワーク（理論）の脆弱性が指摘され、別の方向への「科学」化が期待されることになった。

たとえば、一九八五年にシリル・グリーンランドは「ハイリスク」の家庭を識別するチェックリストを一六三件のケースに基づいて作成している（Parton［1986：522］）。たとえば、チェックリストには「両親は二四歳未満である」「どちらかの親とは血縁関係にない」「両親は子どもの頃に虐待を受けたことがある」などがあがっている[20]。該当する項目が多い家庭ほど、「ハイリスク」であるという訳だ。「ハイリスク」の家庭とは、児童虐待が起こるリスクが高い家庭を指す。この頃から「児童虐待の科学」は、虐待が疑われる家庭の情報を集めて「ハイリスク」か否かを判定し、またその判定の精度を高めるための手法を発展させることに専心しはじめた。

ベクフォド報告以降、こうした「児童虐待の科学」が感知する「ハイリスク」は、できるだけ早く取り除かれるべきとされた。つまり、以下のような考え方が主流になったのである。

「ハイリスク」ケースの場合、適当な期間に子どもを家庭から引き離すことを、社会は容認するべきである。われわれの試算では、そのような政策によって、毎年親の下で命を落とす四〇人から五〇人の子どもたちが助かることになるだろう（London Borough of Brent［1985：289］）。

ベクフォド報告では、リスク・アセスメントを開発するよう勧告され、一九八八年に『児童虐待防止――ソーシャルワーカーによる包括的アセスメント実施のための手引き』が編まれた（Department of Health［1988＝1992］）。これ以降、ソーシャルワーカーは虐待のリスク因子を収集する役割を果たすようになったとされる。パートンは、こうしたソーシャルワーカーの役割の変異を「医療‐社会モデル（medico-social）」から「社会‐法モデル（socio-legal）」への転身と特徴づけている（Parton［1991：18］、他にOtway［1996］）。

そしてハイリスクを的確に感知するという新たな「科学」を目指したソーシャルワークは、一九八七年のクリーブランド事件を迎えた。

第三節 「自由の巻き返し」――イギリスにおける児童福祉の展開・2

クリーブランド事件：バックラッシュの引き金

一九八七年五月頃から、クリーブランド・カウンティにあるミドルスバラ総合病院で性的虐待と診断されるケースが急増した。このとき、わずか一か月間に「二〇〇人」[21]もの子どもが性的虐待を受けたと診断され、地方行政当局のソーシャルワーカーに保護された。同年六月に地元の新聞社はこれに関する記事を掲載し、スキャンダラスなこの事件は瞬く間にイギリス全土の関心の的となる。しかしながらその批判の矛先は、もっぱら虐待の嫌疑がかけられた親ではなく、性的虐待の診断を下した小児科医やソーシャルワーカーに向けられることとなった。「デイリー・メイル」や「デイリー・ミラー」などの新聞では、高圧的な態度で子どもを家庭から引き離す専門家は、まるで「ナチス親衛隊」[22]のようであったと報じられた（Parton［1991：81］）。マスコミでは、家庭へ土足で踏み込んでくる権威主義的な小児科医とソーシャルワーカー、それに対して市民の権利を守り、特に親の権利を擁護する警察という構図が繰り返し強調されたという。そこでは専門家による介入の不足が批判されたマリア・コルウェル事件やジャスミン・ベクフォド事件とは一転して、家庭への過干渉、予防的介入のあり方が批判された。

　こうした専門家バッシングの背景には、保護された子をもつ親（つまり虐待をうけたと「診断」された子の親）たちの団結がある。一九八〇年代半ばから安全地命令が多く発令されるようになったが、このときケア決定の過誤に抗議する「不法に立ち向かう親の会」（PAIN《ペイン》：Parents Against INjustice 一九八五年創立）が結成されていた。いわば親の自由を代弁するこの会は、クリーブランド事件に際しても大きな役割を果たした。彼らはクリーブランド事件で保護された子どもの親たちに支援や助言をおこない、マスコミなどを通して大々的に自らの見解を主張していく。子どもを保護された親たちはすぐに地元の聖職者や全国紙、そして地方下院議員であるスチュアート・ベルとティム・デヴリンの援護を受けることができた（Hendrick［1994：274］）。

　六月二九日の下院におけるベルの質問を受けて、保健大臣はJ・バトラー‐スロス高等法院判事に調査を命じた。その報告書は一九八八年一月に提出されたが、これはかねてからPAINが発信していた意見表明の多くを反映したものとなる（Parton［1991：95］）。この報告書では、診断のプロセスや、国家機関や専門家がそれぞれ異なる判断を下した点について多くが割かれている。

性的虐待を取り巻くディシプリンへの懐疑

クリーブランド事件で主な争点となったのは、①性的虐待の診断方法と、②子どもおよび親の権利である。

まず①について。クリーブランド事件の渦中にいた人物とは、子どもの身体に性的虐待の証拠が残っていると主張した、マリエッタ・ヒッグスとジェフリー・ワイアットという二人の小児科医であった。これらの医者の診断にもとづいて、ソーシャルワーカーたちは子どもたちの保護をおこなった。この二人の医者は「肛門肥大症（anal dilatation）」を性的虐待の証拠とみなしたが、これに人々の批判が集中した。当時、性的虐待か否かの診断方法は、医学の新しい研究分野として注目を集めつつあったことも念頭におく必要があるだろう。

そもそも性的虐待は、戦後、児童虐待の問題化のなかでは、身体的虐待やネグレクトに遅れて認識されたものである[23]。アメリカでは一九七〇年代後半から関心がもたれるようになったが、イギリスではそれに数年遅れた。しかし間もなく、性的虐待について研究し、彼らを処遇しようとする専門家がイギリスにも現れ、少なくとも一九八〇年頃までにはその気運に変化が見られた。

パートンはクリーブランド事件が起こった頃における性的虐待を扱う専門家の態度を、心理・精神医学的なアプローチと、身体的な徴候を読み取る医学的アプローチの二つに分類した（Parton［1991：84-91］）。前者の心理・精神医学的なアプローチの代表者として、イギリス児童虐待とネグレクトの研究と防止協会（BASPCAN：British Association for the Study and Prevention of Child Abuse and Neglect）の会員でもあった精神科の医師、アーン・ベントヴィムとコミュニティ小児科医のマーガレット・リンチらがあげられる。ベントヴィムとその同僚たちはカウンセリングで解剖学的に正確な人形を用い、幼い子どもでも密室で何が起こったかを表現できるような手法を発展させていった（Parton［1991：89］）。精神力動ソーシャルワーク理論を支持するソーシャルワーカーたちも、盛んにこの手法を取り入れたようである。当初、この方法は性的虐待を受けた子どもに対するセラピーの一形態としての機能を果たしていたが、次第に虐待がおこなわれたかどうかの判断材料として期待されるようにさえなっていった[24]。

次に、医学的アプローチの一つである、身体的なサインを読み取る診断方法は、リーズ在住の二人の小児科医ジェーン・ウィンとクリストファー・ホッブスによって開発された。彼らは肛門の反応やその拡張を検査することによって、診断がおこなえると主張した。そして「幼児と子どもに対する肛門性交は、一連の学際的調査がなされなければならない児童虐待の次なる重要な局面である」（Hobbs and Wynne［1986］）とした。[25]

これらのアプローチに共通する注目すべき点は、他の虐待と異なり、性的虐待は診断や判定に際して慎重にならなければならないとされたことである。性的虐待を受けている子どもは、何が起こったか秘密にする傾向があり、虐待の事実を聞き出すのは並大抵のことではないとされた。それは、親による抑圧の証拠でもあると説明されている。[26]

性的虐待は、秘密裏に起こり、家族そして共同体の所為と禁忌によって秘密は保たれたままとなる（The CIBA［1984：xx］）。

一九八五年児童ケア法に加え白書や政府刊行文書では、親とワーカーの「パートナーシップ」が強調された。しかしながら、性的虐待という問題はその性質上、「パートナーシップ」哲学では解決できない性格を有する。表出する性的虐待は「氷山の一角」にすぎず、専門家たちは念入りにすべての子どもに注意を向けなくてはならないと繰り返された。クリーブランド事件において、クリーブランド・カウンティの社会福祉部内では性的虐待の疑いがある場合、親との面会を中止させるなどとした覚書が作成されていたが、これはパートナーシップの精神とは相反するといえるだろう。この傾向は、ジャスミン・ベクフォド事件やキンバリー・カーライル事件[27]などによっても加速されていた。

ＰＡＩＮなどの活動は、こうした専門家の態度に異議を申し立てたものといえる。クリーブランド事件の後、ソーシャルワーカーが携わる仕事にマニュアル化が進み、法的用件が重視される（legalism）ようになった（田邉［2006：190-191］）。さまざまな議論を喚起したクリーブランド事件であったが、これを踏まえて一九八九年に児童法が制定される。

一九八九年児童法と親の権利

一九八九年児童法には、クリーブランド事件の教訓が盛り込まれたといわれている。クリーブランド事件のもたらした転換とは、どのようなものであったのだろうか。

ハリー・ヘンドリックは、クリーブランド事件の前後に出された政府刊行物を次のように対比させている(Hendrick［1994：275］)。一九八六年に出版された手引書『児童虐待――ワーキング・トゥギャザー』(DHSS［1986］)において、ワーキング・トゥギャザー(協働)が重要とされたのは、各機関の専門家や職員の間においてであった。そこで子どもの保護とは、親や保護者から子どもを守ることである。これに対して、一九八七年のクリーブランド事件を経て編まれた『ワーキング・トゥギャザー』(DHSS［1988］)には、専門家と各機関は「親と協働」しなければならないことが明記された。さらに、子どもの権利も重視され、時には子どもと「ワーキング・トゥギャザー」する専門職像が推奨されている。ワーカー間から、親や子どもとの協働へ。つまりワーキング・トゥギャザーの意味は、クリーブランド事件を境にその内容を一変させたと。

一九八九年児童法の特徴として、第一に子に関する公私法を統一したこと[28]、第二に「親責任(parental responsibility)」概念を強調したこと、第三に「子どもの福祉」の原則を盛り込んだことがあげられる(許［1993］)。

この親責任という概念は新しいものであった。これは第三条一項において「親が子及びその財産に関して有するすべての権利、義務、権能、責任及び権威を意味する」と定義されている。親の権利よりも親の責任が強調され、子どもは親の所有物ではなく自由や義務をもった人間として再概念化された(Lyon and Parton［1995：41］)。この法律には、後述する「子どもの福祉」を害する危険性が高くない場合における「不介入の原則」(第一条第五項)が明らかにされており、任意の「パートナーシップ」(第三部)に基づく子と家族への地方当局による家族支援の強化が具体化されている[29]。

第三の「子どもの福祉」に関しては、第一条に掲げられている。子どもの福祉は本法のなかで「至高の考慮事項(paramount consideration)」にあたるとされた。この子どもの福祉という用語は司法では従来から用いられてきたものので、「国際連合の『子どもの最善の利益』と同義」である（網野［1995：170］）。つまり一九八九年の児童法には、クリーブランド事件を経てバックラッシュが高まったことを受けた「親責任」に並んで、福祉権的子どもの権利である子どもの権利（P）が第一条で再確認された。

子どもと親の権利

次にクリーブランド事件の報告で焦点となった、②子どもおよび親の権利をめぐる争点について考察したい。この事件の余韻が残るなかで制定された一九八九年児童法は、「国家の役割と、親の責任、子どもの権利の新しいバランス」（Lyon and Parton［1995：40］）を模索したものといわれている。クリーブランド事件という経験を通して、親の権利と子どもの権利がこれまで以上に議論の俎上に上ることとなる。

この事件を機に、親の責任や自由裁量権が重視されるようになったと指摘されることがある。その典型的な例として、保護された子どもの親などが集ったPAINが展開した、マスコミを最大限に利用しておこなった国家の過干渉に対する批判をあげることができる。これは国家の介入に対立する自由主義的な主張という古典的な対立のなかに位置づけることができる。多くの国々が「福祉国家への道」を歩むなか、特に児童虐待などの問題に直面したとき、親の裁量権は徐々に制限されていった。ところが、イギリスにおいて一九八〇年代後半、親の権利や自由を尊重する風潮が高まりをみせたのである。これは、サッチャーが政権を握っていた時代の必然といえるのかもしれない。

同時に、子どもの権利（C）が積極的に児童法に盛り込まれた。そこでは、パターナリスティックな権利とは一線を画した子どもの自由が謳われている。一九八九年には、大人とほぼ同様の権利を子どもに付与するという鳴り物入りの「子どもの権利条約」が国連で採択されるなど、世界的な潮流とも合致していた。イギリスでは、リチャード・ファーソンの『生得（Birthrights）』（Farson［1974］）や、ジョン・ホルトの『子ども期からの逃走（Escape from Childhood）』（Holt［1974］）などの影響が根を下ろし、子どものオートノミーを重視する学問や実践が注目を集めていた（Archard［1993：45］、他にもFox Harding［1991b：293-399］）。

この子どもの権利（C）を重視する児童解放運動の発端は、一九六〇年代の西側諸国において高まった権利運動まで溯ることができる。この子どもの権利（C）を支持することは、資本主義社会の閉塞感を打倒しようとするマルクス主義者や、家父長制の抑圧的な社会構造を批判するフェミニストにとっても、自らの主張を顕示するに有効なものであった（Archard［1993：45-46］）。とはいえ、さまざまな思惑がからみあって存立する子どもの権利（C）という存在は、果たして文字通りのものであったのか再考の余地があるだろう（宮澤［1998］）。

クリーブランド事件後の一九八九年児童法は、親の権利と子どもの権利（C）を同時に尊重するものであった。次節では歴史に照らし、この新しい権利の配置について考察を深めたい。

第四節　自由か安全か

児童虐待の歴史にみる自由をめぐる対峙

上記の二節では、イギリスを例に、児童虐待をめぐる社会福祉学領域の諸理論がいかに世論や政策と連動していたか素描を試みた。そこで明らかになったことの一つは、児童虐待事件にかんする報道が大きな役割を担ったことである。そしてその報道は、ソーシャルワーカーを含む子どもを守りきれなかった専門家や養育者への批判を喚起した。そして政府や自治体は調査委員会を設け、報告書が提出される。ついで勧告がおこなわれ、改革がなされる。

世論のとがめを受けるソーシャルワーカー。そうした批判は一方でソーシャルワーカーの「責任」の存在を明確化し、虐待に介入するべき専門家としての地位をワーカーに与えてきた。思えば、フレックスナーは「ソーシャルワーカーには責任がない」ため専門家ではないと指摘したが（Flexner［1915］）、社会福祉の専門職化の道とは、この責任を獲得するにいたる道であったともいえる。

しかしソーシャルワーカーは、介入しても介入しなくても批判されるという「自由」をめぐる二つの態度の狭間で板ばさみになってきた（Jordan［1984＝1992：94-95］）。アイリーン・モンロは、ソーシャルワーカーは「不完全な知」と真贋の不明な情報に基づいたまま判断が求められるために「過失」を犯す可能性があると述べる。このような状況に追い込まれるのも、家庭の自由を尊重しながらそこから子どもを保護しなければならない「自由のディレンマ」があるからだ（Munro［1996：795］）。

本節では日本の戦前・戦中の児童虐待問題をめぐる議論を取り上げる。児童虐待に対する態度を大別すると、悲観主義と楽観主義とがあり、専門家を介した場合、それぞれが依拠する理論間の対峙となると述べた（本章一節）。児童虐待問題に取り組む専門家やその学問領域がほとんど確立されていなかった時代、悲観主義と楽観主義の対立はどのようなものであったのだろうか。児童虐待問題における権利のあり方を注視しつつ考察したい。

日本ではじめて『児童虐待防止法』が制定されたのは、一九三三年であった。これは英米に比べると数十年の後れがあったが、この法律の以前にも原胤昭が中心となった児童虐待防止協会（一九〇九年）や、山室軍平が率いる救世軍による活動（一九二二年）など、個人的・組織的な活動は存在した（三島［2004］）。(30)

また「子どもの権利」という概念に基づく児童保護への働きかけは法の成立前に、(31)「子どもの権利」の概念だけなら一九世紀後半から日本に紹介されていた。植木枝盛は『親子論』（一八八六年）のなかで、親権に比べ子権は看過されていると指摘している。なかでも一九〇六年に大村仁太郎によって訳されたエレン・ケイの『児童の世紀』の影響は大きかったと考えられる。また田村直臣の『子どもの権利』は一九一一年に著されており（田村［1911］）、内務省社会局嘱託の生江孝之が『児童と社会』のなかでドイツの児童保護政策から子どもの人権について言及したのは一九二三年であった（生江［1923］）。そのほか、賀川豊彦や野口援太郎、下中弥三郎や平塚らいてうの著作をみても、一九二〇年代初頭にはすでに「子どもの権利」という概念は識者の間で広く普及していたといえる（他に、小塩［1915a］［1915b］）。

こうした動向にかかわらず、児童虐待防止法が成立したのは一九三三年と「おそかつた」。この「理由」について、穂積重遠は『児童を護る』のなかで次のように述べている。

> 親が自分の子供のことを始末するのだから、それにどうもあまり立入ることは宜しくあるまいといふことで、この親権といふものに遠慮してゐたといふことが、少なくともこの児童虐待防止といふものが今まで制定されなかつた一つの理由ではなかつたらうか（穂積［1933a：33-34］）。

これは特に「法律は家庭に入らず」という方針を貫いた司法省からの圧力が強かったようである（穂積［1933b：31］）。この児童虐待防止法は「工場法、工業労働者最低年齢法などでカバーしきれない児童労働に対する保護規定の位置をもった」（児童福祉法研究会［1978：37］）が、子どもを権利主体とする観点から進められた上記の諸文献の影響があることも確かである。これらの文献はちょうど、子どもの権利に関する最初の国際的な宣言である、国際連盟による「ジュネーブ宣言」（一九二四年）がなされた大正デモクラシーの時期に集中している。当時、次にみる子どもの権利をめぐる「安全重視か（親の）自由尊重か」のディレンマがすでに論じられていた。とはいえ、「国権論」のなかに閉じ込められたといわれるように（堀尾［1990：66］）、それが成立する文脈は現在と異なる。(32)

親子の愛に抗する「安全重視」

さて、この一九三三年の児童虐待防止法に対して、当時の人々はどのような感慨をもっていたのであろうか。一九三六年七月一六日の『東京朝日新聞』には「何が虐待防止法だ／心なき法に引き離さるゝ父子／抱合って涙の抗議」という見出しの記事が掲載された。少し長くなるが、全文引用してみよう。(33)

> 児童虐待防止法の適用によつて取り上げられた愛児を託児所から奪還して逃げた既報のバタヤ《マ》Y《マ》（四七）が十四日夜バタ車に子供を乗せて日本橋區浪花通りうろついてゐて久松署員につかまつた、つかまると同時に車からわが児を抱き上げたYは「親と子がこんなに頼り合つてゐるのになぜ引き離す、何が虐待防止法だ」と悲痛な表情で係

官に食つてかゝり子供のK（六才）も懸命に父親にしがみついて離れゝばこそ、同夜置されたが父子はつひに抱合つて夜を明かしてしまつた。そして合掌せんばかりに

旦那警察の御力で何とか子供と一緒にゐられるやうにして下さい。

と言いつゞけてゐるがやがて引取りに来る神田の児童擁護協會員にどうしても引渡される運命である。

Yは長野縣上伊那郡朝日村澤庭の小寺の住職をしてゐるうちあやまちからできた。

子供で當時まだ誕生前《ママ》のKを抱いて修行に出て諸国を放浪するうちに昨年七月上京して職に窮しバタヤ《ママ》になったもの。

貰ひ乳にミルクにすべてわが手にかけて育てただけに可愛さあふれて食に窮すとも離れまいと児童虐待防止法の心なき適用に抗議してゐるのだが。

この子供が取り上げられたのは辻占売りをさせてゐたためで、父親にはこの子を遊ばせて育てる事は到底出来ない事が判つて居り係員も痛しかゆしである。

児童擁護協会は民間の団体で、「児童虐待防止事業の普及発達を図り併せて被虐待児童の保護を目的として」組織された。とはいえ、現在の草の根ボランティア団体のような趣はない。協会長は法律要綱を作成した社会事業調査会のメンバーである穂積重遠、会員には丹波七郎内務省社会局長、藤野恵同保護課長、三島道傭貴族院議員ら法制定に尽力した者たちが名を連ねており、児童虐待防止法の「後援団体的な性格が強い」（斎藤薫［1995：4］）。

東京に出てきた父子が貧しい生活を強いられる。父は「バタヤ（廃品回収業）」を生業とするも、それだけでは食べてゆけず、子どもは「辻占売り」をしていた。「辻占売り」とは、種々の文句を記した紙片を煎餅などに挟み、これを取ってその時の吉凶を占うもので、歓楽街に多くみられたという。これを六歳の子どもが売れば、児童虐待防止法第七条のなかにある、児童が「戸々ニ就キ若ハ道路ニ於テ行フ諸芸ノ演出若ハ物品ノ販売其ノ他ノ業務及行為」を禁止する条項に反する。また一般向けのパンフレットにも、この第七条違反の例として「夕刊賣、辻占賣」（藤野［1934

：57〕）があげられている。

この『東京朝日新聞』の記事にある父子の写真が表しているのは「父子の愛」である。これは、児童虐待防止法の「心なき適用」に対する「痛しかゆし」の度合いを引き上げる機能をもったのだろう。こうした構成を一見するに、家庭という領域へ介入する行為は、当時の人々にとって違和感があるものであったといえる。二日後、同紙に載せられた「吉田生」によるコラムでは「表面にあらはれた事実のみで、直に法の鉄槌を下すことは、却って純真な人間の魂を傷つけるものである」と、「『役所』的処置」（七月一八日）が批判されている。

児童虐待防止法の適用への批判は、こうした家庭の自律性を重んじる家父長主義からだけでなく、社会全体を視野に入れた思考からなされることもあった。穂積は「世間」、特に雑誌などでこうした法の適用に対して「皮肉な批評をする人」（穂積〔1933b：15〕）が多かったことについてふれている。穂積は「そんな事をしてなんの役に立つかもつと根本を救はなければいけない。乞食《ママ》が子供を連れて出る事を止めたが、乞食の親も出ないで済むやうにしなければいけないというやうな批評」（穂積〔1933b：15-16〕）を意識していた。同様の指摘は『東京朝日新聞』にも見受けられる。

> 何も好んで可愛いわが児を辻占賣にまでさせる親はあるまい、それほどまでしなければならぬ貧窮――この貧さが、かういふ行為を敢てさせたとすれば、それに對する處置はおのづから別にある（七月一八日）。

わが子を辻占売りにまでさせるのは、親の本望ではない。やむにやまれぬ事情、貧困に原因があり、そういった貧困を生み出す社会を先に変えない限り、問題は解決しない。「皮肉な批評をする人」は、家庭に介入する前に、社会的不公平をまず是正しなくてはならないと訴える。

こうした批判に対し、法の適用を受けてKを保護した施設「子供の家学園」の「高田園長」は、「法の精神は、子供に対して、正当に生活し得る道を拓いてやることにあるほかに、すべての親たちに、そして、その他の児童を保護すべき責任者に、真の児童愛護の精神を伝へやうとすることにある」（『東京朝日新聞』七月二二日）と反論している。これは、親あるいは家庭の自由よりも子どもの権利（P）が重視された主張といえる。「法の心なき適用」に寄せられた批判は、家庭の自律性・自由を重んじる場合にせよ、子どもの権利を尊重する場合にせよ、次のような拘束のなかにあった。

我々の子供を良く育てゝ、少くも今の我々よりも精神においても身体においても良き者にするといふことが國家、社會、人類の前途のために非常な大切な事である。それでなくては國家が今より衰へ、人類は今より下等になるのである。我々の子供が我々よりも多少なりとも良くなれば國家はますます向上するのであるから、この子供を良く育てるといふことは我々が國家に對する義務であり、社會に對する義務であり、人類に對する義務であつて、必ずしもその子供だけに對する義務ぢゃない、子供に對する義務と考へるのはあまり小さい考へ方である、かういふ風に考へたい（穂積［1933b：5-6］）。

ナショナリスティックな子どもの権利擁護は、（親子愛を尊重するなどの）自由を凌駕する一つの原動力であったことは間違いない。実際、路上で働いていた子どもを保護し施設で養育すると、「立派な軍人」になったというストーリーが流布した。また社会的不公平に言及する「皮肉」屋は、児童虐待防止法というより、治安維持法などと向かい合っていた時代でもあった。

こうした時代でさえ、『東京朝日新聞』の記事のように、法の適用を「痛しかゆし」とする心性があったことに着目したい。それは「國家に對する義務であり、社會に對する義務であり、人類に對する義務であつて、必ずしもその子供だけに對する義務ぢゃない」といった穂積の考えと対峙するものであったことを確認した。

古典的な対峙

ここに児童虐待という解決しなくてはならない問題がある。解決のためには、家庭というプライベートな空間に踏み込み、自由を侵害する行為のある種の正当化が必然となってくる。そこで、自由とは何か、という古典的な課題を突き付けられることになる。自由か安全かというディレンマは、国家がある限り普遍的な問題といえるのかもしれない。児童解放運動の勃興以後、子どもの自由が強調されるようになってからは、親の自由との調整は喫緊の課題となった。

ブライアン・コルビーは、児童の権利の概念を児童が危機的状況にあると考えられる時のみに限定するのは、「ミルの古典的自由主義的発想の線に沿うものである」（Corby［1989＝1993：27］）と断定し、これに対峙する。これは、次のようなミルの見解を受けている。

> 人類が、個人的にまたは集団的に、だれかの行動の自由に正当に干渉しうる唯一の目的は、自己防衛だということである。すなわち、文明社会の成員に対し、彼の意志に反して、正当に権力を行使しうる唯一の目的は、他人に対する危害の防止である。（略）自分自身にだけ関係する行為においては、彼の独立は、当然、絶対的である。彼自身に対しては、彼自身の身体と精神に対しては、個人は主権者である（Mill［1859＝1967：224-225］）。

ディングウォールのいう悲観主義的な態度は、子どもの安全を最大限重視する「安全重視」派に通じる。安全重視派は、決定的な「危害」にいたる間際まで家庭のなかへ踏み入らないことを良しとしない。つまり安全重視派は、「自由の原理」に基づいた「最小介入」では子どもが救えないため、「ミル」を棄却するのである。コルビーは、子は親の所有物とみなされた時代は去り、子どもの権利（C）が重視されるようになってきたと述べる。そして子どもの権利（C）を尊重することにより、「児童虐待のケースにおいてより多くの子どもが救済される」であろうと述べた（Corby［1989＝1993：27］）。

しかしながら、ミルが「自由の原理」を掲げたときには、例外が想定されていた。

たぶん、いうまでもないことだが、この理論は、成熟した諸能力をもつ人間に対してだけ適用されるものである。われわれは子供たちや、法が定める男女の成人年齢以下の若い人々を問題にしているのではない。まだ他人の保護を必要とする状態にある者たちは、外からの危害と同様、彼ら自身の行為からも保護されなければならない（Mill［1859＝1967：225］）。

ミルが自由を掲げる時、子どもははじめから除外されている。このようなミルの見解は「父親は懲戒で家族を支配し、法制度はその時代の文化を反映して、父親の懲戒行為を神聖な権利として支持した」（Freeman［1989＝1993：112］）、ヴィクトリア朝時代の時代的拘束があるのだろう。また一方でミルは子どもの「自由」を「支配」できる親の「自由」が誤用されるのを批判している。

誤用された自由の観念が、国家がその義務を遂行するのに実際上の障害になっているのは、子供の場合である。子供たちは、比喩的にでなく文字どおり、自己の一部とみなされるものと人はほとんど思いがちであって、子供たちに対する彼の絶対的排他的支配に対する法のほんのわずかな干渉にさえ、世論は非常にはげしく反発する（Mill［1859＝1967：336］）。

奇妙なことだが、コルビーと同じく安全重視派のマイケル・フリーマンは上記を引用して、コルビーとは逆にミルを支持している（Freeman［1989＝1993：112-114］）。フリーマンは、親がその自由を濫用するのは誤りとするミルの見解（Mill［1859＝1967：336］）に依拠し、子どもの福祉のために専門的な介入の機会を最大限にもちたいと考えるからである。

ミルが子どもを不適当《アビューズ》に扱う親を批判したのには訳があった。

　国家は、一方では、各人に特別に関係することにおいては各人の自由を尊重するが、他方では、もし彼に他人を支配するなんらかの権力を許すときには、彼がその権力を行使するのを十分に監督する義務がある（Mill［1859＝1967：335］）。

「自由の観念」が誤用されないように、「国家」は親が「権力を行使する」のを「十分に監督する義務がある」。ミルは国民の「自由」を尊重した「国家」による介入の正当性をこのように擁護した[34]。『自由論』でミルが子どもを「扱う」にあたって主張したのは、①子どもを「自由の原理」の例外とみなし、保護主義の姿勢を貫くことと、②親の「自由の観念」が「誤用」されないように設定された「国家」による「監督」をおこなうことである。ここで、この子どもに対する国家の態度を貫くのは、子どもの権利（C）抜きのパターナリズムである。そこにあるのは子どもの権利（P）のみであり、自由とは「成熟した諸能力を持つ人間」のみが掌握することができるものである。

子どもの権利（C）の出現と消化

　ミルが引用された議論のなかでわれわれが気づくべき点は、児童虐待をめぐる権利の所在や危機介入に際し、私的所有を背景にしたリベラリズムの平面上で議論が展開されていることである。この私的所有にかんする系譜を、自己労働が生み出したものは自己の所有物であると説く、ジョン・ロックにみいだすことができよう。

　残虐な子どもの取り扱いは、とりわけ近代以降、国家にダメージを生じせしめる逸脱行為としてみなされるようになった。近代家族の世帯主に特権的な権利が付与されたとしても、国民の一員であり将来の国を支える子どもを傷つけることは、国家としての損害でもある。さらに、こうした家庭内における自由の対立は、後に子どもの権利（C）という発想の発明により再燃することになった。

一九七〇年代の「児童解放運動」の流れを受けて、子どもの権利条約（一九八九年）などが成立したといわれている。そこには子どものオートノミーを保障する条項が明記された。折りしも、ベルリンの壁が崩壊し、自由主義の勝利がセンセーショナルに語られていた時期である。「子どもの自由」も、「世界を支配する自由主義」という文脈のなかで、（とりわけ西側諸国の）人々は諸手をあげてそれを熱烈に歓迎したのであった。しかしながら後に、子どもの自由や諸権利に付せられた夢は色あせたと目されることがある（Fox Harding［1991a］［1991b］、Lyon and Parton［1995］、Freeman［1995］）。

クリスティーナ・ライオンとパートンは、イギリスの一九八九年児童法に掲げられた子どものオートノミーを尊重する精神が実際に活かされているか否か、判例を検討している（Lyon and Parton［1995］）。彼らによると一九八九年児童法とは、子どもの権利（C）を優先するものではなく、結局のところプライベートな介入を監視するための新しい法的装置が樹立されたにすぎないと結論づけた（同様の見解としてFox Harding［1991b：299］、Freeman［1995］）。つまり、子どもの権利（C）は自由か安全かという伝統的な構図のなかに新しい方向性を示すものとして登場したものの、元の構図へと吸収されるという道をたどったのである。

オートノミーとしての子どもの権利を主張する児童解放運動家はこぞってアリエス・テーゼを多用する。アリエスの論は、『〈子供〉の誕生』の一九七三年度版序文（Aries［1973＝1980］）のなかでも彼が自覚しているように、その歴史認識はイリイチのいう「脱学校化」論と近似している。しかしながら、こうした子どもの権利（C）の終着点に照らすと、このアリエス・テーゼは「家族を遠隔地から統治する目的」（Lyon and Parton［1995：53］）のために利用されているといえなくもない。

イマニュエル・カントは、自由とは二律背反《アンチノミー》であると断言したが（Kant［1787＝1927：8］）、この一九九〇年代を目前にした子どもの自由（C）の掲揚は、その後の諸学問における「反省的学問理論」に見られる二律背反を予言するものであった。

（1）本章第一節は、三島［2002］を大幅に書き直したものである。

（2）三島［1999］では、最も優先されるX理論をシステム－エコロジカル理論としたが、現在では反省的学問理論であるストレングス視点やエンパワメント、物語理論なども同時に公認されているような観がある。

（3）本項で従来の日本の福祉領域における主体論を概観したが、この消極的な意味はまったく想定されていなかったことは明白である。地域住民という「主体」はワーカーと対等に協働することが望ましいといったとき、subjectの負の側面が意識されることはなかった。とはいえ、次の石田紀久恵の主張はその混乱を予見し、それを危惧しているように思える。石田は、社会福祉の「実践価値を『対象者の自己実現』とするとき、ここにすでに主体（者）の対象化＝操作概念の図式が存在する。これは『主体の社会的自己実現』というべきもの」（石田［1973：6］）という。つまり「対象者の自己実現」――これは「対象者」の社会への適応とも言い換えられよう――にソーシャルワーカーが価値をおく場合、「対象者」は「対象化」され、なんらかの「操作」がなされると指摘されている。

（4）森田ゆりによると、「一九八四年に日本で子ども虐待について発言し始めた頃私が受けた反応は僅かの人々を除いて冷たいもの」であったらしい（森田ゆり［1993：89］）。また上野加代子は朝日新聞記事データベース（東京本社発行）の検索から、新聞紙上で虐待という言葉の使用が「一九九〇年を境に増えている」（上野加代子［1996：108］）と指摘している。

（5）辻［1989］のルポタージュに付けられた説明。

（6）このハンドブックは実際に介入する側のソーシャルワーカーのために簡潔にまとめられたものである。したがって全体的には緊張感をもって書かれ、「悲観主義」的要素が多くを占める。ここで重要なのは、彼らでさえ保護者の権利を蔑ろにできないという事実である。

（7）カーティス委員会の設置の意向は、デニス・オニール事件の前に決まっていた。「救貧法廃止後の行政責任の配分をめぐるさまざまな思惑もからみ、複雑な要因が作用した」（許［1990：50］）といえる。これにはマジョリー・アレンによるタイムズ紙への投書（一九四四年七月一五日）やパンフレットが大きな役割を果たしたといわれる（津崎［2003：57-64］）。アレンは投書のなかで、地方自治体や民間慈善団体のケアを受けている子どもの福祉に関する公式調査が必要だと訴えた。この投書から五か月あまり後に内務大臣は公式調査を実施するとの声明を発表（一九四四年一二月七日）している。この声明から数週間後にデニス・オニール事件が発生し（一九四五年一月九日）、カーティス委員会が設置された（一九四五年三月八日）。

（8）カーネギー・コースが開設されるまでの間も、ソーシャルワークの専門職化に向けた努力は続けられていた。なかでも、シーボーム勧告を促進したシーボーム勧告実施促進グループ（SIAG：Seebohm Implementation Action Group）の中核となった児童主事協会（ACCO：Association of Child Care Officers）は、すでに一九四八年五月に児童ケア研究グループ（Study

Group on Child Care）として活動をはじめている。このグループは、中央児童ケア研修協議会（CTC：Central Training Council in Child Care）の里親訪問員（boarding out visitors）を対象とする資格取得研修コースを母体として生まれた。その後、児童主事協会は順調に会員数と会費収入を伸ばし、専門職団体としての発展をとげていく。福祉国家の基礎となる社会福祉サービスの法的基盤の整備が急がれるなか、福祉職員の増員とその専門性の確立が待たれた。

　イギリス社会福祉学の成立において、第一章で検討したフレックスナーの存在感は薄いように思える。とはいえ専門職団体の形成によって専門職化が達成されると理解されていたようだ。日本と同様、アメリカでの専門職化を考慮しつつ（Younghasband［1978b＝1986：87］）、団体の結成は専門職化を推し進める一つの有効な手段として認識されていた（Younghasband［1978b＝1986：157］）ためだ。アレキサンダー・モリス・カーサウンダースとポール・ウィルソンの『専門家』（Carr-Saunders & Wilson［1933］）にもその認識が伺える。

　一九五四年に開始されたLSEにおけるカーネギー・コースは好評を博し、「応用社会科コース（course of applied social studies）」を模したコースが他大学にも広がっていく。しかしながら、それは優秀な人材を充分に供給しえたとはいえず、一九五五年に地方自治体保健・福祉サービスにおけるソーシャルワーカーに関する調査委員会（通称ヤングハズバンド委員会）が設置された。その委員会報告は一九五九年に刊行され、政府はその制度化を決定する（一九六〇年）。一九六二年にはソーシャルワーク研修協議会を設置するための法律、保健訪問およびソーシャルワーク（研修）法（Health Visiting and Social Work〈Training〉Act）が制定された。またヤングハズバンド報告で勧告された職員大学（staff college）の構想は、一九六一年に全国ソーシャルワーク研修研究所（National Institute for Social Work Training）として実現されている（津崎［2003：173-190］）。

（9）主たる関心は非行少年に関する裁判の手続や処遇の改善にあった（許［1990：66］）。

（10）ウィーン精神分析学会にこの萌芽がみられる。一九三七年に幼児初期の子どもを対象にした「実験的保育所」がエディス・ジャクソンによって創設、運営され、アンナ・フロイトがその管理をおこなった。翌年、ヒットラーがオーストリアに侵略した際、その活動は終止符を打つことになるが、イギリスやアメリカなどへ影響を与えたとされる（Freud, A.［1974＝1981：7-9］）。また、児童の精神分析の専門雑誌、『子どもの精神分析研究（The Psychoanalytic Study of the Child）』は一九四五年に出版されている。

（11）たとえばアンナ・フロイトは、子どもの社会的不適応（delinquency）の原因を「追跡してみると男根的自慰の完全な抑制とそれに伴う性的内容をもつ自我活動の氾濫による」（Freud, A.［1949＝1984：73］）と述べた。

（12）一九八〇年の児童ケア法（Child Care Act）では、虐待を受けた子どもと非行少年とは別個の法手続で処遇されることとなる。

(13) ソーシャルワーカー協会の統合過程については、津崎［2003：204-222］を参照。

(14) 一九七〇年以前の三大研修協議会（中央児童ケア研修協議会、ソーシャルワーク研修協議会、保護観察・アフターケア諮問協議会職員採用研修委員会）および医療ソーシャルワーカー協会と精神科ソーシャルワーカー協会、それに知的障害者教員研修協議会（一九七四年に併合）の研修機能を吸収併合させたもの（津崎［2003：192］）。

(15) この事件が起こったのは、マリア・コルウェルが里親のもとから実母と継父のもとへ帰って一年あまり経った頃のことであった。実父は彼女が生まれて間もなく死亡した。そこで亡き夫のきょうだい夫婦が里親となり、マリア・コルウェルは約六年間この里親のもとで生活する。ところが、実母が引取りを強く望んだため、一九七一年に試験的に実母のもとに戻されることになった。事例会議においてソーシャルワーカーらは、新しい生活に慣れる期間を設けることを条件に、最終的には実母のもとに帰すべきと結論づけた。一九七三年までに複数のワーカーがかかわり、幾度も虐待の通報があったにかかわらず、少女を救うことはできなかった。

(16) 児童虐待が問題化される過程において、用語の変化が見られた。「殴打される子ども（battered baby / child）」という語は、一九七四年保健社会保障省通達で「故意による傷害（NAI：Non-Accidental Injury to Children）」に変更され、さらに一九八〇年からは「児童虐待（child abuse）」が公式に用いられるようになった。この用語の変化は、定義の拡大を示すといえる。はじめは身体的虐待のみを指していた語は、しだいに精神的虐待・性的虐待・放任（ネグレクト）などを含む概念へと移行していった。そして児童虐待への人々の関心が高まり、定義も拡大するなかで、被虐待児童の報告件数が急増した。

(17) 全国児童虐待防止協会（NSPCC：The National Society for the Prevention of Cruelty to Children）はケンプを訪ねた後、一九六七年に「被虐待児ユニット」という組織を結成している（清水［1991：289］）。

(18) 児童虐待のケースなど緊急に子どもを保護する必要がある場合、最大二八日間、親の承諾なく強制的に子を引き離すことができる命令（田邉［2006：134-135］）。

(19) 安全地命令の発令数は、一九八四年に五二〇七名であったものが、ジャスミン・ベクフォド事件（一九八五年）後の一九八六年には七一九一名に増加した（Parton［1991：54］）。

(20) これに加えて、「以前に子どもを虐待、放置した記録が残っている」「両親は知性に欠け、十分な教育を受けていない」「両親は社会的に孤立している」「両親はアルコールまたはドラックを乱用しているか、最近出産をした」「両親が妊娠している」があがっている。

(21) 当時は、二〇〇人と報告された（Hendrick［1994：274］）。かかわったソーシャルワーカーによると、病院に入院したのは九四人（田邉［2006：188］）。

(22) これらは下院議員ティム・デヴリンによるスピーチの引用。

（23）約一世紀前の母性保護運動が盛んな時期に、性的虐待はすでに問題化されていた。しかし当時は性的虐待を「診断」し「治療」する専門家の存在はなかった。

（24）法関係者は、この人形を使ったカウンセリングで「ポジティヴ」と診断されたとしても、それを違法行為の証拠とはならないと主張した（Parton［1991：90］）。

（25）それは小児科という後発の医学分野の野望でもあった。同時に、性的虐待を児童虐待の一種とみなし、「児童虐待」の範疇を広げようとする動きも伺える（Parton［1991：87］）。そして、専門的臨床のなかで解決の道がみいだされると結論づけられた。

（26）アメリカの精神科医であるローランド・サミットは、この傾向を「性的虐待適応症候群（Sexual Abuse Accommodation Syndrome）」と名づけ、性的虐待を受けた子どもがなぜ抵抗せずに秘密として保持しつづけるのか説明した（Summit［1983］）。

（27）一九八六年六月八日に起こった、四歳女児の虐待致死事件。継父は殺人罪で無期懲役となり、実母は身体的虐待をおこなったとして一二年の禁固を命じられた。ジャスミン・ベクフォド事件と同様、社会サービス局のケアやスーパーヴィジョンのもとで死に至った。

（28）この児童法は公私両分野におけるこの監護養育をカバーする体系的な制定法典となった（許［1993：67］）。ここで子どもに関する公法とは地方当局の児童ケア責任に関する法を、また私法とは特定の個人、特に親に対する監護養育責任の配分に関する法を指す。前者は日本における児童福祉法など、後者は民法などの性格をもつとされる。

（29）これは、一九七三年後見法と一九八七年家族法改正法における規定を統合整理したものでもある（土屋恵司［1991］）。

（30）原の活動（山室［1922］）は約一年で終息しており、山室の活動は関東大震災により活動範囲が狭められた。高島巖は、民法の保障する親権を盾にどうすることも出来ない背景があったため活動が発展しなかったと解説している（高島［1933：119］）。

（31）生江孝之は権利意識に基づいたドイツの児童保護政策を紹介した後、「我邦に於ても近く児童保護法案を議会に提出せんとて、目下鋭意其の編成中である」（生江［1923：26］）と述べている。なお、日本ではじめて被虐待児の保護をおこなったとされる原胤昭は、一九〇〇年代頃から論文を著しているが、その初期において子どもの権利保護という認識は希薄であるように見受けられる（原［1909］［1912］［1922］）。

（32）当時の子どもの権利に関する研究は、欧米の社会福祉に精通し、生存権思想や福祉概念を基盤とした生江孝之および彼の影響を受けた内務省社会局の存在は大きいといえる。そこでは、イギリスの一九〇八年児童法の研究が進んでいたことも頭にとどめておきたい。

（33）この事件に関して、斉藤薫［1995］を参考に『東京朝日新聞』より引用した。なお、記事には本名が記されていたが、イニシャルに代えた。

（34）　もちろん、ミルは児童虐待の発生した家庭に介入することを前提にしているのではない。ここでは例として子どもへの教育という「両親の神聖な義務」が説かれている。

終　章　専門家の所在

第一節　一九九〇年代以降

専門家の手中にあるもの

「はじめに」でも述べたように、現在の専門家のあり方について次のような趣旨で言及したことがある。

専門家は、一方の手に反省的学問理論、もう一方の手にデータに基づく権限をもって実践に臨んでいる（三島［2005］）(1)。

一方の手中にあるのは反省的学問理論である。これを手にする専門家は、社会の周辺部にいる利用者とともに問題解決に取り組む協働者としての位置にある。専門家だけが知識や権力をもっていたこと、「非対象性」がケアの場面で存在したことを反省し、利用者の「自己決定」「強さ（ストレングス）」「物語」などを重視する。たとえばセルフヘルプの場面において、専門家は主人公たる当事者たちの活動を陰で支える役割を担う。

また、専門家のもう片方の手には「権限」が収められているとした。アン・ハートマンは、早くからクライエントのナラティブと経験を尊重するべきと主張したアメリカの社会福祉学の研究者である。彼女はこの専門家が手にする権限について次のような自覚があった。ハートマンは、反省的学問理論が実践に生かされる場合においても、「反社会的と定義される行為」があれば、「阻止、もしくは防止するように介入」しなければならないと述べている（Hartman［1993：483-484］）。たとえば虐待といった問題が起きたときには、利用者の意に反しても権限を行使することが求められることを意味している。そしてこの権限の正当性を支えているのが、データの集積である。

権限をもちながらも反省的学問理論に依拠する実践をおこなう専門家。それは一見、両面価値を帯びているように映る。こうした立ち位置は、ソーシャルワーカーの誕生以来のものといっていい。ソーシャルワーカーはレスリー・マーゴリンのいう「やさしさ」と同時にクライエントを統制する役割を担い、「社会的なるもの」の空間でその使命を果たしてきたからである（Parton［2000：457］）。しかし、ハートマンの論述を考慮するとき、このアンビバレンスは立ち消えてしまうようだ。

前章では、児童虐待問題に焦点を絞り、一方の手にしている権限について検討した。ソーシャルワーカーは、その歴史的端緒から、この権限を振りかざしても振りかざさなくても批判されるというジレンマにあった。介入権に頼らず、家庭内で虐待が発生すれば、ソーシャルワーカーは怠慢だとして非難を受ける。逆に介入権を根拠に、虐待を受けている子どもの福祉を優先し家庭に踏み込んだとしても、過ぎれば家庭の自律性を乱すものとして批判を受ける。イギリスにおいて児童福祉の制度や施策は、子どもと危険を巡る世論の影響を受けてきた。また変容する社会福祉の制度や施策と平行して、ソーシャルワーカーが論拠とするソーシャルワーク理論も変化してきた。現在手にする権限も、不幸な事件によって世論が喚起されたことを機に生じたものである。

この子どもを救う権限への批判が目立つようになったのは、英米では一九八〇年代であった。直接的な契機は特殊な事件であったが、新保守主義的な潮流のなか、介入への批判は賛同をえられやすかったと考えられる。「小さな政府」を目指す政府としても、家族の面目を保つ必要がある。〈最低限の介入〉を支えるために必要とされたのが、新しい「科学」であった。

パートンは、ジャスミン・ベグフォド事件（一九八五年）を境として、虐待のリスクを感知する新しい形態の「児童虐待の科学」（Parton［1991：62］）の確立が望まれるようになったと指摘する。そこでは、何も問題がないようにみえる大勢の人々のなかから的確に虐待の「ハイリスク」群を抽出することを目的として虐待ケースがデータベース化された。そしてこの得られたデータをもとに、マニュアルが編まれリスク管理がなされる。このデータは実践を正当化することとなった。今や専門家が一方の手にしている権限を支えるのは、過去のデータである(2)。

また、これと連動しつつも異なる様相にある、過去のデータに依拠する「科学」化が存在する。日本では二〇〇〇年代半ばに入って顕著となった、「根拠に基づくソーシャルワーク（EBSW：evidence based social work）」への関心の高まりである。エビデンスというキーワードは、一九九〇年代（英米では中頃、日本では後半から）の社会福祉学領域における「ポストモダニズム」の関心の高まりにわずか数年遅れて注目されるようになった。

「児童虐待の科学」のように過去のデータに基づくリスク管理の方法と（三島［2005］）、根拠に基づく実践という、社会福祉実践を支える「科学」化の二つの側面。本章では、後者の「科学」化と、ほぼ同時期に起こった社会福祉学領域における「ポストモダニズム」との相関について、その背景を視野に入れつつ検証をおこなっていく。

「ポストモダン」時代の社会福祉学――一九九〇年代の熱狂

一九九〇年代のイギリスの社会福祉学領域では、「ポストモダン」という言葉が一つの重要なキーワードとなった（Payne［1997：31］）(3)。特に一九九〇年代の半ばごろ、多くの関連論文が発表された（Howe［1994］、Parton［1994a］［1994b］など）。

イギリスのソーシャルワーク領域における一九九〇年代の「ポストモダン」熱の呼び水となったのは、一九八〇年代後半から一九九〇年代前半にかけて社会学の領域でなされた諸研究であった（たとえば、Rojek, Peacook and Collins［1989］、MacBeath and Webb［1991］）(4)。社会学者のクリス・ロジェクは、社会福祉学の専門誌『ブリティッシュ・ジャーナル・オブ・ソーシャルワーク』に「ソーシャルワークにおける『主体』」（Rojek［1986］）などの論文を発表し、「ポストモダン」論議の先駆となっている（他にRojek, Peacock and Collins［1989］）。

一九九〇年代からの「ポストモダン」論議では、福祉サービスのあり方やそれを取り巻く環境が「モダン」から「ポストモダン」へ移行した（あるいはしていない）ことが焦点の一つとなった。それは、たとえばリオタールの概念と重なるものだ。

科学（学問）はみずからのステータスを正当化する言説を必要とし、その言説は哲学と呼ばれてきた。このメタ言説がはっきりとした仕方でなんらかの大きな物語――《精神》の弁証法、意味の解釈学、理性的人間あるいは労働者としての主体の解放、富の発展――に依拠しているとすれば、みずからの正当化のためにそうした物語に準拠する科学（学問）を、われわれは《モダン》と呼ぶことにする。（略）極度の単純化を懼れずに言えば、《ポストモダン》とは、まずなによりも、こうしたメタ物語に対する不信感だと言えるだろう（Lyotard［1979＝1986：8-9］）。

リオタールのポストモダン論は、ダニエル・ベルやアラン・トゥレーヌらの「ポスト産業社会論」に影響を受けている。ここでは大規模な機械産業中心から、知識・サービス産業中心へと、産業構造がシフトしつつあると認識される。ここでは、よりフレキシブルで細分化された社会が共立し、大きな物語（メタ言説）は衰退の道をたどると解される。

こうした時代設定のなか、社会福祉の実践や学問も、概念や言葉の刷新からはじまる「パラダイム転換」が必要とされるようになった。こうした文脈において、「エンパワメント」「ストレングス視点」「物語理論」などが新しいソーシャルワーク理論として登場したのである。

イギリスにおけるこうした変化は、国民保健サービスおよびコミュニティケア法（一九九〇年）のインパクトが背景にあるとも考えられる。同法の制定によって、地方自治体のソーシャルサービス部は、利用者のアセスメントやケアサービスの調整と購入によるパッケージ化したサービスの供給やモニタリングといった、ケアマネジメントを実施することになった。そこではサービス供給にかかわる予算の管理権限がケアマネジャーに委任される形でケアマネジメントがなされる。また住民参加型の福祉が推奨され、民間営利団体が提供するサービスの利用が促進されるとともに、その質の管理が課題となった。こうした福祉サービスやソーシャルワーカーをとりまく環境の変化が、ポストモダン論議の水路を開いたと考えられる（三島［1998：140］）。

デービッド・ハウは近代化とともにソーシャルワークという「言説」が形成され、同時にソーシャルワーカーやクライエントも定義されたと指摘する（Howe［1994：520-521］）。そして上記のような変化が見られる現在を「ポストモダンの時代」とし、この時代の特徴を多元主義（pluralism）・参加（participation）・権力（power）・パフォーマンス（performance）の四項目で説明した。

第一の「多元主義」について。ハウによると、近代社会におけるソーシャルワークの理論化は、「グランド・ナラティブ（grand narrative）」の擁立を進めることであった。ポストモダンの時代では、知の世界においても多様性が許容されるようになり、普遍的原理の存在意義は希薄化する（Howe［1994：524］）。それゆえ、「哲学的、論理的、専門職的、教育的、組織的に統合を目指してきた社会福祉学の近年の試みは破綻する可能性」があるという（Howe［1994：525］）。

多元的な社会において、特権的な見地や絶対性は後退していくが、ここで第二の「参加」は重要度を増す。ポストモダンの社会において、すべての判断は相対視され、力が与えられる。それは、力をもつ人間の言葉のみが真実とされた過去とは異なる。そこで従来の「クライエント」には、福祉サービスを利用する際に「自己決定」をおこなう役割が求められるようになった。伝統的に実践家によって握られていた決定権は、このとき分割されることとなる。同時に「エンパワメント」や「選択」などの概念も脚光を浴びる。こうして利用者は実践の場面においてワーカーと協働する「参加」者と設定されるようになった。こうした傾向は、市場と個人的な生活の両面における自由と権利を尊重する、新保守主義的な考えから生じたと指摘される（Howe［1994：525］、他にParton［1994a］）。

第三の「権力」に関して、ハウはフーコーの権力論（次節参照）に依拠しながら、ソーシャルワーカーを「社会の周辺部に住む人々を規律化する」ために「中心的役割を果たす」者と位置づけた（Howe［1994：526］）。真実は脱中心化されたといわれながらも、児童虐待をめぐる福祉サービスの現場では依然権力は偏在している。彼はこの「アイロニー」の具体例を、一九八〇年代から一九九〇年代にかけてのソーシャルワーカーの官僚化や、児童虐待に関する処遇の変化に求めている。

最後に「パフォーマンス」について。ソーシャルワーカーたちが「クライエント」の精神分析などに時間と労力を投資したのは過去の話となった。今日、「クライエント」は「利用者」「消費者」「契約者」へと変貌した。以前は、たとえば心理学的に「クライエント」を解釈しようと試行錯誤してきたが、今やそうした学問理論は必要ない。治療や改革の代わりに、契約や課題の達成、技能訓練が強調されるようになった。現在、「利用者」は法的枠組のなかで捉えられたり、商品としてのサービスを利用する「消費者」と位置づけられたりする。ハウはソーシャルワーカーの実践が「深部の解釈から表層のパフォーマンス」へシフトするなかで、マニュアル化が進み、結果や効果を重視する実践が志向されるようになったと述べた（Howe［1994：527-530］）。

デーヴィッド・ウェブはこの時期の社会福祉学の潮流を「ポストモダン」に還元しない。彼はポスト・フォーディズムの煽りを受けて、経済的な概念を熱心に援用したにすぎないと指摘している（Webb［1996］）。その適用された概念とは、たとえば「脱中心化（decentralisation）」や「チーム・ベイスト・ワーク（team-based work）」、「準市場（quasi-markets）」などである。

ネオリベラリズムとの親和性

現在を「ポストモダンの時代」と位置づけなおす一連の作業に対し、批判の矛先を向ける人々がいた。彼らによれば、ソーシャルワークの「ポストモダニズム」はニューライトやネオリベラリズムの潮流と連動するというのだ。

リチャード・ローティが『ポストモダニスト・ブルジョア・リベラリズム』（一九八三年）でポストモダニズムとリベラリズムを結びつけようとしたように、ポストモダニズムと（ネオ）リベラリズムの密接な関係を指摘する論は以前からある。そうした問答が、社会福祉学の領域においても繰り返された。それは、ポストモダニズムの潮流に乗じる者と、それに異を唱える者の両者で共有されている。このことは経済学の用語を熱心に適用していることからも予見しえたのかもしれない。

キャロル・スミスとスーザン・ホワイトは、パートンやハウの論が現代のネオリベラリズムの政治的・イデオロギー的文脈に位置づけられた場合、「ポストモダン」と特徴づけられるソーシャルワーク実践は「ニューライト・イデオロギーのヘゲモニーに帰せられる」（Smith and White［1997：293］）として問題視する。またピーター・テイラー＝グッビーも、「ポストモダニズムの機能はそのイデオロギー性をあいまい」（Taylor-Gooby［1994：402-403］）にするもので、不平等をもたらし民営化を推奨する傾向をもつとして批判している。さらにレナ・ドミネリの論文では、「ポストモダニズムの典型としてのマーガレット・サッチャー」（Dominelli［1996：162］）と端的に記されている。

パートンは、ネオリベラリズムが色濃い社会においてソーシャルワークの知は体系化を志向しないと説いた。彼は後に、こうした体系化を志向しない知のあり方を「ポストモダン」の特徴と見なしており（Parton［1994a：27-29］）、ネオリベラリズムとの親和性を否定しているわけではない。

前章では、子どもの権利（C）や子どもの自律性《オートノミー》を擁護する動向は、実は専門家の営為に調和しえることを確認した。ライオンとパートンをはじめとする論者によると（Lyon and Parton［1995］、Fox Harding［1991a］［1991b］、Freeman［1995］）、「子どもの自由」を掲げることは、従来の学問理論へのアンチテーゼを打ち立てると同時に新たなかたちでの統制へと連結させることでもあった。

反省的学問理論とは、おのれに向けられた批判的分析を自らの内部へと消化する学問を指す。これを子どもの権利（C）の存在と重ねるとき、自由を支持する側にも、介入を支持する側にも有用であるのではないかという可能性が浮かび上がる。つまりハウの権力分析にあったような自由の侵害に対する批判をおこなった後で、反省的学問理論を擁立したとしても、それを介した新たな形での制御がはじまっている可能性があるということだ。

社会福祉学の反省的学問理論として「エンパワメント」「ストレングス視点」「物語理論」などが浮上してきたが、これらはどういった特質をもつのであろうか？　現在をポストモダンの時代と位置づける歴史観は、ネオリベラリズムと重ねる者がいた。反省的学問理論がポストモダンと結びつけられるとき、やはりネオリベラリズムと並置されうるのか。反省的学問理論に両面価値があるとすれば、専門家が「一方の手に反省的学問理論、もう一方の手にデータに基づく権限をもって実践に臨んでいる」という自家撞着を収拾させるために存在するといえるのではないか。これらの問いに挑む前に、もう片方の権限をめぐる最近の変化について言及したい。

第二節　エビデンス・ベイスト・X

ソーシャルワークの「新しい科学」としてのデータベース化

現在、社会福祉学領域には「根拠に基づくソーシャルワーク」への関心の高まりがある。専門家が手にする権限を支えるデータベースのもう一つの表層である。ＥＢＳＷは、「ソーシャルワークの援助方法の考え方を根底的に変換させるであろう。ＥＢＳ（著者注・ＥＢＳＷ）は看過できない重要な実践原理であると同時に、世界の大きな流れになりつつある」と鳴り物入りで紹介され、「どのように受容し生かすか、それが日本の社会福祉学界における火急の大課題」（秋山薊二［2005：124］）などと認識されている。また、このように新しい潮流とみなされながらも、ソーシャルワークの先駆的な活動や古典にＥＢＳＷの端緒があるとする議論も絶えない。たとえば、「一九世紀後半の慈善組織協会による『科学的慈善』に起源」（渡部律子［2005：20］）があるとされたり、『社会診断』でメアリー・リッチモンドがエビデンスを強調していたことが指摘（佐藤豊道［2006：60］）されたりする。

また大橋謙策は、「ＥＢＳＷこそがソーシャルワーク研究、社会福祉学研究の『科学化』を推進する」というタイトルをあげ、実践には「職人芸」ではなく、「ＥＢＳＷの視点が重要になる」と述べている（大橋［2005］）。同様に蟻塚昌克も「科学的根拠に基づいた専門性の確立」のためには、「これからの福祉サービス提携事業は、業務の手順の組み立てや評価、経営管理について、科学的根拠（エビデンス）に基づいて明確にしたうえで推進していかなければならない」（蟻塚［2006］）と主張している。これらの所見には、ＥＢＳＷを研究や実践のなかに活かすことが、「科学」化を推進し、ソーシャルワーカーの専門性を確立するという考え方が前提としてある。

ところでこの evidence という単語には、「科学的根拠」という訳語が当てはめられることが多い。ＥＢＳＷが影響を受けたといわれる、医療におけるエビデンス重視の潮流では「科学」はそれほど強調されていないのにも関わらず。おそらく、ＥＢＳＷに関する英文献に scientific の語がちりばめられていることを反映させたのだろう。「科学的」という冠を被せられた根拠に基づくソーシャルワークという語は、根拠に基づいて社会福祉実践をおこなえば、その科学化が進み、ひいてはソーシャルワーカーの専門性を高めることができるという筋書きをより際立たせる役割を担っていくのだろう。実はこの「科学的根拠」という言葉は、政治の場において力をもつことがある。特に一九九〇年代以降に多用されるようになったが、これには保守化や「小さな政府」という主張に基づく規制緩和との関係があると指摘されることもある(5)。

本節でＥＢＳＷをとりあげるのは、ＥＢＳＷに関する議論は社会の側の視点が脆弱であることを危惧するためである。本節は体系的なＥＢＳＷの紹介ではなく、「ポストモダンの時代」と認識される局面における存在意義について考察することを目的とする。それにはまず、医学領域におけるエビデンスの流行とそれに関する議論を検討することからはじめたい。というのも、ＥＢＳＷは「根拠に基づく医療（EBM：evidence based medicine）」の影響を受けているというのが、なかば常識とされているからだ。ＥＢＭが影響を与えたのは、社会福祉の実践だけではない。看護・ヘルスケア・臨床心理・教育の領域にもこのプロセスが適用されようとしている(6)。また、イギリスはアメリカよりもＥＢＭが「進んでいる」とされることがあるが、その背景にはＮＨＳ改革があると考えられている。この変化こそはソーシャルワークが医療と同時に経験したものであり、ソーシャルワーカーが根拠に基づく実践を志向するようになった経緯を考察するためには欠かせないだろう。またＥＢＳＷの教育にもＥＢＭのテキストが使われていることがあるようだ。約一世紀前にフレックスナーという人物を介して医師を模した社会福祉の研究者ではないが、ここで二一世紀において展開されるＥＢＭの世界観を参照したい。

根拠に基づく医療の二つの顔

「ＥＢＭの三人の父」[7]の一人とされるデービット・サケットは、ＥＢＭを「一人ひとりの患者の臨床判断にあたって、現今の最良の証拠を、一貫性をもった、明示的かつ妥当性のある用い方をすること」とし、ＥＢＭの実践を「個人の臨床的専門技能と系統的研究から得られる最良の入手可能な外部の臨床的根拠とを統合すること」と定義している（Badenoch & Heneghan [2002＝2002：1]）。

サケットは、ＥＢＭは「新しい進化の時代」を拓いたと断じる。彼によると、ＥＢＭ時代への転換をもたらしたのは、ＩＴ化や情報処理技術の発展と「迅速な臨床的方法（ＮＮＴ[8]のような）の進化」である（Sackett, *et al.* [1997＝1999：vi]）。

ＥＢＭの普及に力を注いだサケットでなくとも、ＥＢＭが新しい時代を拓いたという見解をもつ人は多い。二〇〇〇年に日本ではじめてＥＢＭを専門的に扱う定期刊行雑誌である『ＥＢＭジャーナル』が創刊された。この創刊号の巻頭言では、「ＥＢＭは医療のあり方全般にまで影響を与える可能性が高く、パラダイムシフトを内包しているといってよいであろう」（福井 [2000：7]）と記されている。

社会福祉学領域と同様、ＥＢＭの始原を過去に求めることもなされた。一九九一年にＥＢＭという語を使ったのは、カナダのマクマスター大学のゴードン・ガイアットであったとされたうえで、時にはＥＢＭの精神の創始者はヒポクラテスであると指摘されたりする。とはいえ最も一般的なのは、一九世紀中期のパリの臨床学派に根源があるという見解である（Sackett, *et al.*[9] [1997＝1999：vi]）。ピエール・ルイは一八三四年に比較対照試験により、有史以来続いたといわれる蛭による瀉血療法の有効性を否定した。

確かに「ＥＢＭ時代」は、従来基礎研究に比べて軽く扱われがちであった臨床研究の地位向上をもたらした（名郷［1999：28］）。とはいえ、臨床研究の結果であるエビデンスを参考にする医療はこれまでもおこなわれてきた。「そんなことは今も昔もやっていたじゃないか」というわけである。それにもかかわらず、サケットはいささか興奮気味に新しい時代の到来を告げる。彼を中心としたＥＢＭを推進する人々を支えたのは、反権威主義的なイデオロギーであり、効率性を求める政治的な社会背景であった。

ナラティブとＥＢＭ

「知識は病いの敵である」がモットーだというミュア・グレイによると、「医療の新しいパラダイム」において、医師の知的権威・道徳的権威・官僚的権威・カリスマ的権威は失墜し、医師は患者と意思決定を共におこなう補完者となるという（Gray［2002＝2004］）。著書のタイトルとなった『賢い患者（The resourceful Patient：邦題は、「患者は何でも知っている」）』とは、「科学との蜜月の終わり」、「あらゆる専門家が権力を失う」二一世紀において、自分の医療に関する責任を引き受け、自ら情報を得て評価する患者を指す。今でも特に珍しい病気の場合、医師より患者のほうがその病気についての知識が豊富なことがあると聞く。グレイは、情報化が進み臨床研究の結果に誰もがアクセスできるようになる時代の医療のあり方を予言しているのだ。グレイはイギリスにおけるＥＢＭ導入の旗振り役であり、『根拠に基づくヘルスケア（Evidence-Based Health Care）』（一九九七年）の著者という顔をもつ。

では、ＥＢＭは科学ではないのだろうか？　確かに、ＥＢＭは近代医学の伝統である病態生理学的なアプローチよりも臨床を重視する。病理のメカニズムを解明するよりも、治療や投薬の結果を集積・解析・解釈することを重視し治療法を選択する。とはいえＥＢＭは科学かという問いに対しては、疫学や統計学が科学である以上、科学といえるだろう。しかしながらＥＢＭは医師の専門性やそれに付随するパワーを反故にした（しようとする）という点で従来とは異なる。

ＥＢＭと「一般市民の科学理解（PUS：Public Understanding of Science）」が並置されることもある（斉尾・栗原

［2001］、斉尾他［2002］、斉尾［2003］）。ＰＵＳとは、「公衆の職業科学者に比べた専門的知識の質的・量的な格差と、それら専門的知識の専門家から公衆への一方的な流通という前提をとらないこと」（綾部［2001：212］）である。医療においては、「医学の科学的な側面の理解を市民に促し、あるいは市民の側から医療政策や個々の治療方針決定などに積極的にかかわる」（斉尾［2003：26］）ことになる。ここで、専門家に特権は付与されない。情報と責任を専門家と患者で共有するという姿勢は、本書の反省的学問理論に通じるものでもある。

ＥＢＭを推進する斉尾武郎は、病理生態学的なメカニズムを解明することが「王道」とされる状況や、医学界におけるヒエラルキーを打ち砕くという大志を胸に留めている。彼はこれを「日本の医学界のサバルタン[10]の多くがＥＢＭの旗頭の下に集合し」たと表現する（斉尾［2003：25］）。

こうしたユートピアの現実路線の一つは、インフォームド・コンセントの徹底化であろう。名郷直樹によると、インフォームド・コンセントとは、患者にもわかるようにＥＢＭのプロセスを組みなおす作業である。「患者にもわかる医学情報の提供の仕方、それは病態整理や医師の経験だけでなく、臨床研究の事実にも基づき説明するということなのではないか」（名郷［1999：160-165］）と。

インフォームド・コンセントを重視するＥＢＭの実践には、患者との対話は当然重要とされる（斉藤清二［2005：55］）。そこで患者のナラティブを重視する医療として、「ナラティブ・ベイスト・メディスン（NBM：narrative based medicine）」が出現した。一九九七年に『ＥＢＭがわかる（How to Read a Paper: the Basics of Evidence Based Medicine）』（Greenhalgh［2001＝2004］）を著したトリシャ・グリーンハルは、翌年に『ナラティブ・ベイスト・メディスン』（Greenhalgh & Hurwitz（eds.）［1998＝2001］）を、二〇〇三年に『保健専門職のためのＮＢＭワークブック——臨床における物語共有学習のために』（Greenhalgh & Collard［2003＝2004］）を出版している。ＥＢＭに精通した者によってナラティブ・ベイスト・メディスンが説かれたことに注目したい。グリーンハルは、ナラティブ・ベイスト・メディスンはＥＢＭを否定するのではないと強調したのであった。

図6-1　EBMの実践

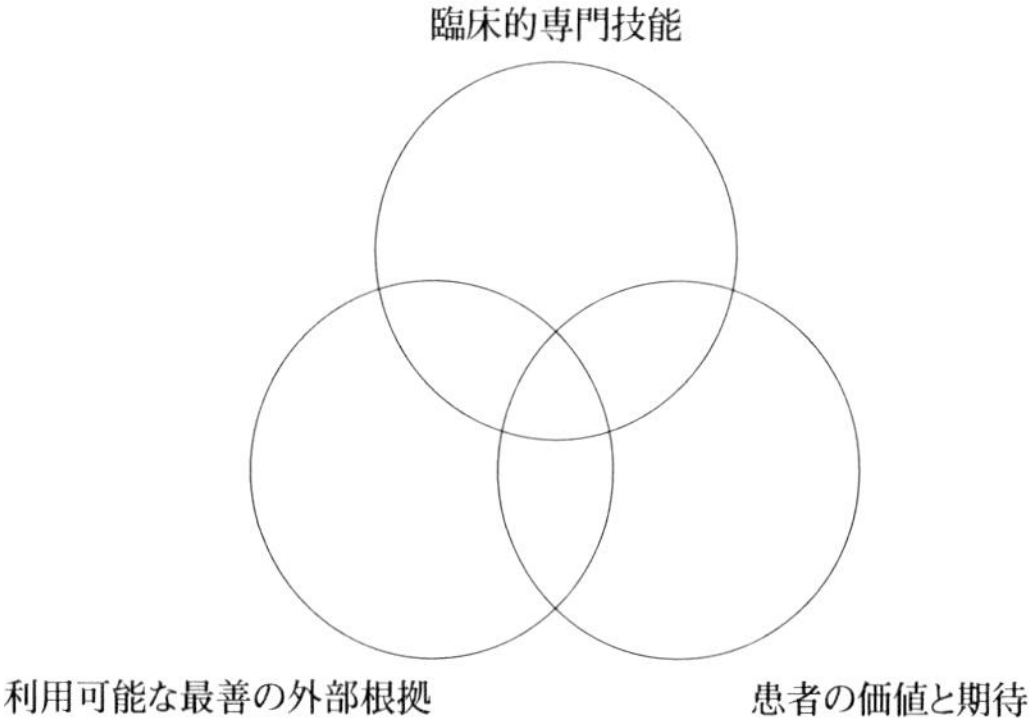

真の根拠に基づく医療は、その中で患者が病いを体験し、医師と患者の出会いが演じられる解釈の世界を前提にしているのである（Greenhalgh & Hurwitz［1998＝2001：253］）。

そもそもEBMの伝道者たるサケットが示した「科学的な医療を実践しようと思う臨床医」にもこのNBMに通じる思考が見受けられる。彼はEBMを実践するにあたり、「臨床的専門技能」「利用可能な最善の外部根拠」「患者の価値と期待」を踏まえなければならないとして、図6－1のように図式化した（Sackett［1997＝1999：iv］）。

「すべての有効な治療は無料に！」

EBMの実践には、エビデンスに基づく診療ガイドラインの作成と普及が不可欠とされている。ガイドラインの利用は、忙しい臨床医にとって現実的な手段である。個々の患者に対する治療法のエビデンスを得るために、医師が診療業務の間に原著論文にさかのぼって調べることはほとんど不可能だからである。しかしながら、ガイドラインは批判的に吟味されねばならない。ガイドラインを鵜呑みにする医師は、「料理本」を片手に調理する素人となんら変わりはないからだ（名郷［1999：9-13］）。

グリーンハルは『EBMがわかる』のなかで、ガイドラインの目的を「証拠に基づいた基準を明確にし、また利用しやすくすること」、「クリニックやベッドサイドで行う決定を、もっと簡単に、もっと客観的に行うようにすること」などとならんで、「医療サービスの対費用―効果を改善すること」をあげている（Greenhalgh［2001＝1999：170］）。これはＥＢＭの普及を目指す人々がしばしば口にする利点である。この点が、「根拠に基づくガイドラインは、医師の裁量を制限し、医療費削減戦略の一環ではないか」という批判が生まれる根拠でもある。

李啓充は、日本の厚生省（現・厚生労働省）が「ＥＢＭとは治療ガイドラインに基づく医療をすること」という誤解を結果的に広めたと指摘する。そして米国のマネジドケアに照らし合わせて、「ＥＢＭ＝ガイドライン」という誤解を広める人物の本当の目的は、「ガイドラインをコスト抑制の道具にしたい」という場合であることが多いと指摘し、本来のＥＢＭの趣旨とは異なるとして批判する（李［2002］）。サケットは、「根拠に基づく医療を実践している医師は、個々の患者の生命の質と量を最大化するために、最も効果的な介入を見つけて適用するであろう。こうした医療は、その費用を削減するよりも、むしろ増加させる可能性がある」（Sackett, *et al.*［1997＝1999：4］）と述べていた。李は、サケットは医師が「トップダウンの料理本（ガイドライン）を押しつけられる」事態に反対しているものと解している。

これに対し、厚生省大臣官房厚生科学課長や厚生労働省健康局長などを歴任した高原亮治は、サケットが一方で医療の「経済学的」効率性を重視したことや、グレイが医療費の効率化と質の向上を強調した（Gray［1999［2001＝2005］）ことに言及する。そして李とは逆に「無邪気にＥＢＭは医療費削減とは無関係である、とは言えないのである」と断言していた（高原亮治［2000］）。そして彼は次のように締めくくる。

ＥＢＭが真の意味での医療費の効率化に役立たないとすれば、医学界はともかく社会の支援は得られないだろうということである。医療費は削減するべきものであり、ＥＢＭはその削減を行う際に医療の質の低下を防止する技術でもあって、基本的には、円―ドルレートの変動に日本産業が“KAIZEN”などを通じて耐え抜いた、そうした技術なのである（高原亮治［2000：58］）。

高原がこのように確信できるのは、グレイの著作のみならず彼の行動にあるのかもしれない。グレイは三〇年にわたってイングランド公衆衛生局に勤務しており、その間、NHS管理運営部イングランド地方研究開発局長などを務めた。その行政官の彼が、オックスフォード大学EBMセンター設立の際、マクマスター大学よりサケットを招聘するなど、イギリスEBM草創期の主要な組織の設立に参画したのである。ミュア・グレイという人物のなかでは、医療費の効率化と、医療の質の向上と、PUSや患者中心あるいは脱専門職主義的な思想が調和していたのだ。

こうした経緯を経ずとも、コクラン共同計画（Cochrane Collaboration）[11]が一九九三年に疫学者アーチボルド・コクランの名前をとって設立されたことを考えると、EBMという運動体自体に政治的意図があったことがすでに明示されているといえるのかもしれない。コクランの政治的立場は、前項で述べた「インフォームド・コンセント」「患者のナラティブ」重視といった側面を併せもつことなく、[12]RCTによって医療の介入の効果を評価し、効率化を進めようとするものであった。

コクランは一九〇九年にスコットランドのガラシールズに生まれ、ケンブリッジ大学やロンドンのユニバーシティ・カレッジで医学を学んだ。一九四〇年には英国陸軍軍医部に応召し、翌年クレタ島で捕虜となり四年間を「戦犯」として医療に携わった。戦後、医学研究協議会の研究員や国立ウェールズ医科大学の教員を経て、一九七二年に世界各国で反響を呼ぶこととなる『効果と効率』（Cochrane［1972＝1999］）を出版する。

同書で彼は、（大胆にも、物資の乏しかった軍医時代の経験などと比較しながら）NHSの医療には「インフレーション型」の支出がなされる部門があると指摘し、臨床研究の重点化や組織改革を通じて「有効でない治療法の使用と有効な治療法の非効率な使用」を減らしてコストの削減を提唱する。この「節約」により得た予算は、老齢年金と避妊の無料化、介護サービスの質的向上に費やされるべきと主張した（Cochrane［1972＝1999：83-89］）。[13]

彼は学生時代、NHSのあり方を考える集会の折、「すべての有効な治療は無料に！（All effective treatment must be free）」と自ら書いたプラカードを掲げて出かけたそうだ。有効か否かを重視する効率的な治療のあり方は、彼の学生時代からの主張でもあった。

コクランは『効果と効率』で、臨床研究を評価するよう制度を改革し、その結果に基づいた医療が提供されるべきであると論じる。そしてそれが成功した場合、治療法に関する医師の裁量や管理上の「自由」に変化が生じると予想している。

研究の成果が実行に移されたならばこの自由は相当制限されるだろうと想像する。処方、検査、入院、在院期間等期間等々の適応はより明確に定められたものとなるだろう（Cochrane［1972＝1999：87］）。

つまりＥＢＭの一つの特徴であるガイドラインが確立すると、医師の自由裁量に制限が設けられると予言したのであった。

ソーシャルワーク実践のエビデンス

上記では根拠に基づく医療に関する議論やその政治的背景について概観してきた。一方、「ＥＢＳＷは、ＥＢＭの影響を受けて生まれた」とされ、統計的な手法が社会福祉の実践において用いられようとしている(14)。

ＥＢＳＷは、次のように定義される。

実証的に検証された文献や論文を体系的に収集し系統立て、そこで得た知識と手順が、援助目的に最も適切で効果的な結果をもたらすように、実践者に介入法（インターベンション）の選択と実施を支援するものである（Rosen & Proctor［2003：1］）(15)。

直面する問題の解決方法が、効果があると評価された過去の介入方法から選び取られる。エビデンスはＥＢＭと同様、調査結果を掲載した論文や、根拠に基づくソーシャルワークの実践を目指して蓄積されるデータベースのなかに存在する。ソーシャルワークにおいても、正確を期すよう「可能な限り無作為化比較対照試験を用い」るべき（Newman［1997］[16]）とする者もいる。

芝野松次郎は、エビデンスに基づく社会福祉実践を支える「類型化による診断システムにかわりうる新たな問題（ニーズ）とそれに対応する実践手続き、そしてその評価結果を何らかの形で蓄え、それを活用するシステムが必要」であると主張する。そのシステムとは、「個々の問題やニーズに対応したアセスメント（対象、問題の理解）、プランニング（問題解決のための援助手続きと契約）、インプリメンテーション（implementation：プランの実行とモニター）、エバリュエーション（evaluation：援助の結果の評価）をセットとしてモデル化された実践手続きを開発し、評価し、蓄え、活用できるような」（芝野［2005：21-22］）ものである。

こうした根拠に基づくソーシャルワークは、これまでの社会福祉学の実証主義の系譜にあるものと特徴づけることができるだろう。研究や調査の結果と社会福祉実践をつなぐこと自体は、ソーシャルワークの専門性を支えるものとしてフレックスナーの時代から試み続けられてきた。したがってＥＢＳＷを論じる際には、ソーシャルワークの歴史のなかにその端緒が求められたり、ソーシャルワーカーの倫理綱領のなかにその必然性が見出されたりする（Cournoyer［2004：1-2］、芝野［2005：20-21］）。

このＥＢＳＷはソーシャルワークの「科学」化や理論化に寄与するものと広く認識されている。芝野は、ソーシャルワークの理論化は「具体的な実践モデルのデザイン・アンド・ディベロップメント、開発された実践モデルの継続的かつ根気強い蓄積とデータベース化、データベースからの効率的な検索と活用（実践）、実践の評価による効果の測定、そして実践モデルの改善とデータベースの更新を繰り返す循環的フローの総体と考えることができる」と述べている（芝野［2005：23］）。ここでソーシャルワークの理論化とは、その実践が根拠に基づいたものであるよう、データベースを整備することなどである。

evidenceという単語は「科学的証拠」と訳されることがある（藤井［2004：280］）。ここで注意したいのは、こうした思考に「フレックスナーの悪霊」は存在しない点である。ケアマネジメントの普及やパフォーマンス志向の高まり、そしてアメリカにおいてはソーシャルワーカーを相手取った訴訟数の増加などを受けた専門家を取り巻く環境の変化のなか、エビデンスへの視線は熱いものになった経緯があるからだ。(17) ＥＢＳＷは専門家としての属性を満たさなくてはならない、というフレックスナーの呪縛から解放されている。とはいえ、evidence という単語に「科学」を添加し、根拠に基づく実践を「科学」的と位置づけソーシャルワーカーの専門性を高めたいという意図は存在する。またＥＢＳＷはポストモダン的な発想と対峙するものとしてみなされることがある。

ＥＢＳ（著者注・ＥＢＳＷ）への批判は存在する。(18) 日本でも、ポストモダニストからの批判が想像される。とかく新しいものの台頭は批判にさらされる。ＥＢＳ、ＥＢＰに対しても多くの批判が存在する（秋山薊二［2005：131］）。

「多くの批判が存在する」とすれば、エビデンスが利用者のコンテクストと乖離する場合のあることが容易に想像できるからであろう。しかし前節で言及したように、「ポストモダン」の社会福祉実践は、新自由主義的な影響を受けていると指摘する者がいた。ＥＢＭの父と称されるコクランの言動をかんがみるとき、ＥＢＳＷと「ポストモダン」的な反省的学問理論とは調和するといえるだろう。反省的学問理論については次節に譲るが、これは新自由主義やＥＢＳＷと対峙するものであり、かつ車の両輪のような関係でもあると考えられる。

リスク・マネジメントする社会福祉実践（三島［2005］）とならんで、ＥＢＳＷは社会福祉実践をデータベース化しそれに依拠するものである。かたや、さまざまなレベルのデータに分解され、蓄積され、ハイレベルのリスク保因者の割り出しに利用される。かたや、実践モデルやプログラムの有効性の有無に関するデータが実践や調査を通じて蓄積され、実践のあり方を選択する際の根拠にされる。そしてこれらのデータベースこそが、専門家が手にする権限を支えている。しかし科学一般がそうであるように、統計は恣意性をもつこともある。確かにＥＢＳＷにおいて、実

図6-2

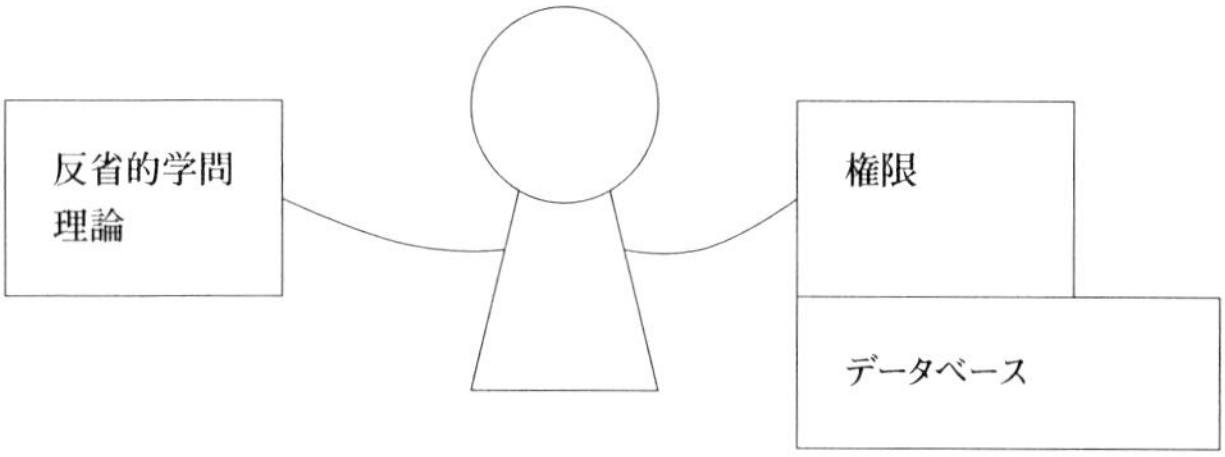

践は特定の個人（ソーシャルワーカーなどの援助専門職）の権威に基づくものではなくなったのかもしれない。こうした変化は、利用者にとってメリットが大きいこともあるだろう。

繰り返すが、医療実践のデータベース化と反省的学問理論の一つであるNBMの興隆とは矛盾しあうものではなかった。グリーンハルがEBMの入門書を書いた直後に『ナラティブ・ベイスト・メディスン』を出版したように。また社会福祉領域においても同様にデータベース化と反省的学問理論は同居しうる。ポストモダニズム＝新自由主義の指摘を思い出す必要さえないかもしれない。図6－2に示したように、現在、専門家は両者を手中に収めているといえる。

坂田周一は「科学の方法」としてのリサーチを説くなかで、次のように指摘する。

> 科学観へのアンチテーゼとしてポストモダンの考え方が出て、社会現象の主観的理解を重視する質的リサーチが注目されていますが、両方の特質を踏まえて人間社会の複雑さを理解する努力を重ねることが大切です（坂田［2003：14］）。

第三節　反省的学問理論と閾値

フーコーとソーシャルワーク

現在、専門家が一方の手にしている権限を「社会福祉実践のデータベース化」によって強固にしようという動きが再燃している。本節では、もう片方の手にしている反省的学問理論に焦点をあてる。この二者は反発しあうようにみえるが、現在専門家はこれらを一度に抱え込んでいる。ソーシャルワーカーは、いったいどのような立ち位置にあるのだろうか？

「はしがき」に記したように反省的学問理論とは、おのれに向けられていた批判を内面化することによって正当性を保つ学問理論を指す。ソーシャルワーカーへの本質的な批判と考えられた反専門職の思想を全面的に受け入れることから反省的学問理論のプロジェクトは始動した。なかでも一九九〇年代以降、フーコーの思想が積極的に援用されるようになった。この反省的学問理論は社会福祉学領域において「ポストモダン」のソーシャルワーク理論と位置づけられた。

ソーシャルワークにおける「ポストモダニズム」の先駆として、アン・ハートマンの一九九一年の論があげられる場合が多い（Pardeck［1994：113-123］、野口［1995：180-186］）。「ことばは世界を創る（Words create worlds）」と題された『ソーシャルワーク』の巻頭言（Hartman［1991：275-276］）は、エコマップの提唱者として知られていたハートマンのシステムズ・アプローチからの転換を、さらにはソーシャルワークのパラダイム転換を象徴するものとして位置づけられさえする。そうした鍵となる論文であったが、実はこのとき、ハートマンが「ポストモダンの思想家」として引用したのは、フーコーただ一人であった。この傾向は一定期間、続いたようであるが[19]、イギリスのソーシャルワーク領域における「ポストモダニズム」論争においても同様にフーコーが主な論拠とされる場合が多い。

このように社会福祉学領域の「ポストモダン」論議において、フーコーがその代表的な思想家として認識されているのは興味深い[20]。この時、必ずしもフーコーの人生を通した思考の経緯や、彼の思想をめぐる議論全体に注目が向けられたわけではなかった。社会福祉学の研究者の関心は、主に以下に列挙するような命題に集中していた。

フーコーは『監獄の誕生』のなかで、人々を「規格化」する実務に就いている医者や心理学者などとならぶ専門家として、ソーシャルワーカーを位置づけている（Foucault［1975＝1977：304, 306］）。フーコーから大きな影響を受けたドンズロも、『家庭に介入する社会』（Donzelot［1977＝1991］）において「社会的なるもの（le social）」の領域にソーシャルワーカーを位置づけた。こうした彼らの分析は、社会福祉学の研究者にとって「ショッキング」なものであったという[21]。イギリスでは、予防的介入を提言したイングルビー報告（一九六〇年）を経て、福祉と司法との結びつきは堅固なものとなっていた。こうした背景も、ソーシャルワーカーが「規律化」を実行する国家の管理装置の一機関だとする思考が受け入れられた一つの要素であったといえる。

伝統的な社会福祉学の営為と真っ向から対立する思想が、学問のなかに内面化され正当化されていく。この思想は社会福祉学者（の一部）にとって、魅力的なものであった。パートンは、「フーコーとフーコー主義《フーコディアン》らの政治（governmentality）に関する分析は、近代社会におけるソーシャルワークの性質を理解し、脱構築するのに非常に有益であった」（Parton［1994a：10］）と述べ、「ポストモダン」時代の社会福祉学を標榜している。しかしながら、社会福祉学の存立を危うくする思想をソーシャルワーク理論という枠組みのなかへと簡単に援用できるのだろうか？　少なくともパートンにとってみれば、フーコーの思想はソーシャルワーク理論の新天地を開く重要な手段の一つであった。

とはいえ、こうした新しい形態の理論で装うことによって、批判の対象となった「管理装置」としての役割からソーシャルワーカーたちが脱却できる保障はない。それは、他分野とも共通する反省的学問理論の問題である。第四章では、脱施設の思想が専門家の野望と合致したり、反専門職主義が専門家の営為のうちに消化吸収されたりしてきたことを考察したが、ここにその再現をみることができるのではないか。フーコーは、「反省的」なソーシャルワーク理論として矮小化されたからこそ、もう片方の手に権限をもてたのではないか。

まず、フーコーの思想のどういった部分が社会福祉学に「導入」されたかを確認したい。社会福祉学領域における「ポストモダニスト」たちが引用した参考文献をみると、『監獄の誕生』（Foucault［1975＝1977］）と『知の考古学』（Foucault［1969＝1981］）、『性の歴史』（Foucault［1976＝1986］）に集中していることがわかる。なかでも最もよく引用されたのは、やはりソーシャルワーカーが名指しされた『監獄の誕生』であった（Rojek［1986］、Parton［1991］［1994a］［1994b］、Hendrick［1994］、Howe［1994］、Webb［1996］など）。同書の第四部「監獄」には、「パノプティコン」に代表される監獄の社会的機能が描かれているが、特にその周辺が引用されている。

フーコーは、一七五七年のダミアンの公開処刑という史実を取り上げ、その酷い身体刑から諸権利の停止という

「おだやかな」処罰行為へと移行する際に知が挿入されていったことを指摘した。社会福祉の研究者たちはこの論に依拠し、社会福祉学もそうした知の一つであったと自覚する（たとえば、Howe〔1994：527〕）。「規律・訓練に反する者や危険有害な者の行為をむりやりに規格化する実務」を一つの「技術」とする「〈規律・訓練＝（学問）〉」（Foucault〔1975＝1977：296〕）の一つに社会福祉学を当てはめ、同定するのである。それゆえ、社会福祉学の範疇で浮遊するうたかたのソーシャルワーク理論は、一つの「言説（discourse）」にすぎないという認識にいたった（Parton〔1991：3-5〕〔1994a：11, 29〕、Payne〔1997：30-31〕）。

ちなみにソーシャルワーカーの経験が長いマーゴリンの著書『やさしさの名のもとに――ソーシャルワークの介入』の冒頭には『監獄の誕生』の次の部分が引用されている（Margolin〔1997＝2003〕）。

> 規格に合致するか否かを裁定する者たちは、いたる所に存在する。私たちは、教師という名の裁定者、医師という名の裁定者、教育家という名の裁定者、そして「ソーシャルワーカー」という名の裁定者がいる社会に住んでいる。規格的なるものが普遍的に君臨する基盤を提供するのは、かれらである。その結果、各個人はどこにいようとも、自らの身体、身振り、習癖、そして業績を、規格的なるものに隷属させる。近代社会においては、その形態が緊密であるにせよ散漫であるにせよ、社会への組み込み、そこでの配分、監視、観察のシステムを具えた監視網が、規格化を進める権力の支えとなってきた。

また『性の歴史』もしばしば引用されている。同書の論を引用したうえで福祉の対象者である「クライエント」とは、規格化の対象であると同時に、身体を通した「主体化」を経て操作される人々であると把握された（Hendrick〔1994：2〕、Parton〔1994a：11〕、Smith and White〔1997：277〕）。

それだけではない。歴史さえもが、フーコー的な観点から書き直された。前出のマーゴリンの著作では、ソーシャルワーカーがどのようにして権力を行使するのかが検討され、その実践で使われる言語の仕組みが分析された。後者

表6-1　ソーシャルワーク・アプローチとケアマネジメント・モデル

登場・発展の年代	1940～1970年代	1970、80年代～	1980、90年代～
指向タイプ／関心の視点・焦点	成長・変化指向	維持・改善指向	解放•変革指向
個人内	心理社会的アプローチ 行動変容アプローチ 課題中心アプローチ		
個人と環境（緒システム）との関係	課題中心アプローチ 家族療法アプローチ	システム•アプローチ／ジェネラリスト・アプローチ 仲介モデルのケアマネジメント	解決指向アプローチ 物語アプローチ エンパワメントに基づく実践 ストレングス•モデルのケアマネジメント
個人外（社会・文化）			エンパワメントに基づく実践 フェミニスト・アプローチ 反抑圧的実践

出典：副田［2003：190］

は、クライエントの利益として語られることが、実際にはソーシャルワークの利益と合致するものになっていることを明らかにするための分析である（Margolin〔1997＝2003：16〕）。彼は、ソーシャルワークの起源とされる一九世紀末の実践にさかのぼりそれらを検証した。

そしてマーゴリンは、児童虐待を防止するための記録の作成などにも、こうした視点を持ち込む。彼は「厳粛な判定、正常《ノーマリティ》＝規範の喚起、（「児童虐待記録簿には、善良な人たちの名前も載っている」というたぐいの）気休めの保証、『取るに足りない無規律と乱調の微細な宇宙』の言説への持ち込みといったその一つ一つの要素が、フーコーのいう『監視網』の所在を指し示している例として理解してほしい」（Margolin〔1997＝2003：20〕）と述べる。

上記のように「ポストモダン」のソーシャルワーク理論、本書における反省的学問理論は、主にフーコーの思想を基軸に理論が展開された。

「ポストモダン」のソーシャルワーク理論

副田あけみは、ソーシャルワークの「主たる関心の焦点（および焦点のあて方）と指向のタイプ別に、主要なアプローチとモデルを配置したもの」として表6－1の表を提示している（副田〔2003：189-191〕）。

上記の表に関して、副田は「物語アプローチ」「エンパワメントに基づく実践」「ストレングス・モデルのケアマネジメント」を含む「解放・変革指向」のアプローチやモデルを、「ポスト・モダンの発想」と称している。「解放・変革志向」のアプローチには「制度化され、権威づけられた社会の主流文化やそれに属する者の解釈や判断が、唯一の『真実』、あるいは『正統』であって、これに従うべきというモダンの信念から解放されること、そして、『真実』『正統』は認識する者にとって多様であるという事実によって主流文化を変革していく」という説明が加えられている（副田［2003：191］）。

この数年の間に、副田のいう「解放・変革指向」のアプローチやモデルに関する多くの文献が出版され論文が掲載された。ここで主に日本の文献から「エンパワメント」「ストレングス視点」「物語理論」について簡単な説明を加えたい。

「エンパワメント」とは、「人とその人の環境との間の関係の質に焦点をあて、所与の環境を改善する力を高め、自分たちの生活のあり方をコントロールし、自己決定できるように支援し、かつそれを可能にする公正な社会実現を目指す過程のこと」（『社会福祉用語辞典』）と要約される[22]。小松源助は先駆的にエンパワメントの概念を紹介したが、彼はアン・ハートマンを引用しながら、次のように解説している。

ほぼ二〇年の間に、エンパワーメントはソーシャルワーク実践の目標として高く評価され、熱烈に信奉されるようになってきた。「エンパワーメント」はB・ソロモン（B. Solomon）が一九七九年に著した『黒人のエンパワーメント——抑圧されている地域社会におけるソーシャルワーク』によって誘発されて、不利な状態におかれたり、抑圧されたりしている集団に対応する実践において第一義的な目的とみなされるにいたった。ソーシャルワークの文献には、ソーシャルワーク実践によってクライエントのエンパワーメントを推進した試みをほめそやす文献が多数掲載された。事実、エンパワーメントはほとんどの実践において重要な部分をなしていると考えられるようになった（小松［1995：4］）。

次に、「ストレングス・モデル」や「強さ活用モデル」などとも呼称される「ストレングス視点」について。この視点は、利用者の「長所あるいは強さに焦点を置き、その人の残存能力の強みを評価することにより、従来のネガティヴなクライアント観からの脱却をはかる」（木原［2003：74-75］）ものである。当事者の弱さを無視するのではなく、それを認めながらも、「それ以上に当事者の強さや可能性に着目し、その強化と開発によって問題の解決を図ることに力点をおく」（和気［2005：211］）。

またストレングス（強さ）は、「異なったものが各々に有する優れたもの」であり、「それぞれがもつ、うまく生きていく力」というニュアンスがあるとされる（狭間［2001：135］）。そしてストレングスの内容は、本人の能力や意欲、自信や社会資源などまで拡大される。

ストレングス視点は、以下のようにエンパワメントやアドボカシー（代弁、権利擁護）と関連付けられることがある（白澤［2005a：34］）。

ストレングス視点は、援助者がクライエントの病理／欠陥に焦点をあてるのではなく、ストレングス――上手さ、豊かさ、強さ、たくましさ、資源――に焦点をあてることを強調する。それは、援助者の援助観、人間観に転換を迫るものであると同時に、治療中心の実践過程を、「支える」ということ、またエンパワメントを目的とした実践に転換させる視点でもある（狭間［2001：135-136］）。

エンパワメントやアドボカシーとの親和性は、ストレングス視点の提唱者の一人であるサリービーの言でもある（Saleebey［1992］）。(23)

最後に「物語理論」は、社会構成主義に基づく実践モデルとされることが多い。「ナラティブ・モデル」や「物語モデル」などと呼ばれることもある。木原活信は、社会構成主義を「伝統的あるいは近代的な知の前提となっている方法論に懐疑的で、予め確固たる現実が定立されていたり、あるいは客観的な真理というものを想定するのではなく、現実は、人々の日常のコミュニケーションのなかで、不断に構成され、つくられていくという立場」にあるものと解釈する。そしてこの社会構成主義をベースにして社会福祉の実践に「応用されたものをナラティブ・モデルと呼んでいる」（木原［2002：286］）。

物語理論は「病気や治癒に関わるストーリーに当てはめて行われる物語療法のこと。社会的役割や課題は社会が創る『物語』に基づくものであり、その役割や課題を自分が果たせなくなったと悩む時、個人は『自分の物語』をつくってその問題を表明しようとする。社会構成主義の考え方をもとに、『自分が自分の物語を書く』という考えからクライエントを尊重し、その潜在能力を引き出すことをねらいとする」（『社会福祉用語辞典』）ものと説明されている。

物語理論は、家族療法や看護の領域においても注目されている「ナラティブ・セラピー」や「物語に基づく医療（ＮＢＭ）」の影響を受けたソーシャルワーク理論とされる。患者が属しているコミュニティの文化が色濃い個人の物語に光を当てるＮＢＭの実践は、以前であれば「異端である」と拒絶されていただろうと、ＮＢＭを説く論者の間で自覚されている（Greenhalgh & Collard［2003：2004］）。現在、「物語への旋回（narrative turn）」が「急速に一般的」になりつつあることは、『アメリカ医学会誌（ＪＡＭＡ）』をはじめとする伝統的な医学の学術誌において関係論文が掲載されていることからも伺える。

グリーンハルらと同様に、ソーシャルワーク理論の一つとして物語理論に言及される場合も、しばしばマイケル・ホワイトらによるナラティブ・セラピーに関する考察（White & Epston［1990＝1992］、McNamee & Gergen［1992＝1997］、White［1995］、White & Denborough（ed.）［1998＝2000］、野口［2002］［2005］、小森他［2003］）が引用された（たとえば、狭間［1999］、木原［2000］［2002］［2003］、加茂・大下［2001］、稲沢［2005］）。ちなみに日本の社会福祉領域における物語理論（およびポストモダンに関する考察）の普及には、社会学など他分野の研究者の貢献もあった。野口祐二は一九九五年という早い時期に、『ソーシャルワーク研究』誌に論文「構成主義アプローチ――ポストモダン・ソーシャルワークの可能性」を掲載し、その後の議論に影響を与えている（野口［1995］）。

フーコーという根拠

以上のような、「ポストモダン」と一括りにされる「エンパワメント」「ストレングス視点」「物語理論」などの新しいアプローチ――反省的学問理論――が論じられるとき、フーコーの思想が下敷きにされることが多い(24)。

前述したように、エンパワメントのソーシャルワークにおける意義について述べられるとき、しばしばハートマンが引用された（たとえば、小松［1995］、小田［1999］、久保美紀［1999：142］）。ハートマンは「専門家は政治的（The Profession is Political）」と題した論文のなかで、専門家の権限を次の四つに分類している。すなわち、①機関の資源（agency resources：所属する施設・機関の資源をコントロールできるソーシャルワーカーの権限に由来）、②専門知（expert knowledge：知の偏在）、③対人関係の権力（interpersonal power：ラポールなど対人関係にかかわる方法を一つの技術とすること）、④合法的権力（legitimate power：児童虐待が発見された時などに生ずる介入権）である。彼女はこのように整理したあとで、偏在するパワーの是正を企図した（Hartman［1993］）。

このハートマンの専門知に関する論述のなかに、フーコーの影響を見ることができる。ハートマンは、「分析―治療モデル」の学問体系を保有することが専門家がもつ権力の源泉となると指摘するなかで、権力に関して論じた一九九二年の巻頭言（Hartman［1992：483-484］）を自ら引用している。彼女はここで、権力と伝統的な知の密接な関係に注目し、専門知の存在がクライエントをディスエンパワーしていることを認識するべきだと主張していた。知が設定する「真実（truth）」によって抑圧されてきた「周辺的な知（local knowledge）」、つまり「従属的な知（subjugated knowledge）」が再び活力を取り戻すとき、真のエンパワメントが可能となると。そこで彼女は、ソーシャルワーカーは客観的な観察者であることや、「クライエント」を解釈し定義づけるべき主体（subject）と位置づけることをやめなくてはならないと述べた。こうしたハートマンの議論は、すべてフーコーの権力論の平面上でなされたといえる（三島［2002］）。ハートマンは主にフーコーによる一九七六年の講義（Foucault［1980］）に拠りつつ、ワーカーは抑圧されてきた人々の声に耳を傾け、彼らのナラティブ、リアリティの解釈の仕方を尊重し、周辺的な知の活性化を促進しなければならないと主張した(25)。

同時に、ハートマンは医学―専門家臨床モデルの専門知から差異化をはかる試みとして、ストレングス視点の重要性を確認した（Hartman［1993：366］）。デニス・サリービーも社会福祉実践におけるストレングス視点を論じているが、その際ソーシャルワーカーはクライエントと知を共有するべきと主張している（Saleebey［1996：303］）。このときサリービーが言及する知の概念は、彼が以前に記した論文（Saleebey［1994］）のなかに明らかにされている。サリービーはハートマンと同様、フーコーの講義（Foucault［1980］）に依拠しつつ、知と権力の不可分な関係を指摘する。また彼は、近代知が編み出す「支配的な真実（dominative truth）」によって、周辺知は否定されてきたことを指摘した（Saleebey［1994：358］）。そしてソーシャルワーカーは周辺部にある知を活性化させることを助け、自らがもつ理論や知識を伝える役割があると主張した（Saleebey［1994：358］）。

最後に、エンパワメントとストレングス視点の論拠としてフーコーが引用されたのと同様、物語理論もフーコーの思想が基礎におかれた。先にソーシャルワーク領域で物語理論が議論される際には、ホワイトのナラティブ・セラピーに関する論述が多く引用されたと述べた。そのホワイトは『物語としての家族』の文頭において、フーコーの力と知に関する論を「大変重要だと信じて」おり、同書はフーコーの思想をできる限り分かりやすく紹介することを試みたものであると表明している（White & Epston［1990＝1992］）。つまり物語理論の場合、ホワイトを媒体としてフーコーの思想がソーシャルワーク領域に流入したといえるだろう。

日本の社会福祉学研究者の間においても、フーコーはしばしば引用され、「フーコーの思想的影響は大きい」（木原［2000：65］）という認識がなされている。とはいうものの、フーコーの思想はハートマンやサリービー、ホワイトらを経由した間接的な影響も多かったように思える。

反省的学問理論の抜け道

エンパワメント・ストレングス視点・物語理論は、「ポストモダンの発想」（副田［2003］）のもとにあるソーシャルワーク理論とみなされている。以上では、これらの反省的学問理論はフーコーの思想に基礎が置かれている場合が多いことを確認してきた。社会福祉学の根幹を揺るがすと論じられたフーコーの「危険な思想」が、なぜこの領域に移入されることとなったのだろうか？　以下では、社会福祉実践のデータベース化への熱狂を視野に入れ、フーコーの論の移植はどのような形でなされたのか考察したい。

ハートマンは、既述のとおりソーシャルワーク領域において先駆的に「ポストモダニズム」を紹介したといわれている。この彼女のフーコーの思想に対する姿勢は興味深い。というのもハートマンは、ソーシャルワーカーが専門家としての役割を降り、クライエントのナラティブと経験を有効なものにすべきとする一方で、ソーシャルワークの知は捨て去るべきでないと強調しているからだ。ソーシャルワークの知は「数ある真実のうちの一つにすぎないことを認識」しながら、過去に犯した過ちを再び繰り返すことなく、慎重に適用されなければならないと説く。特に、「反社会的と定義される行為」がある場合には、「阻止、もしくは防止するように介入」しなければならないと論じた（Hartman［1993：366］）。この介入の奨励は、クライエントとの関係に権力の不均衡をもたらすもの、ソーシャルワーカーの優位性を際立たせるものである。このとき介入するべき状況を示すシグナルは、社会福祉の専門職の価値や倫理と呼ばれるものである場合もあり、経験的な証拠やそれに基づいたマニュアルである場合もあるだろう。(26)

つまりハートマンは、「閾値」のようなものが存在するとし、フーコーの思想が及ばないケースがあることを示したのであった。これが意味するものは、たとえ専門家はクライエントをエンパワメントする、ストレングス視点で関わる、物語理論に基づいて実践すると表明されていても、パワーは条件付きで保存されているということである。

ホワイトはナラティブ・セラピーを論じる際、この限界に関する問題を専門家側の「文化」の特質として自覚することによって乗り越えようとした。彼は次のような「力とセラピー文化についての覚え書き」を提示している。

セラピー文化は、文化一般の外側に位置する特権などもっていない。
セラピー文化は、ドミナントな文化の構造やイデオロギーを免除されてはいない。
セラピー文化は、ジェンダー、人種、社会階級、年齢、エスニシティー、異性愛主義という政治学を免除されては

図6-3　医学モデルと二分化された理論モデル

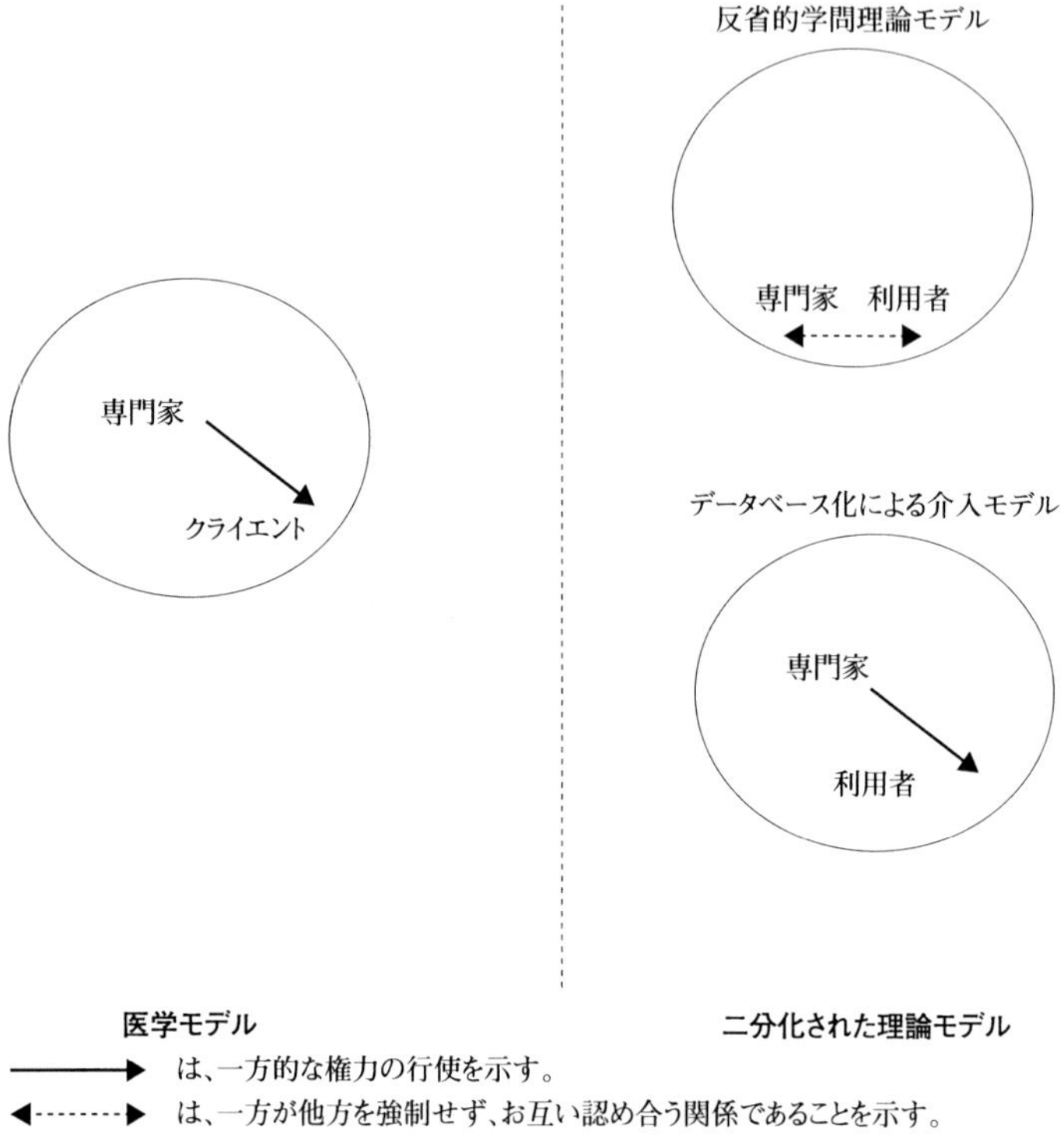

いない。

セラピー文化は、知識のヒエラルキーに関連する政治学とマージナリゼイションの政治学を免除されてはいない（White［1998＝2000：253］）。

ホワイトは、ハートマンのようなリスクのある状況を想定していないのかもしれない。実践の場も異なっている。こうした違いがあることを踏まえつつ、ホワイトは本書でいう反省的学問理論が「ドミナントな文化をどの程度再生産しているか気づくこと」を促し、完全な「共犯」者とはならない治療を試みるよう説いたのであった（White［1998＝2000：253］）。

ハートマンが固守した例外の領域は、利用者の「物語」にしたがっていけば、利用者あるいは利用者と接する人々がリスクにさらされるような事態を主に想定している。彼女がソーシャルワークの知を捨て去るべきでないと強調したのは、そうした事態に直面したときに絶対的に「正しい」判断をおこなうためであった。

図6－3「医学モデルと二分化された理論モデル」は、「医学モデル」とそれを脱したとされる現在のソーシャルワーク理論を図式化したものである。反省的学問理論の登場によって、専門家は〈社会の周辺部にいる弱者＝福祉サービスの利用者〉の場まで降りてきた。利用者は専門家と対等な関係にあり、両者が紡ぎ出すナラティブも同等に意味があることが確認され、利用者の自己決定は尊重されるようになった（右側上）。しかしながらハートマンが危惧するように、そこにリスクがある場合、「適切」に処遇するための力は執行される。こうしたパワーの行使の「客観」的な信頼性を高めるためにも、社会福祉実践のデータベース化は、より精緻化されることが望まれるのだ。またそこにデータに基づく根拠がある場合、特定の実践の方法に磁力が働いてくることも予想される（右側下）。

専門家は、反省的学問理論に拠って利用者の生きている場に降りてきたようで、支配的なパワーに裏付けられた実践への水路も確保している。先に、専門家は一方の手に反省的学問理論、もう一方の手にデータに基づく権限をもって実践に臨んでいると述べた。二律背反の関係にある両者を並べるには、ハートマンが明らかにしたような閾値の設定が必要不可欠なのであろう。本書で「ポストモダン」のソーシャルワーク理論を反省的学問理論と言い換えている理由もここにある。

政治・経済的な要請、あるいはいわゆる「公平性」の観点から、所与のものとして閾値が設定されていることもある。介護保険制度のなかでおこなわれるケアマネジメントを例に考えてみよう。日本ではケアの社会保険（介護保険）とケアマネジメントがセットにされたため、イギリスのようにソーシャルワーカーがケアの供給量を決める裁量権を発動する必要はない。費用を抑制するためにサービスの量を切り詰めるという汚れ役も、介護保険という制度が担ってくれる。

こうしたなかで、ケアマネジメントは「ポストモダン」の反省的学問理論で彩られる。介護保険の硬直性を「外在化」（White & Epston［1990＝1992］）して、理想を追い求めることができるようになったかのようである。たとえばウォルター・E・キストハードとチャールズ・A・ラップは、ケアマネジメント過程におけるストレングス視点の重要性を説く（Kisthardt & Rapp［1992＝1997］）。また『障害者ケアガイドライン』（厚生労働省社会・援護局障害保健福祉部［2002］）にも、「エンパワメントの視点による支援」が障害者ケアマネジメントの基本理念の一つとしてあげられている。

これらの記述を見ていると、この理論にはある特定の役割があることがわかる。「フェルト・ニーズ」（felt needs：感じられたニーズ。欲求 want と同じとされ、当事者が自覚するニーズ）と「ノーマティブ・ニーズ」（normative needs：専門家や行政官などが定義する規範的ニーズ。以上、Bradshaw［1972：640-641］など）が一致しない場合に生じた満たされないニーズを対処するという役割である。

障害者の生活ニーズに合致したサービスを提供するために、既存の社会資源を利用しやすくしたり、利用者のエンパワメントにつながるよう改善し、また、利用者のニーズに合うサービスがない場合には新たな社会資源を行政・民間の協力を得て開発し、地域におけるネットワーク作りに貢献する必要がある（厚生労働省社会・援護局障害保健福祉部［2002］）。

キストハードとラップは利用者本人を取り巻くインフォーマルな社会資源という「強さ」を、利用者本人のもつ「強さ（ストレングス）」として評価する。インフォーマルな社会資源は地域社会にあるものであるが、地域社会にはそうした「強さ」をもつものとして期待が寄せられることになった。

アメリカで生まれた「ケースマネジメント」がイギリスに導入され、後にイギリスで「ケアマネジメント」となったときに、過程や管理が重視されるようになったという指摘がある（Lymbery［1998：863］）。イギリスのソーシャルワーク領域において、一九九〇年国民保健サービスおよびコミュニティケア法を転換点とする変化は、「（新）管理主義（managerialism / new managerialism）への移行」とも特徴づけられた（Phillips［1996］、Lymbery［1998］、Powell［2001］)。これには、新保守主義の気運が高まるなか、公的なサービス供給組織へのネガティブ・キャンペーンが繰り広げられ、再編が進められていったという見方が付随する。

もちろん国家機能の再編は、福祉分野のみで進んだわけではない。一九八〇年代頃から経済成長率の低下や財政赤字を背景として、欧米先進国では公的部門全体の包括的な改革が進められた。それまで行政は裁量を多用し、市場と産業の育成を行い、民間も行政に依存してきた（廣川［2003］)。一連の改革や再編は、こうした枠組を改め、市場メカニズムを重視し、効率的な政府を目指したものである。これらは民間企業で活用されている経営手法を公的部門に適応させようとするものであり、公共選択理論（Public Choice Theory）と新経営管理論（New Managerialism）を理論的中核とするニュー・パブリック・マネジメント（NPM：New Public Management）と呼ばれるものである（山本［2002：13］)。

これら再編およびNPMを巡る議論は、イギリスの社会福祉領域におけるケアマネジメントに関する議論と通底していることが分かる。イギリスのソーシャルワークのなかにケアマネジメントが移入されることに関して、それを新しい時代の専門家のあり方とみなし、それに適した実践や教育を模索する人々がいた。その一方で、社会福祉の実践のなかにケアマネジメントを採用することはNPMが福祉の領域に移入されることであり、専門性の崩壊やモラルの低下、ソーシャルワーカーにバーンアウトをもたらすものとしてこれを憂う人々もいた。後者の見地は、NPMという手法へ寄せられる一般的な批判と多くの点で重複していた。フレッド・パウェルは、ジョージ・リッツァの『マクドナルド化する社会』（Ritzer［1996＝1999］）を下敷きに、こうした状況を「福祉国家のマクドナルド化」と表現する（Powell［2001：20-21］)。社会福祉領域の「ポストモダニスト」をネオリベラリストと批判する人々がいたが、こうした政治・経済的な環境のなかでエンパワメントやストレングスといった語が注目されるようになったという事実は否めない。

そして今、ケアマネジメントの実践に関するエビデンスを収集していこうとする動きもある。(27)利用者にとって、根拠があるという情報にアクセスできるということは良いことである。とはいえ現状において、障壁を超え（＝そこに人材や予算を投入し、データベースを構築し）たとしても、そのエビデンスに基づく実践がさらなる予算を引き出すにあたりどれほど貢献できるか、役割が果たせるか未知数である。期待をつなぐ当事者がいる一方で、状況的に緊急医療におけるトリアージ(28)と同じ役割を果たすだけではないかという不安がよぎる。

〈帝国〉な袋小路

「片手に反省的学問理論、片手にデータに基づく権限を手にした専門家」に象徴される「実践モデルの二分化」は、社会福祉の領域に限るものではない。たとえばホワイトは、ナラティブ・セラピストー患者関係へと先祖がえりしてしまうことを憂いたからこそ、先の「力とセラピー文化についての覚え書き」を提示したのであった。医療においても、ＥＢＭとＮＢＭとが共存している。また看護学の領域においても、患者のエンパワメントやストレングス、ナラティブが重要とされると同時に、エビデンスに基づく実践が注目されている。

アントニオ・ネグリとマイケル・ハートは『〈帝国〉』のなかで、規律社会から管理社会への変化を論じている。ここで彼らの議論を、これまで論じてきた社会福祉実践のあり方の変化と戯れに重ねることもできるだろう。ポストモダンの管理社会における「主体性の内在的生産は資本の公理的論理に対応して」おり、「アイデンティティにおいて固定されたものではなく、異種混交的で、変調する」（Negri & Hardt［2000＝2003：419］）。

異種混交的な主体とは、工場の外での工場労働者であり、学校の外での学生であり、監獄の外での被収監者であり、精神病院の外での病人であり、同時にそのすべてなのだ。それはいかなるアイデンティティにも帰属せず、かつあらゆるアイデンティティに帰属している——言いかえればそれは、諸制度の外部にありながらも、規律の論理によっていっそう強力に支配された主体性である（Negri & Hardt［2000＝2003：420］）。

ネグリらのいうポストモダン管理社会においては、ジョージ・オーウェルの小説『一九八四年』のようなコントロールではなく、自由かつ効率的な統制がなされる。そしてこのポストモダンの社会の定式を、「組み入れよ、差異化せよ、管理運営せよ」と表現した。人種・信条・皮膚の色・ジェンダー・性的指向などにかかわりなく、すべての人々に開かれているという意味で「包含的」であり、そうした差異を肯定する多文化主義を貫くという点で「示差的」である。そして、こうした多様性が「管理運営」の強みとされる（Negri & Hardt［2000＝2003：257-261］）。

ネグリらの「自由な管理」概念と、自己決定・選択などが重視されるようになった社会福祉実践に設けられた閾値に関する本書の関心は重なるか？「ポストモダン」のソーシャルワーク理論、反省的学問理論において、たえず尊重されてきたのは多様性であり、周辺部に存在する人々の小さなナラティブであった。また福祉の領域に民間が参入したときに強調されたのは、自由な競争によってサービスの質が向上し、利用者は自由にそれらのサービスを選択できるという「利点」であった。これらに「組み入れよ、差異化せよ」のモットーが確認できる。では、これに「管理運営せよ」は続くのだろうか？

と、このようにネグリらの議論を福祉の現状と重ねることは可能だ。そこでネグリらの基本的な〈帝国〉に対する要求、すなわち①グローバルな市民権、②万人に対する社会的賃金と保障賃金、③知、情報、コミュニケーション、再領有の権利、これらに解決の方向性を見出すことができよう。だが、本書で検討してきた子どもへの暴力、児童虐待という問題に限っては例外扱いされかねない。こうしたリスクを担保とする社会福祉の実践に挑むにあたって、「片手に反省的学問理論、片手にデータに基づく権限を手にした専門家」に象徴される「実践モデルの二分化」は自明視されるだろう。つまりデータベース化が支えるパワーの出番となるのだ。

一方でネグリらの議論は、「施設から地域へ」というスローガンをあざ笑っているかのようにも考えられる。画一的な管理がなされる施設を飛び出たはいいが、地域においても自由をまとった管理の対象となる運命にあるように映るからだ。「施設から地域へ」の実践は、政府の軽量化を好む人々と並んで障害者など当事者によっても推進されてきたものでもある。同じように、当事者自らがケアプランを作成する「セルフケアマネジメント」などの提案の意義も希薄化されるかもしれない。なぜならネグリらに照らすと、「セルフケアマネジメント」にあっても、ケアを「管理」する主体となりえるが、「管理」されることは免れないという答えが引き出されるからである。すると、ここでフーコーやネグリらが陥り、そして抜け出ようとした袋小路に再び突き当たることになる。

ここから先は、具体的で細やかな議論が必要となってくるだろう。今後、稿を代えて論じていきたいと思う。本書では、そのヒントを古典に求めるにとどめたい。

「課題中心アプローチ」で知られるヘレン・パールマンは、一九六七年に「ケースワークは死んだ」、翌一九六八年に「ケースワークはワークしうるか」と題した論文を発表している（Perlman［1967＝1971］［1968＝1971］）。これらはケースワークの有効性に対する疑問や批判を受けたものであった。

ここでパールマンは「人間の基本的な社会的・経済的・心理的ニードを充足するに足る資源が不足もしくは欠如している状態において、はたしてケースワークは効果的でありうるのか」という問いを立てている。[29]

ケースワーク過程は、基本的ニードを充足する資源の欠如を代替しうるものではありえない。そこでケースワーカーは、声を大にして社会的機関、専門団体、福祉に理解のあるその地域の人々に対し、このことを訴えなければならない。（略）

もっとも、それだからといって、基本的なニードの充足ができないで苦しんでいる人に対し、ケースワーカーは何もしないでよいということではない。（略）援助を提供するためには、ケースワークだけでなく、同時にソーシャル・アクション的なプログラムが必要である。両者を通して社会福祉政策や制度の充実を志向しなければならない。ただ、かかる政策や制度の充実を訴えるのは、ソーシャル・ワーカーだけの任務ではない。そこでわれわれは、その経験にもとづく社会的正義、社会的良心のための叫びをあげるだけでなく、しっかりした知識と明確な将来への見通しをもって、社会福祉にかかわる他の専門職や団体との協力関係を保つようにしなければならない（Perlman

〔1968＝1971〕）。

（1）日本でもしばしば「児童虐待は世代間でリンクしている」などといわれるが、アメリカの一部のソーシャルワーカーは「動物虐待が児童虐待とリンクしている」ことに注目し、児童虐待を発見・保護する実践に役立てようという動きがある。拙著（三島〔2005〕）ではこうした新しい動向も視野に入れつつ、児童虐待が社会問題化されていく経緯を追った。そして終章で現在の専門家を次のように特徴づけた。「（虐待をとりまく）専門家は、右手に動物としての所在、左手に統計に基づく介入権をもって実践に臨んでいると表現することができる」（三島〔2005：206〕）。

この「動物としての所在」が指すのは、本書でいう反省的学問理論の性質の一つである、社会の周辺部にいる利用者とともに問題解決に取り組むといった協働者としての専門家の立場である。この立場では、専門家だけが知識や権力をもっているなど、利用者と専門家との間にアンバランスがある状態の「非対象性」が批判される。同書で現在の状況を「専門家＝動物の地平へと歩を進めつつある」と隠喩を用いて表現したのは、「（J・S・）ミルの青写真のもとに生きている」と仮定したうえで、「専門家がローカルな場に下りてくる」または「もともとローカルな場にいた人が新しくケアの担い手となるケアのあり方」が志向されているからである（三島〔2005：205〕）。誤解を与えやすい表現であるため、本書では「反省的学問理論に依拠する実践」と換言する。

（2）児童虐待のリスクマネジメントについては、上野・野村〔2003〕、田邉〔2006：239-248〕を参照されたい。

（3）この時期、社会福祉学に歩調を合わせるようにして、イギリスの社会政策研究においても、「ポストモダン」論争は展開されている。たとえば、レーミッシュ・ミシュラは「ポストモダン世界における社会政策」（Mishra〔1993〕）を発表した。

（4）アメリカにおいても、一九九〇年代に社会福祉領域における「ポストモダン」論議が盛んになった。その幕開けを印象づけるものとして、雑誌『ソーシャルワーク』の編集長を務めたアン・ハートマンの「ことばは世界を創る」（Hartman〔1991〕）が有名である。また、一九九四年には同誌で「ポストモダン」特集が組まれている（たとえば、Pardeck, Murphy and Choi〔1994〕、Saleeby〔1994〕、Pozatek〔1994〕）。他に、Pardeck, Murphy and Chung〔1994〕など。

（5）美馬達哉「医療社会学からみたリスク　第六回　牛海綿状脳症（BSE）と科学と二人のブッシュ」（二〇〇六年三月二八日公開、http://www.nikkeibp.co.jp/sj/column/）

（6）これら複数の領域をまたぐ概念としてその実践は「根拠に基づく実践（EBP：evidence based practice）」と総称されることがある。

（7）他は、後に紹介する疫学者のアーチボルド・コクランと、臨床疫学者のアルヴァン・フェインシュテイン。

（8）治療必要数。たとえばNNT33であれば、一定期間治療や投薬を三三人におこなうと、一人の病気Aが予防できるという意味になる。

（9）蛭を用いて放血させる瀉血は、古くからの治療法である。疾病に関する新しい器質的「生理学」理論の熱烈な支持者であったＦ・Ｊ・Ｖ・ブルセの影響で、一八一五年から一八三五年のフランスでは瀉血が大流行した（Hacking［1990＝1999：116-120］）。ピエール・ルイの貢献がこの時代にあったとはいえ、統計的手法が医学領域で用いられるようになるのは、一九九〇年代以降である。

（10）下層民・従属民という意味。歴史に名も記録も残さない、物言わぬ下層の民。この言葉に国際的な関心が集まったのは、ガヤトリ・Ｃ・スピヴァクの『サバルタンは語ることができるか』（一九八八年）の功績。

（11）コクラン共同計画は、ヘルスケアの介入の有効性に関するシステマティックレビューを「つくり」、「手入れし」、「アクセス性を高める」ことによって、人々がヘルスケアの情報を知り判断することに役立つことを目指す国際プロジェクトとされる（http://cochrane.umin.ac.jp/publication/cc_leaflet.htm）。

（12）ＲＣＴによる医療的介入の効果を評価し、その効率化を進めようとするコクランであったが、『効果と効率』に医療の質に関する章を設けるべきであったと述懐している（Cochrane［1972＝1999：103］）。

（13）福祉サービスに理解があるかといえば、疑問である。ニーズに基づくソーシャルワークは「社会問題の自然経過を是正しうるという証拠があろうとなかろうと」、「医療とまったく同じ不幸なことをしているように思われる」と述べられている（Cochrane［1972＝1999：72］）。つまりコクランは、エビデンスの有無にかかわらず、費用が膨らむニーズ主導のケアには否定的な立場をとっていた。

（14）第四章第一節でみたソーシャルワーク批判をおこなった論者の一部は、現在につながるＥＢＳＷの先駆者として数えられることが多い。

（15）訳は秋山薊二（2005：126）を引用した。

（16）訳は米倉（2003：149）を引用した。

（17）社会福祉の実践をエビデンスで支えようとする思考は、どのような背景のなかで生まれたのであろうか？　バリー・Ｒ・クルノワイエはアメリカにおけるＥＢＳＷ出現の背景には次の六つがあったと指摘した（Cournoyer［2004：2-3］）。

①継続的な教育を必要条件とし、さらなる専門的説明責任を求める法律の可決。
②効果測定に裏付けられたサービス・アプローチを選ぶよう直接的・間接的なインセンティブを与える、マネジド・ヘルス・ケア・システムの激増。
③保健・精神保健サービスならびに、社会・教育システムにおいても、全国的に強い消費者保護運動が出現したこと。
④パフォーマンス志向または結果（outcome）志向の資金提供戦略の傾向が高まっていること。

⑤ソーシャルワーカーを含むヘルピング・プロフェッション（援助専門職）を相手取った、社会福祉実践の過誤に対する訴訟のケース数の増加。
⑥提供するサービスの種類・質・結果に対する、ヘルピング・プロフェッションの法的責任を強調する裁判所における判決。

(18) ＥＢＳＷへの批判は、さまざまな方向性からなされている。米倉裕希子は、無作為化比較対照試験に対する批判を方法論的な厳密性に関するものと、倫理的なものの二つに分類している。前者は、選択バイアスを除くために無作為化すると、サンプル収集のための時間とコストがかかるというもの。後者には、ある介入的なアプローチを「良い」と信じる実践者が、クライエントに対してそれをしない、もしくは別の介入の方法をとるということに対する葛藤があげられる（米倉［2003：150］）。

(19) たとえば、Hartman［1992：483-484］。

(20) イギリスではイギリスのフーコー研究者から彼の思想が吸収される場合が多かった。

(21) ショックに感じるのが遅すぎると考えることもできる。そこにあるタイムラグ（二〇年近くにもなる）は、さまざまに推察できる。たとえば、①政治・経済的要因によって、それまでこうした思想は必要とされなかった、②他領域における思想や理論が社会福祉学領域に導入されるのは遅れる、などなど。

(22) 具体的な実践例の掲載を含む文献としては、『エンパワメント実践の理論と技法』（小田他編著［1999］）などがある。

(23) サリービーはストレングス視点の鍵概念として、①エンパワメント、②成員性、③内部からの再生と治癒、④共働、⑤対話と共同、⑥疑念の払拭をあげている（Saleebey［1992］）。訳は和気［2005：211］を引用した。

(24) これら三つの概念を解説したものとして、『社会福祉の援助観——ストレングス視点・社会構成主義・エンパワメント』（狭間［2001］）や『ソーシャルワークの実践モデル』（久保他編著［2005］）などがある。

(25) もちろん、フーコー以外の思想家も論拠とされる。たとえば木原は、ジャック・デリダ、ピーター・L・バーガーやトーマス・ルックマンなども「ポストモダンなソーシャルワーク」に寄与したと述べている（木原［2003：169］）。

(26) ソーシャルワーカーの倫理綱領（二〇〇五年一月二七日最終提案）には、「（社会正義）ソーシャルワーカーは、差別、貧困、抑圧、排除、暴力、環境破壊などの無い、自由、平等、共生に基づく社会正義の実現をめざす」との項目がある。

(27) イギリスでケアマネジメントが導入されるにあたり、一九八〇年代にケント大学がおこなった調査が大きな影響を与えた（平岡［2003］）。

(28) 災害や事故など緊急時において、限られた医療資源を最大限に活用して、できるだけ多くの傷病者を救うため、傷病者の傷病の緊急性や重症度に応じて、治療の優先順位を決定する方法。

(29) なお、この「ニード」とは、変幻自在なものである。筆者は、たとえばケアを受けるにあたって何割かを負担するようなシステムは、ある価値に照らしてこの「ニード」を満たすものとは考えていない。

索　引

あ　行

か　行

さ　行

た　行

な　行

は　行

ま　行

や　行

ら　行

参考文献

A

Abbott, P. and Meerabeau, L. 1998 "Professionals, professionalization and the caring professions," in Abbott and Meerabeau (eds.) 〔1998〕

Abbott, P. and Meerabeau, L. (eds.) 1998 *The Sociology of the Caring Professions, 2 nd. Edition*, UCL Press.

Achterberg, J. 1990 *Woman as Healer*＝1994 長井英子訳『癒しの女性史――医療における女性の復権』春秋社

秋山薊二 1995 「ソーシャルワークの理論モデル再考――統合モデルの理論的背景、実践過程の特徴、今後の課題」『ソーシャルワーク研究』21―3

―――― 2005 「Evidence-Based ソーシャルワークの理念と方法――証拠に基づくソーシャルワーク（EBS）によるパラダイム変換」『ソーシャルワーク研究』31―2

―――― 2006 「第三節 社会福祉援助技術の理論の動向」福祉士養成講座編集委員会編〔2006〕

秋山智久 1981 「福祉施設をめぐる新しい思想と処遇理念」『社会福祉研究』29

―――― 1988 「社会福祉専門職と準専門職」仲村他編〔1988：84―97〕

―――― 1989 「『脱施設化』の思想」大塚他編著〔1989〕

―――― 2005 『社会福祉実践論――方法原理・専門職・価値観（改訂版）』ミネルヴァ書房

網野武博 1988 「児童の権利、義務と自立」『季刊・社会保障研究』24―2

―――― 1995 「英国における子どもの福祉制度」Department of Health〔1991＝1995〕

安藤博 1995 「いじめ対策の法的検討――子どもの人権の視点から」『犯罪社会学研究』20

Archard, D. 1993 *Chidren : Rights and Childhood*, Routledge.
Ariés, P. 1973 *L'enfant et la vie Familiale sous l'ancien régime*＝1980 杉山光信・杉山恵美子訳『〈子供〉の誕生――アンシャン・レジーム期の子供と家族生活』みすず書房
――――― 1992 『「教育」の誕生』中内敏夫・森田伸子訳、藤原書店
浅賀ふさ 1948 「ケースウォーク」厚生省児童局編［1948］
――――― 1961 「社会事業専門化とチームワーク」『ソーシャルワーク』1
――――― 1971 『ケースヒストリーの要点』川島書店
安積純子・岡原正幸・尾中文哉・立岩真也 1995 『〈増補改訂版〉生の技法――家と施設を出て暮らす障害者の社会学』藤原書店
蟻塚昌克 2006 「福祉現場の専門性を高める課題」『月刊福祉』89―7
芦部信喜 1983 『司法のあり方と人権』（UP 選書 227）東京大学出版会
Augustinus, A. 397―400 *Confessions*＝1976 服部英次郎訳『告白』岩波書店
Austin, D. M. 1983 "The Flexner Myth and the History of Social Work," *Social Service Review*, 57―3.
綾部広則 2001 「来るべき科学論へ向けて――ポスト SSK 時代の課題」『現代思想』29―1

B

Badenoch, D. & Heneghan, C. 2002 *Evidence-based Medicine Toolkit*, ＝2002 斉尾武郎監訳『EBM の道具箱』中山書店
Barzansky, B. 1992 "Abraham Flexner : Lessons from the Past with Applications for the Future," in Barzansky and Gevitz [1992].
Barzansky, B. and Gevitz, N. 1992 *Beyond Flexner : Medical Education in the Twentieth Century*, Greenwood Press.
Baynton, D. 1997 "A Silent Exile on This Earth" The Metaphorical Construction of Deafness in the Nineteenth Century," in Davis (eds.) [1997]
Bender, L. 1954 *A Dynamic Psychopathology of Childhood*＝1968 高橋省己訳『児童の欲求阻止――児童期の力動的精神病理』関書院新社
Berleman, W. C., Seaberg, J. R. & Steinburn, J. W. 1972 "The Delinquency Prevention Experiment of the Seattle Atlantic Street Center : A Final Evaluation," *The Social Service Review*, 46―3.

Bowlby, J. 1951 *Maternal Care and Mental Health*＝1967 黒田実郎訳『乳幼児の精神衛生』岩崎学術出版

Bradshaw, J. 1972 "The Concept of Social Need," *New Society*, 19.

Brown, E. R. 1979 *Rockefeller Medicine Men: Medicine and Capitalism in America*, University of California Press.

Brown, G. E. (ed.) 1968 *The Multi-Problem Dilemma*, Scarecrow Press.

Burrell, G. and Morgan, G. 1979 *Sociological Paradigms and Organizational Analysis*, Heinemann.

C

Carnegie, A. 1889 "Wealth," *North American Review*, 498―391、後藤訳［1975］

Carr-Saunders, A. M. and Wilson, P. A. 1933 *The Professions*, Frank Cass & Co. Ltd.

筑前甚七 1992 「二一世紀にむけての社会福祉学の進展への一考察」『社会福祉学』33―2

Chapman, C. B. 1974 "The Flexner Report," *Daedalus*, 103 Winter.

Cochrane, A. L. 1972 *Effectiveness and efficiency: Random reflections on Health Services*＝1999 森亨訳『効果と効率――保健と医療の疫学』サイエンティスト社

Corby, B. 1989 「児童虐待に関する理論的基礎」in Rogers et. al., (ed.)［1989＝1993］

Costonis, J. J. 1993 "The MacCrate Report：Of Loaves, Fishes and the Future of American Legal Education," *Journal of Legal Education*, 43―2.

Cournoyer, B. R. 2004 *The Evidence-Based Social Work Skills Book*, Allyn & Bacon.

D

Darwin, C. 1871 *The Descent of Man*＝1933 大畑達雄訳『人間の由來』大畑書店

―――― 1872 *The Expression of the Emotions in Man And Animals*＝1938 村上啓夫訳『ダーウィン全集 第8巻』白揚社

Davis, L. J. (eds.) 1997 *The Disability Studies Reader*, Routledge.

Department of Health 1988 *Protecting Children*：*A Guide for Social Workers Undertaking a Comprehensive Assessment*＝1992 森野郁子監訳『児童虐待——ソーシャルワークアセメント』ミネルヴァ書房

―――― 1991 *Patterns & Outcomes in Child Placement*：*Messages from Current Research and their Implications*＝1995 林茂男・網野武博監訳『英国の児童ケア——その新しい展開』中央法規出版

Department of Health and Social Security 1974 *Report of the Committee of Inquiry into the Care and Supervision Provided in Relation to Maria Colwell*, HMSO.

―――― 1976 *Priorities for Health and Personal Social Services in England*：*A Consultative Document*＝1985 三友雅夫編訳『英国の医療政策』恒星社厚生閣

―――― 1986 *Child Abuse: Working Together*, HMSO.

Department of Health and Social Security and the Welsh Office 1988 *Working Together: A Guide to Arrangements for Inter-Agency Co-operation for the Protection of Children from Abuse*, HMSO.

Derrida, J. 1967 *De la grammatologie*＝1972—1976 足立和浩訳『根源の彼方に——グラマトロジーについて（上・下）』現代思潮社

Dingwall, R. 1989 「被虐待児というレッテル貼り」 in Rogers et. al. [1989=1993]

Dominelli, L. 1996 "Deprofessionalizing Social Work：Anti-Oppressive Practice, Compentencies and Postmodernism," *British Journal of Social Work*, 26—2.

Donzelot, J. 1977 *La Police des Familles*＝1991 宇波彰訳『家族に介入する社会——近代家族と国家の管理装置』新曜社

E

Ehrenreich, B. and English, D. 1973 *Witches Midwives, and Nurses: A History of Woman Healers*＝1996 長瀬久子訳『魔女・産婆・看護婦——女性医療家の歴史』（りぶらりあ選書）法政大学出版局

F

Farson, R. 1974 *Birthrights*, Macmillan.

Flexner, A. 1904 "The Preparatory School," *Atlantic Monthly*, No. 94.

―――― 1908 *The American College; A criticism*, The Century Co.

―――― 1910 *Medical Education in the United States and Canada: A Report to the Carnegie Foundation for the Advancement of Teaching*, 4, The Carnegie Foundation for the Advancement of Teaching.

―――― 1915 "Is Social Work a Profession?," *Proceedings of the National Conference of Charities and Correction*, 42.

―――― 1940 *I Remember: The Autobiography of Abraham Flexner*, Simon and Schuster.

―――― 1960 *Abraham Flexner: An Autobiography*, Simon and Schuster.

Fosdick, R. B. 1952 *The Story of the Rockefeller Foundation*＝1956 井本威夫・大沢三千三訳『ロックフェラー財団――その歴史と業績』法政大学出版局

Foucault, M. 1969 *L'archéologie du savoir*＝1981 中村雄二郎訳『知の考古学』河出書房新社

―――― 1975 *Surveiller et Punir: Naissance de la Prison*＝1977 田村俶訳『監獄の誕生――監視と処罰』新潮社

―――― 1976 *La volonté de savoir* (*Histoire de la sexualité, Volume 1*)＝1986 渡辺守章訳『性の歴史1 知への意志』新潮社

―――― 1980 *Power/knowledge: Selected interviews and other writings, 1972―1977*, The Harvester Press.

Fox Harding, L. M. 1991a "The Children Act 1989 in Context：Four Perspectives in Child Care Law and Policy (Ⅰ)," *Journal of Social Welfare and Family Law*, 3.

―――― 1991b "The Children Act 1989 in Context: Four Perspectives in Child Care Law and Policy (Ⅱ)," *Journal of Social Welfare and Family Law*, 4.

Franklin, B. (ed.) 1995 *The Handbook of Children's Rights：Comparative Policy and Practice*, Routledge.

Freeman, M. 1989「児童保護の原理とプロセス」in Rogers et.al. (ed.) [1989=1993]

―――― 1995 "Children's rights in a land of rites," in Franklin [1995]

Freud, A. 1949 「社会的不適応のタイプと段階」in Freud, A.［1968］
――――― 1968 *The Writings of Anna Freud. Volume Ⅳ. Indications for Child Analysis and Other Papers*＝1984 黒丸正四郎・中野良平訳『児童分析の指針（上）』（アンナ・フロイト著作集⑤）岩崎学術出版社
――――― 1974 *The Writings of Anna Freud. Volume Ⅰ. Introduction to Psychoanalysis: Lectures for Child Analysts and Teachers 1922―1935*＝1981 牧田清志・黒丸正四郎監修、岩村由美子・中沢たえ子訳『児童分析入門』（アンナ・フロイト著作集①）岩崎学術出版社
Freud, A. and Burlingham, D. 1943 *War and Children*, Medical War Books.
Freud, S. 1895 *Studien uber Hysterie*＝1955 懸田克躬・吉田正巳訳『フロイド選集 第9巻 ヒステリー研究』日本教文社
――――― 1917 「精神分析学入門」懸田責任編集［1978］
藤井美和 2004 「ヒューマンサービス領域におけるソーシャルワーク研究法」『ソーシャルワーク研究』29―4
藤本敏文編 1935 『聾唖年鑑』聾唖月報社
藤本敏文 1935 「聾唖教育及教授法」藤本編［1935］
――――― 1941 「手真似は人なり」『殿坂の友』44
――――― 1943 「きれいな手話」『殿坂の友』46
藤野恵 1934 『児童虐待防止法解説』（労働立法パンフレット第三号）労働立法研究所
藤田進一郎 1933 「社会事業と理論」『社会事業研究』21―7
福井次矢 2000 「Editorial――Option, Guideline, Standard」『EBM ジャーナル』1―1
「福祉問題研究」編集委員会 1973 『社会福祉労働論』鳩の森書房
福祉士養成講座編集委員会編 2001 『新版社会福祉士養成講座③ 障害者福祉論』中央法規出版
――――― 2006 『新版社会福祉士養成講座⑧ 社会福祉援助技術論Ⅰ』（第三版）中央法規出版
福富昌城 1994 「ケースワークのアプローチ」大塚他編［1994］
古川孝順 1998 「社会福祉の意義と理論」『新・社会福祉学習双書』編集委員会編［1998 a］

G

Germain, C. B. 1973 "An Ecological Perspective in Casework Practice," *Social Casework*, 54—6, in Germain [1992]

———— 1981 "The Ecological Approach to People-environment transaction," *Social Casework*, 61—6, in Germain [1992]

———— 1992 *Ecological Social Work: Antholory of Carel B. Germain*＝1992 小島蓉子編訳著『エコロジカル・ソーシャルワーク——カレル・ジャーメイン名論文集』学苑社

Germain, C. B. and Gitterman, A. 1980 *The Life Model of Social Work Practice*, Colombia University Press.

———— 1987 "Ecological Perspective," *Encyclopedia of Social Work*, 1, 18th ed., in Germain [1992]

Gitterman, A. 1996 "Life Model Theory and Social Work Treatment," in Turner [1996＝1999]

Goffman, E. 1961 *Asylums*：*Essays on the Social Situation of Mental Patients and Other Inmates*＝1984 石黒毅訳『アサイラム——施設被収容者の日常世界』(ゴッフマンの社会学③) 誠信書房

Goldstein, J., Freud, A. and Solnit, A. J. 1973 *Beyond the Best Interests of the Child*＝1990 中沢たえ子訳『子の福祉を超えて——精神分析と良識による監護紛争の解決』(子の最善の利益①) 岩崎学術出版社

後藤昭次訳・本間長世解説 1975 『社会進化論』(アメリカ古典文庫⑱) 研究社出版

後藤正紀 1959a 「児童収容施設における人事管理について」『社会事業』42—1

———— 1959b 「近代的労務管理を」『社会事業』42—10

Gray, J. A. M., 1999 「正しいことを適正に——コクラン共同計画と根拠に基づく保健医療」矢野栄二編 [1999]

———— 2001 *Evidence-Based Healthcare, (2nd ed.)* ＝2005 津谷喜一郎・高原亮治監訳『エビデンスに基づくヘルスケア——ヘルスポリシーとマネージメントの意思決定をどう行うか』エルゼビア・ジャパン

———— 2002 *The Resourceful Patient*＝2004 斉尾武郎監訳『患者は何でも知っている——EBM時代の医師と患者』中山書店

Greenhalgh, T. 2001 *How to Read a Paper: the Basics of Evidence*

Based Medicine,（*2 nd ed.*）＝2004　今西二郎・渡邊聡子訳『EBM がわかる――臨床医学論文の読み方（第2版）』金芳堂

Greenhalgh, T. & Collard, A.　2003　*Narrative Based Health Care: Sharing Stories*＝2004　斉藤清二訳『保健専門職のための NBM ワークブック――臨床における物語共有学習のために』金剛出版

Greenhalgh, T. & Hurwitz, B.（eds.）　1998　*Narrative Based Medicine: Dialogue and Discourse in Clinical Practice*＝2001　斎藤清二・山本和利・岸本寛史監訳『ナラティブ・ベイスト・メディスン――臨床における物語りと対話』金剛出版

Greenwood, E.　1957　「専門職業の特質」財団法人鉄道弘済会弘済会館編［1972］

H

Hacking, I.　1990　*The Taming of Chance*＝1999 石原英樹・重田園江訳『偶然を飼いならす――統計学と第二次科学革命』木鐸社

原胤昭　1909　「兒童虐待防止事業」『慈善』1―2

――――　1912　「余が免囚保護の實驗」『人道』82

――――　1922　「兒童虐待防止事業最初の試み」『社会事業』6―5

Hartman, A.　1991　"Words create worlds." *Social Work*, 36―4.

――――　1992　"In search of subjugated knowledge," *Social Work*, 37―6.

――――　1993　"The professional is political," *Social Work*, 38―4.

狭間香代子　1999　「社会構成主義と家族中心ソーシャルワークの新しい動向」『児童・家族相談所紀要』16

――――　2001　『社会福祉の援助観――ストレングス視点・社会構成主義・エンパワメント』筒井書房

Hearn, G.　1958　*Theory Building in Social Work*, University of Toronto Press.

Hearn, G.（ed.）　1969　*The General Systems Approach: Contributions toward and Holistic Conception of Social Work*, Council on Social Work Education.

Hendrick, H.　1994　*Child Welfare: England: 1872-1989*, Routledge.

樋口陽一・野中俊彦編集代表　1991　『憲法学の展望』有斐閣

Hillyard, P. and Watson, S.　1996　"Postmodern Social Policy: A Con-

tradiction in Terms?," *Journal of Social Policy*, 25—3.
平賀孟 1951a 「本能・意志・良心」『社会事業』34—5
———— 1951b 「本能・意志・良心」『社会事業』34—6・7
平岡公一 1992 「イギリスにおける社会福祉計画——1970年代〜1980年代初頭の展開」『季刊社会保障研究』28—2
———— 2003 『イギリスの社会福祉と政策研究——イギリスモデルの持続と変化』ミネルヴァ書房
平塚良子 1995 「生態学的アプローチのパラダイム分析と今後の展望」『ソーシャルワーク研究』21—3
廣川嘉裕 2003 「福祉行政のためのNPM」『社会福祉学』43—2
Hobbs, C. J. and Wynne, J. M. 1986 "Buggery in Childhood: A Common Syndrome of Child Abuse," *The Lancet*, 4 October.
Holt, J. 1974 *Escape from Childhood*, E. P. Dutton.
本田和子 1982 『異文化としての子ども』紀伊國屋書店
———— 1998 「異文化としての子ども」見田他編［1998］
本間長世 1975 「社会進化論とアメリカ」後藤訳・本間解説［1975］
本間甚太郎 1955 「革新的児童処遇論への批判——堀氏の科学的分析の限界」『社会事業』38—8
堀文次 1954 「施設児童とその人格」『社会事業』37—4
———— 1955a 「ホスピタリスムス研究 施設児童の養護理論」『社会事業』38—3
———— 1955b 「施設保母の呼び方とその根底にあるもの（一）——高島巌氏の所論を駁す」『社会事業』38—5
———— 1955c 「寮母の呼称とその根底にあるもの（二）」38—6
———— 1955d 「寮母の呼称とその根底にあるもの（完）——高島巌氏の所論を駁す」38—6
堀尾輝久 1990 「子どもの人権の思想系譜」『ジュリスト』963
———— 1991 『人権としての教育』（同時代ライブラリー 61）岩波書店
堀尾輝久・松原治郎・寺崎昌男編 1985 『教育の原理Ⅰ——人間と社会への問い』東京大学出版会
細川順正 1972 「『専門職労働』としての社会福祉労働論序説」『社会福祉学』12
Howe, D. 1987 *An Introduction to Social Work Theory*, Ashgate.

——— 1992 "Child Abuse and the Bureucratisation of Social Work," *The Sociological Review*, 40—3.

——— 1994 "Modernity, postmodernity and social work," *British Journal of Social Work*, 24—5.

穂積重遠 1933a 「親権の尊重と制限」児童擁護協会［1933］

——— 1933b 「子供に対する法の保護と社会の保護」『社会事業研究』21—12

Hudson, R. P. 1992 "Abraham Flexner in Historical Perspective," Barzansky and Gevitz (eds.)［1992］

Hungman, R. 1998 "Social Work and De-professionalization," in Abbott and Meerabeau (eds.)［1998］

ヒューマンケア協会「ケアマネジメント研究委員会」編 1998 『障害当事者が提案する地域ケアシステム——英国コミュニティケアへの当事者の挑戦』ヒューマンケア協会・日本財団

I

一番ヶ瀬康子 1970 「社会福祉学とは何か——試論として」『思想』547

——— 1992 「二十一世紀の実践思想」in Germain［1992］

井垣章二 1985 『児童福祉——現代社会と児童問題 第２版』ミネルヴァ書房

——— 1993 「慈善の終焉またはソーシャル・ワークの育ちゆく頃」『評論・社会科学』46

——— 1994 「ケースワークの成立と発展」大塚他編著［1994］

池田由子 1954 「ホスピタリズムについて」『臨牀内科小児科』9—9

池野喜博 1978 「身振り言語」『思想の科学』87

Illich, I. 1971 *Deschooling Society*＝1977 東洋・小澤周三訳『脱学校の社会』東京創元社

——— 1978 「専門家時代の幻想」in Illich et. al.［1978＝1984］

Illich, I., Zola, I. K., McKnight, J. & Caplan, J. Shaiken, H. 1977 *Disabling Professions*＝1984 尾崎浩訳『専門家時代の幻想』（イリイチ・ライブラリー④）新評社

今岡健一郎 1976 「社会福祉教育の系譜——歴史的、国際比較的一考察」『淑徳大学研究紀要』9・10合併号

——— 1978 「アメリカにおける社会事業従事者とその教育の歴史」

『社会事業史研究』6
稲沢公一　2005「構成主義・ナラティブ」久保他編［2005］
Ingleby Report　1960 *Report of the Committee on Children and Young Persons*, HMSO.
井野瀬久美恵　1992『子どもたちの大英帝国──世紀末、フーリガン登場』（中公新書 1057）中央公論新社
井上俊・上野千鶴子・大澤真幸・見田宗介・吉見俊哉編　1996『こどもと教育の社会学』（岩波講座 現代社会学 ⑫）岩波書店
井上哲次郎　1923「優生學の應用と道徳心の養成」『社会事業』7─3
井岡勉　1979「孝橋・嶋田論争」真田編［1979］
石村善助　1972「職業の専門職性について」財団法人鉄道弘済会弘済会館編［1972］
石川准　1999「障害、テクノロジー、アイデンティティ」石川他編［1999］
石川准・長瀬修編著　1999『障害学への招待──障害、文化、ディスアビリティ』明石書店
伊藤周平　1996『福祉国家と市民権』（叢書／現代の社会科学）法政大学出版局
岩間伸之　1991「わが国におけるライフモデル研究の現状と課題」『同志社社会福祉学』5
伊澤修二　1911「祝辞」（附録「ド・レペイ氏誕生二百年記念会」）『口なしの花』（臨時記念号）10

J

児童福祉法研究会　1978『児童福祉法成立資料集成』（上・下）ドメス出版
児童擁護協会　1933『児童を守る』児童擁護協会
Johnson, L. C. and Yanca, S. J.　2001 *Social Work Practice: A Generalist Approach*, (7 th ed.)＝2004　山辺朗子・岩間伸之訳『ジェネラリスト・ソーシャルワーク』ミネルヴァ書房
Jones, C. (ed.)　1993 *New Perspectives on the Welfare State in Europe*, Routledge.
Jordan, B.　1984 *Invitation to Social Work*＝1992　山本隆監訳『英国の福祉──ソーシャルワークにおけるジレンマの克服と展望』啓文社

K

懸田克躬責任編集　1978『世界の名著60 フロイト』（中公バックス）中央公論社

上笙一郎編　1995『児童虐待防止法解義、児童虐待法解説、児童を護る』（日本〈子どもの権利〉叢書⑧）久山社

Kammerer, G. M. 1962 *British & American Child Welfare Services: A Comparative Study in Administration*, Wayne State University Press.

加茂陽編　2000『ソーシャルワーク理論を学ぶ人のために』世界思想社

加茂陽・大下由美　2001「エンパワーメント論――ナラティブ・モデルの批判的吟味」『社会福祉学』42―1

金子龍太郎　1996『実践発達心理学――乳幼児施設をフィールドとして』金子書房

金子保　1994『ホスピタリズムの研究』川島書房

Kant, I. 1787 *Kritik der praktischen Vernunft*＝1927　波多野精一・宮本和吉・篠田秀雄訳『実践理性批判』岩波文庫

柏女霊峰　1995『現代児童福祉論』誠信書房

柏女霊峰・網野武博・鈴木真理子　1992「英・米・日の児童虐待の動向と対応システムに関する研究」『児童育成研究』10

糟谷啓介　1996「起源の他者――啓蒙時代の野生児とろうあ者」『現代思想』（4月臨時増刊 総特集ろう文化）24―05

加藤博史　1991「ノーマリゼーションの思想的系譜――『国民優生法』制定に関する批判思想の検討から」『社会福祉学』32―2

――――　1996『福祉的人間観の社会誌――優生思想と非行・精神病を通して』晃洋書房

川本宇之介（梓渓生）1936「過渡期よ疾く去れ」『聾唖教育』35（未入手）

川本宇之介　1940『聾教育學精説』信樂會

――――　1954『ろう言語教育新講』全国聾学校長会

川田昇　1997『イギリス親権法史――救貧法政策の展開を軸にして』一粒社

Kempe, C. H., Silverman, F. N., Steele, B. B., Droegemueller, W. and Silver, H. K. 1962 "The Battered-Child Syndrome," *Journal of the American Medical Association*＝1993　中尾睦宏訳「幼児虐待症候群」『Imago』4―6

Key, E. K. S.　1900　*Barnets århundrade*＝1906　大村仁太郎訳『二〇世紀は児童の世界』同文館、＝1979　小野寺信・小野寺百合子訳『児童の世紀』冨山房百科文庫

Keynes, J. M.　1981『ケインズ全集⑨ 説得論集』宮崎義一訳、東洋経済新報社

木田徹郎　1956「米国社会事業における最近の理論的問題点」『社会事業の諸問題』4

――――　1967a「戦後社会事業理論体系化の諸構想」日本社会事業大学編［1967］

――――　1967b「社会事業教育」日本社会事業大学編［1967］

木原 活信　1998『J. アダムズの社会福祉実践思想の研究――ソーシャルワークの源流』川島書店

――――　2000「ナラティヴ・モデルとソーシャルワーク」加茂編［2000］

――――　2002「社会構成主義によるソーシャルワークの研究方法――ナラティヴ・モデルによるクライアントの現実の解釈」『ソーシャルワーク研究』27―4

――――　2003『対人援助の福祉エートス――ソーシャルワークの原理とスピリチュアリティ』ミネルヴァ書房

――――　2004「ソーシャルワーク実践への歴史研究の一視角――『自分のなかに歴史をよむ』こととナラティブ的可能性をめぐって」『ソーシャルワーク研究』29―4

木村晴美・市田泰弘　1995＝1996「ろう文化宣言――言語的少数者としてのろう者」『現代思想』24―5

木下茂幸監修・浅井春夫編著　1997『児童養護の変革――児童福祉改革の視点』朱鷺書房

木下茂幸・川合碧・吉田恒雄・小坂和夫　1997「今後の展望を探る 座談会――児童福祉法、ここをこう変えたい」木下監修・浅井編著［1997］

Kisthardt, W. E. & Rapp, C. A.「原則と実践のかけ橋――ケースマネージメントにおける『強さ活用モデル』の実践」in Rose, M. S. (ed.)［1992＝1997］

北本正章　1993『子ども観の社会史――近代イギリスの共同体・家族・子ども』新曜社

北村兼子　1929「優生学、ちょつと待つて」『社会事業研究』17―1

清野茂　1997　「昭和初期手話――口話論争に関する研究」『市立名寄短期大学紀要』29
Klein, M.　1932　*The Psycho-Analysis of Children*＝1997　衣笠隆幸訳『児童の精神分析』誠心書房
小玉亮子　1996　「『子どもの視点』による社会学は可能か」井上他編［1996］
小島蓉子　1989　「ソーシャルワーク実践における生態学（エコロジー）とは何か」『社会福祉研究』46
小松源助　1955　「精神医とケースワーカーとの関係――精神医学的社会事業の問題について」『社会事業』38―1
――――　1976　「社会福祉実践活動における方法の統合化――その具体化をめぐる問題」『社会福祉研究』19
――――　1979　「アメリカにおけるソーシャル・ワークの成立過程」小松他［1979］
――――　1990　「社会福祉実践におけるパラダイム転換の動向――生態―システム論的視点を中心にして」小松［1993］
――――　1993　『ソーシャルワーク理論の歴史と展開――先駆者に辿るその発達史』川島書店
――――　1995　「ソーシャルワーク実践におけるエンパワーメント・アプローチの動向と課題」『ソーシャルワーク研究』21―2
小松源助・山崎美貴子・田代国次郎・松原康雄　1979　『リッチモンド ソーシャル・ケースワーク』有斐閣
小森康永・野口裕二・野村直樹編著　2003　『セラピストの物語／物語のセラピスト』日本評論社
小坂和夫　1997　「今後の展望を探る 座談会――児童福祉法、ここをこう変えたい」木下監修・浅井編著［1997］
小関光尚　1929　「社会事業と優生学」『社会事業研究』17―1
小関光尚・田結宗誠・熊野隆治・富田象吉・川上貫一　1929　「座談会 不良少年と遺傳」『社会事業研究』17―4
小塩静堂　1915a　「兒童の要求（上）」『人道』108
――――　1915b　「兒童の要求（下）」『人道』109
孝橋 正一 1954　『社会事業の基本問題』ミネルヴァ書房
――――　1962　『全訂 社会事業の基本問題』ミネルヴァ書房
――――　1969　『社会科学と社会事業』ミネルヴァ書房
――――　1973　『続 社会事業の基本問題』ミネルヴァ書房

厚生労働省社会・援護局障害保健福祉部　2002　『障害者ケアガイドライン』
厚生省児童局編　1948　『児童福祉』東洋書館
小山隆　1997　「ソーシャルワークの専門性について」『評論・社会科学』57
久保紘章　1992　「ライフ・ヒストリーとソーシャルワーク」『ソーシャルワーク研究』18─3
久保紘章・副田あけみ編著　2005　『ソーシャルワークの実践モデル』川島書店
久保美紀　1999　「ソーシャルワークにおけるエンパワーメントのもつ人間観──クライエントの主体性をめぐって」嶋田監修［1999］
窪田暁子　1986　「1950 年代の施設養護論（一）──ホスピタリズム論とその影響」『人文学報』187
────　1988　「社会福祉学の創設期を担った女性たち──シカゴ大学の場合」『人文学報』202
倉石哲也　1994　「対人援助関係成立におけるシステム論考察──家族の面接過程への焦点化を通して」『社会福祉研究』44─1
────　1995　「家族援助の実践的展開──家族を中心とするシステムズ・アプローチを基礎に」石田編著［1995］
黒田浩一郎編　2001　『医療社会学のフロンティア──現代医療と社会』世界思想社
黒澤良臣　1924　「病的盗癖に就て」『社会事業』8─7
許末恵　1990　「英国における児童ケア制度の一展開──1980 年児童ケア法を中心に」『神奈川工科大学研究報告』A─14
────　1993　「英国 1989 年児童法についての一考察」『神奈川工科大学研究報告』A─17
京極高宣　1987　「社会福祉士の専門性に関する資料」『社会事業研究所年報』23
京極高宣監修　1993　『現代福祉学レキシコン』雄山閣出版

L

La Mettrie, J. O.　1747　*L' homme-machine*＝1957　杉捷夫訳『人間機械論』岩波書店
Lane, H. (ed.)　1984　*The Deaf Experience*＝2000　石村多門訳『聾の経験──18 世紀における手話の「発見」』東京電機大学出版局
London Borough of Brent　1985　*A Child in Trust : the Report of the*

Panel of Inquiry into the Circumstances Surrounding the Death of Jasmine Beckford, The Kingswood Press.

Lymbery, M. 1998 'Care Management and Professional Autonomy: The Impact of Community Care Legislation on Social Work with Older People,' *British Journal of Social Work*. 28—6.

Lyon, C. and Parton, N. 1995 "Children's Rights and the Children Act 1989," in Franklin (ed.) [1995]

Lyotard, J.-F. 1979 *La condition postmoderne*＝1994 小林康夫訳『ポスト・モダンの条件――知・社会・言語ゲーム』水声社

―――― 1991 *Lectures d'enfance*＝1995 小林康夫・竹林佳史・根本美作子・高木繁光・竹内孝宏訳『インファンス読解』（ポエーシス叢書27）未來社

M

牧柾名 1985「国家・人権・教育」堀尾他編［1985］

牧野虎次 1936「速かに断種法の制定を望む」『社会事業研究』24―10

Margolin, L. 1997 *Under the Cover of Kindness: The Invention of Social Work*＝2003 中河伸俊・上野加代子・足立佳美訳『ソーシャルワークの社会的構築――優しさの名のもとに』明石書店

Marshall, T. H. 1975 *Social Policy in the Twentieth Century* (4th *ed.*)＝1981 岡田藤太郎訳『社会政策――二十世紀英国における』相川書房

―――― 1981 *The right to welfare and other essays*＝1989 岡田藤太郎訳『福祉国家・福祉社会の基礎理論――「福祉に対する権利」他論集』相川書房

Marx, C. 1867 *Das Kapital*＝1969 向坂逸郎訳『資本論』岩波文庫

Massiew, J. 1800『自伝』in Lane (ed.) [1984＝2000]

松田清 1977「18世紀フランスにおける聾唖教育（I）」『京都大学 人文学報』43

―――― 1978「18世紀フランスにおける聾唖教育（II）」『京都大学 人文学報』44

松原洋子 1997「〈文化国家〉の優生法――優生保護法と国民優生法の断層」『現代思想』25―4

松井二郎 1992『社会福祉理論の再検討』ミネルヴァ書房

松下良平　1997　「戦後教育の哲学的基底——自己矛盾としての〈子ども尊重〉の思想の“乱熟”」『教育哲学研究』75
松澤兼人　1929　「その相互依存性と優越性」『社会事業研究』17—1
McBeath, G. and Webb, S.　1991　“Social Work, Modernity and Post-modernity,” *Sociological Review*, 39—4.
Mckelway, A. J.　1913　*Declaration of Dependence*＝1992　森田明訳、森田［1992a］
McNamee, S. and Gergen, K. J.　1992　*Therapy as Social Construction*＝1997　野口祐二・野村直樹訳『ナラティヴ・セラピー——社会構成主義の実践』金剛出版
Meyer, H. J., Borgatta, E. F. and Jones, W. C.　1965　*Girls at Vocational High: An Experiment in Social Work Intervention*, Russell Sage Foundation.
水芦紀陸郎　1955　「堀文次氏所論への疑問——“施設保母の呼び方とその根底にあるもの”について」『社会事業』38—9
Mill, J. S.　1859　On Liberty＝1967　早坂忠訳、関編［1967］
Miller, A.　1981　*Du sollst nicht merken*＝1985　山下公子訳『禁じられた知——精神分析と子どもの真実』新曜社
三野亮　1954　「生活史から見た少年と家庭——非行少年の社会診断の困難性」『社会事業』37—6
三島亜紀子　1998　「『社会福祉学』におけるポストモダン的分析——近代を懐疑するまなざしについての最近の論争」『ソーシャルワーク研究』24—2
————　1999　「社会福祉の学問と専門職」大阪市立大学修士論文
————　2001　「医師とソーシャルワーカーの専門職化——A・フレクスナーの及ぼした影響を中心に」黒田編［1999］
————　2002　「社会福祉学における『主体』に関する一考察」『ソーシャルワーク研究』28—1
————　2004　「1933年『児童虐待防止法』に先行する児童虐待への介入に関する考察」『会津大学短期大学部研究年報』61
————　2005　『児童虐待と動物虐待』青弓社
————　2006　「教育・福祉の対象者について——『ろう者』に焦点を絞って」『ろう教育科学』47—3
Mishra, R.　1990　*The Welfare State in Capitalist Society*：*Policies of*

Retrenchment and Maintenance in Europe, North America and Australia＝1995 丸谷冷史他訳『福祉国家と資本主義――福祉国家再生への視点』晃洋書房

―――― 1993 "Social policy in the postmodern world," in Jones [1993]

見田宗介・上野千鶴子・内田隆三・佐藤健二・吉見俊哉・大澤真幸編 1998 『社会学文献辞典』弘文堂

二友敬太 1998 「リハビリテーションの定義と理念」『新・社会福祉学習双書』編集委員会編 [1998b]

三浦文夫 1971 「社会福祉の『主体』(一)」『月刊福祉』54―2

宮澤康人 1998 「児童中心主義の底流をさぐる――空虚にして魅惑する思想」『子ども学』18―冬

宮澤康人・星薫編 1992 『子供の世界』放送大学教育振興会

茂木俊彦 1998 「障害論と個性論」『障害者問題研究』26―1

―――― 2003 『障害は個性か』大月書店

森岡正博編 1994 『「ささえあい」の人間学』法蔵館

森田明 1986 「子どもの保護と人格」『ジュリスト総合特集』43

―――― 1991 「少年法手続における保護とデュープロセス――比較法史的考察」樋口他編 [1991]

―――― 1992a 「子供と法Ⅰ――関わりの諸局面」宮澤他編 [1992]

―――― 1992b 「子供と法Ⅱ――『子供の権利とは何か』」宮澤他編 [1992]

森田伸子 1996 「『子ども』から『インファンス infans』へ――変貌するまなざし」井上他編 [1996]

森田ゆり 1993 「エンパワメント――子ども虐待にとり組む思想の原点」『imago』4―6

Mullen, E. J., Chazin, R. M. and Feldstein, D. M. 1972 "Services for the Newly Dependent: An Assessment," *The Social Service Review*, 46―3.

Munro, E. 1996 "Avoidable and Unavoidable Mistakes in Child Protection Work," *British Journal of Social Work*, 26―6.

村田松男 1954 「家庭生活の病根調査――児童の生活環境を改善するための」『社会事業』37―6

N

永岡正己　1979「戦前の社会事業論争」真田編［1979］
長瀬修　1998「障害の文化、障害のコミュニティ」『現代思想』26―2
名郷直樹　1999『EBM 実践ワークブック――よりよい治療をめざして』南江堂
中川善之助編　1973『注釈民法』有斐閣
中島義明他編　1999『心理学辞典』有斐閣
中村佐織　1990「わが国の生活モデル研究の動向――生態学的視座に関する文献を中心として」『ソーシャルワーク研究』16―2
仲村優一・秋山智久編　1988『福祉のマンパワー』（明日の福祉⑨）中央法規出版
仲村優一他編　1988『現代社会福祉事典』全国社会福祉協議会
中西正司　1993「当事者主体の福祉サービスの構築――障害者が地域で暮らす権利と方策――自立生活センターの活動を通して」『社会福祉研究』57
中園康夫　1982「ノーマリゼーションの課題とその実現方法――特に主要な定義との関連において」『社会福祉研究』31
生江孝之　1923『児童と社会』児童保護研究会
Nardinelli, C.　1990 *Child Labor and The Industrial Revolution*＝1998 森本真美訳『子どもたちと産業革命』平凡社
National Association of Social Workers　1974 *Social Case Work* ＝1993　竹内一夫・清水隆則・小田兼三訳『ソーシャル・ケースワーク：ジェネリックとスペシフィック――ミルフォード会議報告』相川書房
Negri, A. & Hardt, M.　2000 *Empire*＝2003　水嶋一憲・酒井隆史・浜邦彦・吉田俊美訳『〈帝国〉――グローバル化の世界秩序とマルチチュードの可能性』以文社
Newman, T. R.　1997　Assessing Social Work Effectiveness in Child Care Practice: the Contribution of Randomized Controlled Trials, *Child Care, Health and Development*, 23―4.
日本弁護士連合会　2005『手話教育の充実を求める意見書』日本弁護士連合会
日本社会事業大学編　1967『戦後日本の社会事業』勁草書房
野口裕二　1995「構成主義アプローチ――ポストモダン・ソーシャルワークの可能性」『ソーシャルワーク研究』21―3

――――― 2002 『物語としてのケア――ナラティヴ・アプローチの世界へ』医学書院
――――― 2005 『ナラティヴの臨床社会学』勁草書房
野嶋佐由美 1988 「アメリカ合衆国における脱施設化運動の影響」『高知女子大学紀要 自然科学編』36
野澤正子 1996 「1950年代のホスピタリズム論争の意味するもの――母子関係論の受容の方法をめぐる一考察」『社会問題研究』45―2

O

小田兼三 1974 「ホスピタリゼーションの社会的背景」『社会福祉学』15
――――― 1999 「エンパワメントとは何か」小田他編著［1999］
小田兼三・杉本敏夫・久田則夫編著 1999 『エンパワメント実践の理論と技法――これからの福祉サービスの具体的指針』中央法規出版
小倉襄二・小松源助・高島進 編集代表 1973 『社会福祉の基礎知識――概念・制度・課題の把握』有斐閣
岡田藤太郎 1977 『(増補版) 社会福祉とソーシャルワーク――ソーシャルワークの探求』ルガール社
岡原正幸・立岩真也 1995 「自立の技法」安積他［1995］
岡本民夫 1973 『ケースワーク研究』ミネルヴァ書房
――――― 1982 「ソーシャルワーカーの役割」『社会福祉学』23―1
――――― 1985 「ケースワーク理論の動向（Ⅰ）」『評論・社会科学』26
――――― 1987 「ケースワーク理論の動向（Ⅱ）」『評論・社会科学』32
――――― 1990 「ライフモデルの理論と実践――生態学的アプローチ」『ソーシャルワーク研究』16―2
――――― 1992 「社会福祉実践活動におけるエコマップ（生態地図）の作り方」社会福祉援助技術研究会報告資料
岡本民夫・小田兼三編著 1990 『社会福祉援助技術総論』ミネルヴァ書房
岡村重夫 1983 『社会福祉原論』全国社会福祉協議会
奥田いさよ 1992 『社会福祉専門職性の研究――ソーシャルワーク史からのアプローチ：わが国での定着化をめざして』川島書店
Oliver, M. 1990 *The politics of disablement*＝2006 三島亜紀子・山岸倫子・山森亮・横須賀俊司訳『障害の政治――イギリス障害学の原点』明石書店
小野顕 1954 「なにが病的か――ホスピタリスムス偶感」『社会事業』37―

5
大林宗嗣　1929「ユーゼニックスと社会事業」『社会事業研究』17—1
大橋謙策　2005「わが国におけるソーシャルワークの理論化を求めて」『ソーシャルワーク研究』31—1
大久保満彦　1941「社会事業研究所における社会事業幹部職員養成事業について」『社会事業』25—6
——— 1954a「問題児童と兩親の態度について（上）」『社会事業』37—6
——— 1954b「問題児童と兩親の態度について（下）」『社会事業』37—9
——— 1955「少年と自殺——養護施設収容中の自殺少年の遺書」『社会事業』38—7
大阪府児童虐待対策検討会議　1990「被虐待児童の早期発見と援助のためのマニュアル」大阪府児童虐待対策検討会議
太田義弘　1990「ソーシャル・ワーク実践へのエコシステムの課題」『ソーシャルワーク研究』16—2
——— 1991「ソーシャル・ワーク実践の前提と展望的課題」『社会問題研究』40—1, 2
——— 1992『ソーシャル・ワーク実践とエコシステム』誠信書房
大谷嘉朗　1981「児童福祉施設の見直し」大谷他編［1981］
大谷嘉朗・斎藤安弘・浜野一郎編　1981『新版 施設養護の理論と実際』ミネルヴァ書房
大塚達雄　1960『ソーシアルケースワーク——その原理と技術』ミネルヴァ書房
——— 1978「デッソー女史とケースワーク」大塚他編［1978］
大塚達雄・秋山智久・阿部志郎編著　1989『社会福祉実践の思想』ミネルヴァ書房
大塚達雄・岡田藤太郎編　1978『ケースワーク論——日本的展開をめざして』ミネルヴァ書房
大塚達雄・井垣章二・澤田健次郎・山辺朗子編著　1994『ソーシャル・ケースワーク論——社会福祉実践の基礎』ミネルヴァ書房
大山博・武川正吾編　1991『社会政策と社会行政——新たな福祉の理論の展開をめざして』法律文化社
Otway, O.　1996　"Social Work with Children and Families: from

Child Welfare to Child Protection," in Parton (ed.) [1996]
小澤周三・小澤滋子 1977 「解説」 in Illich [1971＝1977]

P

Pardeck, J. T., Murphy, J. W. and Choi, J. M. 1994 "Some implications of Postmodernism for social work practice," *Social Work*, 39—4.

Pardeck, J. T., Murphy, J. W. and Chung, W. S. 1994 "Social Work and Postmodernism," *Social Work and Social Sciences Review*, 5—2.

Parton, N. 1985 *The Politics of Child Abuse*, Macmillan.

——— 1986 The Beckford Report: A Critical Appraisal, *British Journal of Social Work*, 16—5.

——— 1991 *Governing the Family : Child Care, Child Protection and the State*, Macmillan.

——— 1994a "'Problematics of Government', (post) Modernity and Social Work," *British Journal of Social Work*, 24—1.

——— 1994b "The nature of social work under conditions of (post) modernity," *Social Work and Social Sciences Review*, 5—2.

——— 2000 "Some Thougths on the Relationship between Theory and Practice in and for Social Work," *British Journal of Social Work*, 30—4.

Parton, N. (ed.) 1996 *Social theory, Social Change and Social Work*, Routledge.

Payne, M. 1992 "Psychodynamic theory within the politics of social work theory," *Journal of Social Work Practice*, 6—2.

——— 1997 *Modern Social Work Theory (2 ed.)*, Macmillan.

Perlman, H. H. 1952 "Putting the 'social' back in social casework," *Child Welfare*, 31 in Perlman [1971]

——— 1957 *Social casework. a problem-solving process*＝1966 松本武子訳『ソーシャル・ケースワーク——問題解決の過程』全国社会福祉協議会

——— 1967 "Casework is Dead," *Social Casework*, 48—1＝1971 仲村優一・横山薫訳「ケースワークは死んだ」『社会福祉研究』8

――――― 1968 "Can Casework Work?," *Social Service Review*, 42―4＝1971 仲村優一・横山薫訳「ケースワークはワークしうるか」『社会福祉研究』8

――――― 1970 "Casework and the Diminished Man," *Social Casework*, 51＝1971 仲村優一・横山薫訳「ケースワークと"小さくなった人"」『社会福祉研究』8

――――― 1971 *Perspective on Social Casework*, Temple Univ. Press.

Pestalozzi, J. H. 1960 『ペスタロッチー全集』（第8巻）平凡社

Phillips, J. 1996 "The Future of Social Work with Older People in a Changing World," in Parton (ed.) [1996]

Pierson, C. 1991 *Beyond the Welfare State ?*＝1996 田中浩・神谷直樹訳『曲がり角にきた福祉国家――福祉の新政治経済学』未来社

Pincus, A. and Minahan, A. 1973 *Social Work Practice: Model and Method*, Peacock.

Platt, A. M. 1969 *The Child Savers: The Invention of Delinquency*＝1989 藤本哲也・河合清子訳『児童救済運動』中央大学出版部

Post, S. G. (ed.) 2004 *Encyclopedia of Bioethics, 3rd edition*＝2007 生命倫理百科事典翻訳刊行委員会編日本生命倫理学会編集協力『生命倫理百科事典』丸善

Postman, N. 1982 *The Disappearance of Childhood*＝1995 小柴一訳『子どもはもういない』新樹社

Powell, F. 2001 *The Politics of Social Work*, Sage Publications.

Pozatek, E. 1994 "The problem of certainty: clinical social work in the postmodern Era," *Social Work*, 39―4.

R

Reid, W. J. and Smith, A. D. 1972 "AFDC Mothers View the Work Incentive Program," *The Social Service Review*, 46―3.

李啓充 2002 「理念なき医療『改革』を憂える 最終回EBMに基づいたガイドラインの滑稽」『週刊医学界新聞』2476

Richmond, M. E. 1897 "The Need of a Training School in Applied Philanthropy," 田代編訳 [1974]

――――― 1905 "The Retail Method of Reform," in Richmond [1930]

——— 1911 "Of the Art of Beginning in Social Work," in Richmond [1930]

——— 1917a "The Social Case Worker's Task," in Richmond [1930]

——— 1917b *Social Diagnosis*, Russell Sage Foundation.

——— 1922 *What is Social Case Work ?: An Introductory Description*＝1963 杉本一義訳『人間の発見と形成——ソーシァル・ケースワークとはなにか』誠信書房、＝1991 小松源助訳『ソーシャル・ケース・ワークとは何か』中央法規出版

——— 1923 "Possibilities of the Art of Helping," in Richmond [1930]

——— 1930 *The Long View: Papers and Addresses*, Russell Sage Foundation.

Ritzer, G 1996 *The McDonaldization of Society, revised edition*＝1999 正岡寛司監訳『マクドナルド化する社会』早稲田大学出版部

Robinson, V. P. 1934 *A Changing Psychology in Social Case Work* ＝1969 杉本照子訳『ケースワーク 心理学の変遷』(社会福祉学双書 2) 岩崎学術出版社

Rogers, W.S., Hevey, D. and Ash, E. (ed.) 1989 *Child Abuse and Neglect*＝1993 福知栄子・中野敏子・田澤あけみ他訳『児童虐待への挑戦』法律文化社

Rojek, C. 1986 "The 'Subject' in Social Work," *British Journal of Social Work*, 16—1.

Rojek, C., Peacock, G. and Collins, S. 1989 *Social Work and Received Ideas*, Routledge.

Rose, S. M. (ed.) 1992 *Case Management and Social Work Practice* ＝1997 白澤政和・渡部律子・岡田進一監訳『ケースマネージメントと社会福祉』ミネルヴァ書房

Rosen, A. & Proctor, E. K. 2003 *Developing Practice Guidelines for Social Work Intervention: Issues, methods and a Research Agenda*, Columbia University Press.

Rousseau, J.- J. 1762 *Émile ou de l'éducation*＝1962—1964 今野一雄訳『エミール(上)(中)(下)』(岩波文庫) 岩波書店

——— 1781 *Essai sur l'origine des langues, où il est parlé de la*

mélodie et de l'imitation musicale＝1970　小林善彦訳『言語起源論——旋律および音楽的模倣を論ず』現代思潮社

S

Sackett, D. L., Richardson, W. S., Rosenberg, W. and Haynes, R. B. 1997 *Evidence-based Medicine*＝1999　久繁哲徳監訳『根拠に基づく医療——EBM の実践と教育の方法』オーシーシー・ジャパン

定藤丈弘　1993 「障害者福祉の基本的思想としての自立生活理念」定藤他編［1993］

定藤丈弘・岡本栄一・北野誠一編　1993 『自立生活の思想と展望』ミネルヴァ書房

斉尾武郎　2003 「患者・市民発信型医療に共振する EBMer——見識ある市民として」『EBM ジャーナル』4—2

斉尾武郎・栗原千絵子　2001 「Evidence-based medicine の現代科学論的考察」『臨床評価』29—1.

斉尾武郎・丁元鎮・松本佳代子・栗原千絵子　2002 「EBM と PUS——臨床の知を掘り起こす新たなストラテジー」『EBM ジャーナル』3—5

斎藤薫　1995 「日本検察学会編『児童虐待防止法解義』藤野恵『児童虐待法解説』下村宏他『児童を護る』解説」上編［1995］

斎藤真　1979 「プリンストン高等研究所の設立——アメリカ史の中の『無用の学の用』」『国家学会雑誌』92—7・8

斎藤学　1994 『児童虐待［危機介入編］』金剛出版

斎藤清二　2005 『「健康によい」とはどういうことか——ナラエビ医学講座』晶文社

坂田周一　2003 『社会福祉リサーチ』有斐閣

Saleeby, D. 1992 *The Strengths Perspective in Social Work Practice*, Longman Publishing Group.

——— 1994 "Culture, theory and narrative: The intersection of meanings in practice," *Social Work*, 39—4.

——— 1996 "The strengths perspective in social work practice: extensions and cautions," *Social Work*, 41—3.

真田是　1975 「社会福祉における労働と技術の発展のために」真田編［1975］

真田是編　1975 『社会福祉労働——労働と技術の発展のために』法律文化社

―――― 1979 『戦後日本社会福祉論争』法律文化社
佐藤純一・黒田浩一郎編 1998 『医療神話の社会学』世界思想社
佐藤信一 1951 「目標額の合理性――共同募金運動の諸問題」『社会事業』34―10
佐藤豊道 2006 「ソーシャルワークの実践的研究法」『社会福祉実践理論研究』15
Savitt, T. L. 1992 "Abraham Flexner and the Black Medical Schools," in Barzansky and Gevitz [1992]
関義彦編 1967 『ベンサム／J. S. ミル』（世界の名著 38）中央公論社
Sicard, R. A. 1803 *Cours d'instruction d'un sourd-muet de naissance*, in Lane (ed.) [1984＝2000]
社会事業研究所編 1954 『ホスピタリスムス研究――その予防及び治療対策への考察』全国社会福祉協議会
芝野松次郎 2005 「エビデンスに基づくソーシャルワークの実践的理論化――アカウンタブルな実践へのプラグマティック・アプローチ」『ソーシャルワーク研究』31―1
嶋田啓一郎 1960 「社会福祉と諸科学――社会福祉研究の方向を求めて」『社会福祉学』1―1
―――― 1971a 「社会福祉と専門職制度――ソシアル・ワーカー協会の前進のために」『評論・社会科学』2
―――― 1971b 「専門職の権化――ドロシー・デッソー教授――それはわれらのインスピレーション」『評論・社会科学』3
―――― 1974 「社会福祉における構造＝機能論的理解――孝橋正一教授の批判に答える」『評論・社会科学』7
―――― 1978 「デッソー理論の学問的性格――米国ケースワーク研究の進展を背景として」大塚他編 [1978]
嶋田啓一郎監修・秋山智久・高田真治編著 1999 『社会福祉の思想と人間観』ミネルヴァ書房
清水隆則 1991 「英国の児童虐待防止制度の史的発展」『ソーシャルワーク研究』16―4
新村出編 1996 『広辞苑』岩波書店
四宮恭二編集代表者 1950 『社會事業講座』（第 3 巻）福祉春秋社
『新・社会福祉学習双書』編集委員会編 1998a 『社会福祉概論 I 』（新・社会福祉学習双書 第 1 巻）全国社会福祉協議会

―――― 1998b 『リハビリテーション論』（新・社会福祉学習双書 第19巻）全国社会福祉協議会
潮谷総一郎 1954 「養護施設における集団生活の弊害について――集団心理によるホスピタリスムスの解明」『社会事業』37―2
白澤政和 1975 「アメリカにおけるソーシャルケースワークの新しい動向――ケースワークへの生活モデル導入の試み」『大阪市立大学生活科学部紀要』23―5
―――― 1983 「ケースワーク処遇の効果測定に関する一研究――ケースワーク批判の克服を求めて」『更生保護と犯罪予防』18―1
―――― 1990 「社会福祉援助技術の意義」岡本他編著［1990］
―――― 2005a 「岡村理論とケアマネジメント研究」『ソーシャルワーク研究』31―1
―――― 2005b 「ケアマネジメントの課題と今後の方向性」『月刊福祉』88―10
Smith, C. and White, S. 1997 "Parton, Howe and Postmodernity: A Critical Comment on Mistaken Identity," *The British Journal of Social Work*, 27―2.
副田あけみ 2003 「ソーシャルワークとケアマネジメント――概念の異同を中心に」『ソーシャルワーク研究』29―3
祖父江孝男 1992 「人文科学の諸分野と学際的アプローチ――歴史的背景」祖父江孝男編［1992］
祖父江孝男編 1992 『人間を考える――学際的アプローチ』日本放送出版協会
Solomon, B. 1976 *Black Empowerment: Social Work in Oppressed Communities*, Columbia University Press.
孫立亜 1996 「社会工作的専業化及社会工作教育在社会工作専業化過程中的作用」亜洲及太平洋地区社会工作教育協会［1996］
Starr, P. 1982 *The Social Transformation of American Medicine*, Basic Books.
須田雅之・究極Q太郎＋神長恒一（聞き手） 1998 「養護学校は、やっぱ、あかんねんか？」『現代思想』26―2
杉本貴代栄 1993 『社会福祉とフェミニズム』勁草書房
杉本照子 1969 「訳者あとがき」in Robinson［1934＝1969］
杉野昭博 1991 「イギリス社会福祉学における制度的再分配論のゆくえ――

『相対的貧困』『剥奪』『社会的公正』」『社会福祉学』32―1
――――― 1992 「『ノーマライゼーション』の初期概念とその変容」『社会福祉学』33―2
――――― 1994 「社会福祉と社会統制――アメリカ州立精神病院の『脱施設化』をめぐって」『社会学評論』45
――――― 1995 「福祉のポストモダン――80年代福祉改革の底流」『関西大学社会学部紀要』27―2
住谷馨・右田紀久恵編 1973 『現代の地域福祉』法律文化社
炭谷茂 1991 「コミュニティー・ケア」大山他編〔1991〕
Summit, R. C. 1983 "The Child Sexual Abuse Accommodation Syndrome," *Child Abuse & Neglect*, 7―2.
鈴木晶子 1999 「教育的まなざしの誕生」『現代思想』27―11
Syers, M. 1995 "Flexner, Abraham（1866-1959）," *Encyclopedia of Social Work, 19 th edition*, NASW Press.

T

田端博邦 1988 「福祉国家論の現在」東京大学社会科学研究所編〔1988〕
高原亮治 2000 「EBMは医療費削減戦略の一環ではないのかという誤解」『EBMジャーナル』1―1
高島巖 1933 「児童虐待防止法と児童擁護協会の活動」『社会事業研究』21―12
――――― 1953 『子に詫びる』東洋経済新報社
――――― 1954 「ホスピタリスムスという名のテーマ――『読書能力の面から見た施設収容児童の在り方』を序言として」『社会事業』37―4
高島進 1973 『現代の社会福祉理論』ミネルヴァ書房
竹内愛二 1936 「ケース・ウオークの職能と其遂行過程の研究」『社会事業研究』24―1
――――― 1937 「軍事扶助と新しきケース・ウオーク」『社会事業研究』25―11
――――― 1938a 「断種法の研究」『社会事業研究』26―6
――――― 1938b 『ケース・ウォークの理論と實際』巖松堂書店
――――― 1949 『ケース・ウォークの理論と實際』巖松堂書店
――――― 1955a 『科学的社会事業入門』黎明書房
――――― 1955b 「性問題の理論的一考察」『社会事業』38―7

――――― 1959 『専門社会事業研究』弘文堂
玉井収介 1954 「施設と家庭――ホスピタリスムスの分析から一般家庭児をみる」『社会事業』37―4
田村直臣 1911 『子どもの権利』警醒社書店
田邉泰美 2006 『イギリスの児童虐待防止とソーシャルワーク』明石書店
田中邦夫 1998 「人権と障害者――保障と障壁（三）」『レファレンス』48―7
谷川貞夫 1949 『ケース・ウォーク要論（改訂版）』日本社会事業協会
――――― 1950 「ケース・ウォーク概説（上）」四宮恭二編集代表者［1950］
――――― 1954a 「社会事業における科学性の進展と技術――『人間関係』『グループダイナミックス』『カウンセリング』『非指示的療法』」『社会事業』37―2
――――― 1954b 「ホスピタリスムス研究（二）――その予防及び治療対策への考察」『社会事業』37―9
田代不二男編訳 1974 『アメリカ社会福祉の発達』誠信書房
立岩真也 1995a 「『出て暮らす』生活」安積他［1995］
――――― 1995b 「はやく・ゆっくり――自立生活運動の生成と展開」安積他［1995］
――――― 1997 『私的所有論』勁草書房
Taylor-Gooby, P. 1994 “Postmodernism and Social Policy: A Great Leap Backwards ?,” *Journal of Social Policy*, 23―3.
寺島彰 2001 「国際的動向」福祉士養成講座編集委員会編［2001］
The CIBA Foundation 1984 *Child Sexual Abuse within the Family*, Tavistok.
東京大学社会科学研究所編 1988 『転換期の福祉国家（上）』東京大学出版会
土屋恵司 1991 「英国1989年児童法」『青少年問題』38―8
土屋貴志 1994 「障害が個性であるような社会」森岡編［1994］
辻由美子 1989 「父親の性的虐待におびえる子どもたち――罪に問われないことが生む“病理家族”」『朝日ジャーナル』31―5
津崎哲郎 1980 「英国児童福祉サービス統合の試み――1969年児童青少年法の成立と展開」『ソーシャルワーク研究』6―2
――――― 1986 「戦後英国におけるソーシャルワーク発展の基本構造（1）

——専門職団体の成立と役割」『四条畷学園女子短期大学 研究論集』20
―――― 1987 「戦後英国ソーシャルワーク発展の基本構造（2）——専門職教育研修の展開」『四条畷学園女子短期大学 研究論集』21
―――― 2003 『ソーシャルワークと社会福祉——イギリス地方自治体ソーシャルワークの成立と展開』明石書店
Turner, F.（ed.） 1996 *Social Work Treatment: Interlocking Theoretical Approaches*（*4 th.*）＝1999 米本秀仁監訳『ソーシャルワーク・トリートメント——相互連結理論アプローチ（上）（下）』中央法規出版
中央社会福祉審議会 職員問題専門分科会起草委員会 1971 『社会福祉職員専門職化への道』全国社会福祉協議会

U

右田紀久恵 1973 「地域福祉の本質」住谷・右田編［1973］
右田紀久恵編著 1995 『地域福祉総合化への途——家族・国際化の視点を踏まえて』ミネルヴァ書房
上田敏 1983 『リハビリテーションを考える——障害者の全人間的復権』青木書店
上田敏・大川弥生 1998 「リハビリテーション医学における障害論の臨床的意義」『障害者問題研究』26—1
上野加代子 1996 『児童虐待の社会学』世界思想社
上野加代子・野村知二 2003 『「児童虐待」の構築——捕獲される家族』世界思想社.
上武正二 1954 「損われた家庭とは何か」『社会事業』37—4
海野幸徳 1910 『日本人種改造論』富山房
―――― 1925 「優生学の本質と界限」『社会事業研究』13—9
―――― 1930 『社会事業界の左傾思潮——其本質と対策』内外出版印刷
牛窪浩 1954 「少年犯罪者の家族的背景」『社会事業』37—9
浦辺史 1973 「社会福祉労働者の課題」「福祉問題研究」編集委員会［1973］
瓜巣憲三 1954 「ホスピタリスムスの発生とその対策について」『社会事業』37—6

W

和気純子 2005 「エンパワーメント・アプローチ」久保他編著［2005］
藁谷貞吉 1910 「唖生発音教授法」『口なしの花』9

鷲谷善教　1968『社会事業従事者』ミネルヴァ書房

――――　1978『社会福祉労働者』ミネルヴァ書房

渡部一高　1936「社會的實験室としてのセツルメント」『社会事業研究』24―10

渡辺かよ子　1988「A.フレクスナーの高等教育思想に関する考案――専門職化と大学の研究機能の関連を中心に」『日本の教育史学』31

渡部律子　2005「社会福祉実践における評価の視点――実践を科学化するためには」『社会福祉研究』92

渡辺由美子　1989「児童の権利条約と児童家庭行政の国際化」『月刊福祉増刊号』72―7

Webb, D. 1996 "Regulation for Radicals: The State, CCETSW and the Academy," in Parton (ed.)［1996］

White, C. & Denborough, D. (eds.) 1998 *Introducing Narrative Therapy: A Collection of Practice-based Writings*＝2000 小森康永監訳『ナラティヴ・セラピーの実践』金剛出版

White, M. 1995 *Re-authoring Lives: Interviews & Essays*＝2000 小森康永・土岐篤志訳『人生の再著述――マイケル、ナラティヴ・セラピーを語る』ヘルスワーク協会

――――　1998「力とセラピー文化についての覚え書き」White & Denborough (ed.)［1998＝2000］

White, M. & Epston, D. 1990 *Narrative Means to Therapeutic Ends*＝1992 小森康永訳『物語としての家族』金剛出版

Whittaker, J. K. 1986 "Integrating Formal and Informal Social Care: A Conceptual Framework," *The British Journal of Social Work*, 16.

Wilensky, H. L. 1964 "The professionalization of everyone?," *American Journal of Sociology*, 70―2.

Wilkinson, K. P. and Ross, P. J. 1972 "Evaluation of the Mississippi AFDC Experiment," *The Social Service Review*, 46―3.

Wilson, G. 1997 "A Postmodern Approach to Structured Dependency Theory," *Journal of Social Policy*, 26―3.

Winn, M. 1983 *Children without Childhood*＝1984 平賀悦子訳『子ども時代を失った子どもたち――何が起っているか』サイマル出版会

Wolfensberger, W. 1972 *The Principle of Normalization in Human Services, 6th ed.*＝1982 中園康夫・清水貞夫訳『ノーマリゼーション

――社会福祉サービスの本質』学苑社
―――― 1994 *A Brief Introduction to Social Role Valorization*＝1995 冨安芳和訳『ソーシャルロールバロリゼーション――ノーマリゼーションの心髄』学苑社
Woodroofe, K. 1962 *From Charity to Social Work in England and the United States*＝1977 三上孝基訳『慈善から社会事業へ――イギリス及びアメリカ合衆国における社会福祉の沿革』中部日本教育文化会
Wundt, W. 1900―1920 *Völkerpsychologie Eine Untersuchung der Entwicklungsgesetze von Sprache, Mythus und Sitte*＝1985 中野善達監訳『身振り語の心理』福村出版

Y

山縣文治・柏女霊峰編集委員代表 2004『社会福祉用語辞典――福祉新時代の新しいスタンダード』（第4版）ミネルヴァ書房
山本隆 2002「福祉国家と政府間関係――イギリスの政策状況を中心にして」『立命館産業社会論集』38―3
山室軍平 1922「児童虐待防止運動」『社会事業』6―5
山下重一 1976『J・S・ミルの政治思想』木鐸社
山崎道子 1977「ケースワークに対する批判をめぐって――有効な援助の方向を目指して」『ソーシャルワーク研究』3―1
山崎美貴子 1968「問題家族に対するケースワークの役割と課題――再びパールマンの問題提起をめぐって」『明治学院論叢』137
矢野栄二編 1999『医療と保健における評価――第3回帝京―ハーバードシンポジウム』南江堂
矢野智司 1995『子どもという思想』玉川大学出版部
亜洲及太平洋地区社会工作教育協会・中国社会工作教育協会 1996『発展探索 本土化――華人社区社会工作教育発展研討会論文集』中国和平出版社
横須賀俊司 1996「ノーマライゼーションに求められるもの――多元主義の思想」『社会福祉学』37―1
米倉裕希子 2003「ソーシャルワークにおける根拠に基づく実践――Evidence-based practiceの現状と課題」『社会問題研究』53―1
吉田久一 1974「現代社会事業理論の系譜」『社会福祉学』15
―――― 1994『全訂版 日本社会事業の歴史』勁草書房

――――― 1995『日本社会福祉理論史』勁草書房

養護技術研究誌上討論 1959「児童養護と職員の人権の問題」『社会事業』42―10

Younghasband, E. 1978a *Social Work in Britain 1950―1975*＝1984 本出祐之監訳『英国ソーシャルワーク史 1950―1975（上）』誠信書房

――――― 1978b *Social Work in Britain 1950―1975*＝1986 本出祐之監訳『英国ソーシャルワーク史 1950―1975（下）』誠信書房

Z

座談会 1989「『社会福祉士及び介護福祉士法』の成立と今後の展望」『月刊福祉』70―9

財団法人鉄道弘済会 弘済会館編 1972『シンポジウム'73 社会福祉の専門職とは何か』財団法人鉄道弘済会

著者略歴

1971年生まれ
2005年　大阪市立大学大学院生活科学研究科 博士課程単位取得退学
現　在　東大阪大学准教授
著　書　『児童虐待と動物虐待』(2005年、青弓社)。共著に『医療社会学のフロンティア——現代医療と社会』(2001年、世界思想社)、『社会福祉士のための基礎知識Ⅱ』(2003年、中央法規出版)、『セクシュアリティと障害学』(2005年、明石書店)など。共訳に『障害の政治——イギリス障害学の原点』(2006年、明石書店)。

社会福祉学の〈科学〉性
ソーシャルワーカーは専門職か?

2007年11月30日　第1版第1刷発行
2009年 1月30日　第1版第2刷発行

著者　三《み》島《しま》 亜紀子《あきこ》

発行者　井村寿人

発行所　株式会社　勁《けい》草《そう》書房

112-0005 東京都文京区水道2-1-1　振替 00150-2-175253
(編集) 電話 03-3815-5277／FAX 03-3814-6968
(営業) 電話 03-3814-6861／FAX 03-3814-6854
日本フィニッシュ・牧製本

社会福祉学の〈科学〉性
ソーシャルワーカーは専門職か?

2016年6月1日 オンデマンド版発行

著 者 三島亜紀子

発行者 井 村 寿 人

発行所 株式会社 勁《けい》 草《そう》 書 房

112-0005 東京都文京区水道2-1-1 振替 00150-2-175253
（編集）電話03-3815-5277／FAX 03-3814-6968
（営業）電話03-3814-6861／FAX 03-3814-6854
印刷・製本 （株）デジタルパブリッシングサービス http://www.d-pub.co.jp

AJ737

ISBN978-4-326-98259-2 Printed in Japan

※落丁本・乱丁本はお取替いたします。
http://www.keisoshobo.co.jp